KB252557

『鷄林類事』의 新解讀研究

강길운 著

지식과교양

머리말

모두가 알다시피 『계림유사』는 송나라의 손목(孫穆)이 고려 숙종 8년(北宋 徽宗崇寧 2年, AD.1103)에 서장관(書狀官)의 신분으로 당시의 서울인 개경(開京, 지금의 開城)을 다녀가서 편찬한 책으로서 「고려어」연구의 보고라고 할 만한 문헌이다. 고려어 문헌자료는 이밖에 『나려이두(羅麗吏讀)』(AD.1733~1801), '고려가사' 『악학궤범』(AD.1493 간)·『악장가사』(간행연대 미상)가 있을 뿐이라고 해도 과언이 아닌데, 고려가사는 한글이 발명된 15세기 이후에 문자에 정착되었기 때문에 구전되는 동안 일부의 가사가 변질되었을 개연성이 커서 순수 고려어로 보기 어렵고, 나려이두도 실은 AD. 18세기에 와서 전재된 것이기 때문에 이것도 변질되었을 가능성도 있고 또 신라 것과 고려 것이 구분되어 있지 않아서 어느 것이 고려어 기록인지 알 수 없어 결국 순수한 고려어라고 단정해 말할 수 있는 문헌은 계림유사밖에 없다는 것이 된다. 그런데, 초간본이 전하지 않고, 여러 판본이 전해오고 있어서 어느 것이 가장 원본에 가까운 것인지 뒷날에 다른 말로 바꾼 것이 더러 보이나 신구어는 구별해 낼 수 있다. 예를 들면 '女子曰嘆吟'이 명대본에는 '女子曰滿吟'으로 바뀌었는데, 이렇게 분명하게 말이 바뀐 것은 판본의 연대 순위로 충분히 고려어를 식별해 낼 수 있다. 다만 문제가 되는 것은 판본에 따라 지금은 알 수 없는 말이 서로 달리 나타나는 경우이다. 이때 비교언어학적으로도 해결할 수 없는 경우가 있어서 오기(誤記)로 보지 않을 수 없게 만든다.

또 하나의 문제는 기존의 계림유사 연구자들이 저자가 송나라 사람이고, 당시의 도읍지가 변경(汴京. 지금의 開封)이라고 하여 덮어놓고 전어항의 한자음을 송대의 중국 중원아음(中原雅音)으로 해독하려고 하는데, 주조모(周祖謨)·유덕지(劉德智)·등당명보(藤堂明保) 등 거의 모든 학자들이 설내입성(舌內入聲)- [t]는 소실되었거나 성문파열음(聲門破裂音) -[ʔ]로 변하였다는 것이 정설이고 보니, 계림유사 속에 보이는 그 숱한 'ㄹ' 종성어휘로 보이는 어항들과 대응이 안 되는 모순이 생긴다. 이러한 모순을 어떻게 합리화하느냐에 큰 과제가 되어 있다.

어떻든 본 연구는 종래의 연구와는 그 주안점이 다르다. 이제까지의 연구는 이조어나 현대어와 다른 어항은 제쳐놓았는데, 그렇게 되면 고려어의 특이한 것들이 부각될 수 없어서 연구자체가 무의미하다(cf. 필자는 『國語史精說』 1993. p.204에서 고려어의 단절상을 밝힌 바 있음). 그렇다고 고려어의 음운체계를 밝히는 데 큰 도움을 준 것도 아니니 더욱 그렇다. 따라서 본고에서는 주로 이조어와 다른 어항의 정체를 비교언어학적으로 밝혀서 고려어의 참모습을 부각시킬 것이다.

목차目次

『鷄林類事』의 新解讀研究

『鷄林類事』의 新解讀研究

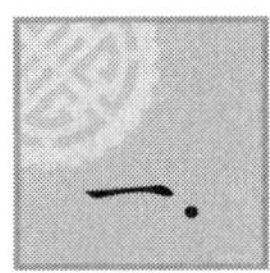

鷄林類事의 槪觀과 板本考

『계림유사』는 송나라의 서장관(書狀官)인 손목(孫穆)이 고려 숙종8년(AD.1103) 7월 10일부터 8월 18일까지 39일간 흑산도를 거쳐 올라가 당시의 서울인 개경(開京, 지금의 開城)에 머물러 있다가 돌아간 후 저술한 책으로서, 본시는 풍토(土風, 口宣, 刻石)·조제(朝制)·방언의 3권이었으나 지금은 방언편 만이 남아있다. 다만『설부(說郛)』(명초의 AD.1396, 도종의(陶宗儀) 편찬. 명 郁文博 成化 17년·AD.1481 補校, 청 陶珽 명말 '1627 이전' 重編, 청 李際期 順治 4년 AD.1647 重校)속에 조제와 풍토에 관한 것 10여 조항을 발췌하여 방언편(譯語部)에 전재하여 절록본(節錄本)으로 남아 있을 뿐이며, 방언편마저도 원판본(原板本)은 남아있지 않고 내용이 조금씩 다른 명대와 청대의 여러 판본이 병존(並存)하고 있으며, 그 표제 어항(語項) 수는 적게는 순치판 설부본과 흠정고금도서집성본(欽定古今圖書集成本, 명 永樂 5년·AD.1407의『永樂

大典』을 雍正 13년·AD.1725에 증보, 民國 23년·AD.1934에 중간)의 354항에서부터 많게는 진태하 교수가 20여 종의 판본을 고증하여 만든 진태하-고증본의 361항이 있고, 여기에 필자가 集曰笑利彔畿(민국 16년·1927년. 張宗祥의 校印明鈔本說郛 소재)를 雁曰器利兮畿항의 뒤에 끼어 넣으면 표제어는 최다로 총 362항이 될 수도 있다. 그러나 이렇게 어항 수가 늘어난 것은 후세에 사신들이 우리나라에 다녀가면서 첨가한 것이 틀림없다.

따라서 본고에서는 어항 수가 가장 적은 순치판(順治版)의 설부(說郛)본과 흠정고금도서집성(欽定古今圖書集成)본을 저본으로 하여 고려어를 재구하여 보이나 주로 흠정본(황제가 친히 제정한 책)에 의거한 것이고, 나중에 기타의 판본에 첨가된 어항들은 대체로 고려어로 보기 어려워서 참고하는데 그칠 것이다.

참고로 위에서 언급하지 않은 주요한 계림유사의 판본들을 다음에 열거하여 보인다. 여기에 대해 진태하 교수가 섭렵한 바에 의하면 거의 모두가 '설부'를 증보·중간한 것들인데 '순치판'보다 후기의 판본인 것으로 보인다는 것이다(cf. 高麗朝語硏究論文集, 2003. 10, p.12~16).

설부삼종(說郛三種). 1988. 上海古籍出版社 刊

교인명초본설부(校印明初本說郛). 1927. 張宗祥 교정, 上海涵芬樓 刊

중교설부(重校說郛). 1647, 王應昌 纂

명초본설부(明鈔本說郛), 北京圖書館 所藏

오조소설대관(五朝小說大觀), 1926, 上海掃葉山房 刊

그리고 계림유사 연구에 도움이 될 만한 국내외 고문헌들(일부 어항만 전재)을 다음에 열거하여 둔다.

대동운부군옥(大東韻府群玉), 1588, 권문해

동한역어(東韓譯語)『古今釋林』, ~1801, 이의봉

조선방언(朝鮮方言)『星湖僿說』, ~1763, 이익

『鷄林類事』의 新解讀研究

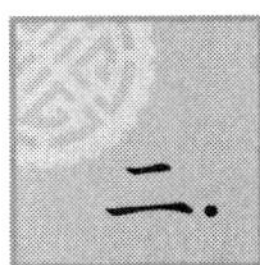

二.

譯語의 表記體系

이미 서문에서 말한 바와 같이, 기존의 계림유사의 연구자들이 저자가 북송(北宋) 사람이고 당시의 도읍지가 개봉(開封)이라고 하여 덮어놓고 12세기 초의 중원아음(中原雅音 '北方共通語')으로 해독하려 하였는데, 손목이 우리나라에 다녀간 AD.1103년에 가장 가까운 시기의 중원아음의 운서인『집운(集韻, AD.1066)』은『광운(廣韻, AD.1008)』과 거의 같은 체계여서 설내입성(舌內入聲)-[t]이 있었다. 그런데『집운』과 같은 시기에 출간된『황극경세성음창화도(皇極經世聲音唱和圖, 邵雍 1011~1077. 저서)』는『집운』과는 달리 중원의 구어(口語)를 반영한 것이 특색인데, 거기선 입성을 무운미(無韻尾)에 배당하여 /-p·-t·-k/꼴을 잃고 /-w·-ʔ(성문폐쇄음)·-y(개모음)/꼴이 되었다(cf 藤堂明保 AD.1957. p.117)하고, 이것과 같은 구어(口語)체계인 원명의『중원음운(中原音韻, AD.1324)』에는 물론 입성운미가 없다.

한편 강남(江南)의 공통어를 반영한 명초(明初)의 운서인『고금운회거요(古今韻會擧要, AD.1297)』에는 설내입성 -[t]가 있었던 것처럼 운목(韻目)이 나열되어 있으나, 광운에서는 입성이 양류(陽類, -ŋ ,-n, -m)에 대응되는 것으로 다루어졌으나,『고금운회거요』에선 음류(陰類. -ø '제로', -i, -u, …)에 대응시키고 있다. 즉 '葛'은 kat > ka > ko로, '括'은 kuat > kua > kuo로, '訖'은 kiət > kiəi > ki로 각각 변하여 촉급(促急)운미를 잃었다(cf. 藤堂明保편, AD.1978. p.1588)고 한다. 따라서 계림유사보다 불과 26년 먼저 나온『황극경세성음창화도』에 이미 입성운미가 없었으니 손목이 사라진 입성음을 의고적인 운서음에 의거한 역음으로 고려어의 입성을 표기하였다고는 믿기지 않는다.

그리고 설사 과도기에 해당한다고 하여도 설내입성 -[t]가 [l/r]로 변해갔다는 물증이나 논증이 없으니,『계림유사』속의 그 숱한 설내입성('ㄹ'받침)을 고려어와 대응시킬 수 없다.

다음에『계림유사』의 역음에 쓰인 설내입성자를 북송음에 입성이 쓰이었다고 가정한 운미와 대비된 우리말을 비교하여 보인다.

- 天曰漢捺(*한낟→하널)
- 月曰挈(*셛→셜 cf. sara달, W.Mo : *sara>sirə>syəl)
- 霜露皆曰率(*솓→설(>서리/이-슬))　　• 佛曰孛(*벋→블)
- 二曰途孛(*두벋→두블)　　• 七曰一急(*읻급→닐곱)
- 十曰噎(*엳→열)　　• 二十曰戌沒(*수먼→스믈)
- 三十曰實漢(*셛한→셜헌)　　• 六十曰逸舜(*일슌→여쉰)
- 七十曰一短(→姮)(*읻헝→닐헌)　　• 八十曰逸頓(*읻던→여돈)
- 暮曰占沒(*졈먼→져믈)　　• 今日曰烏捺(*오낟→오널)
- 明日曰轄載(*갇재→걸제. cf, geleček 오는 때쯤→ *明日,
　　　　Turk : *geleček>kələček>kəlče)
- 土曰轄希(*갇기→걸기>흘기)　　• 火曰孛(*벋→블)
- 石曰突(*돋→돌)　　• 水曰沒(*먿→믈)　　• 井曰烏沒(*오먼→우믈)

- 花曰骨(˚군→굴. cf. kul. id, Turk-Üghur)
- 桃曰枝棘(→棹辣. ˚도랄→돌:. cf. toğor id, W.Mo: ˚toğor>torol>tōl)
- 林檎曰悶子計(→˚悶李計. ˚알리부→알리브 cf. alima id, W.Mo)
- 荻曰質姑(˚진고>질고. cf. cīr̩ku 댑싸리→˚건초. Dr-Ta)
- 雄曰鶻試(˚곤시>골시. cf. kor̩r̩an 수컷, Dr-Ma : ˚kor̩r̩an>kol3o>kolsi)
- 鴿曰弼陀里(˚빋타리→비더리>비두리)
- 猪曰突(˚돋/돌 cf. toŋuz id, O.Turk : *toŋuz>tōr : torui 돼지새끼, W.Mo)
- 馬曰末(˚맏→몰>믈. cf. mori. id, W.Mo)　　　• 乘馬曰轄打(˚간타→걸터)
- 皮曰渴翅(˚갇시→가치. cf. kasïk 껍질, O.Turk : ˚kasïk>kasik>kasi)
- 魚曰水脫(˚슈탈→수:뎌. cf. sōgudi>˚sūdyə 건어, Dr-Ka)
- 鰒曰必(˚핃→피. cf. ippi '전복, Dr-Ta' ; 宓[복]의 오기?)
- 蟇曰蛇鋪(˚걷보>걸보. cf. kurbağa>˚kəlbō 개구리, Turk)
- 丐曰丐剝(→˚乞剝. *걷박→걸바기. cf. kēlvike 구걸하다, Dr-Ka)
- 男兒曰˚了妲(→Y妲. *아닫→아덜)
- 母子兄曰訓欝(˚훈욷→큰울. cf. oğul 아이, Turk. ˚oğul>uul>ūl)
- 舌曰蝎(˚갇→걸. cf. kele 혀, W.Mo. ˚kele[kələ]>kəl>kal)
- 面醜曰捺翅沒朝勳(˚낟시 먿됴훈→너치몯됴훈)
- 背曰腿馬末(→˚腿鼻末. ˚퇴주맏→뒤-주멀.
  　　　　cf. 뒤 '後' : cuval>cumal 등, Dr-Ta)
- 足曰潑(˚받→발)
- 肥曰骨鹽眞(→˚鹽骨眞. ˚염굳진→염글진)
- 白米曰漢菩薩(˚한보살→햅(新)살→히쌀)　　　• 麥曰密(˚믿→밀)
- 大豆穀曰麻帝骨(˚마디굳>마디-골. cf. mandal 둥근 것,
  　　　　W.Mo. ˚manda>mandi>madi : köl 식량, W.Mo. ˚köl>kol)
- 酒曰酥孛(˚수벋→수블)　　　• 醬曰密組(˚밀조→미주)
- 珠曰區戌(˚구숟→구슬)　　　• 絲曰實(˚싣→실)
- 帶曰閼子帶(→˚蝎李帶. ˚한리대→허리띠)　　　• 被曰泥不(˚니붇>니블)
- 針曰板捺(˚반낟→바널)　　　• 女子勤帛曰實帶(˚싣대→실쯰)
- 紫曰紫質-背(˚즈짇배→저짓뵈 '紫色布')
- 染曰沒沛里(˚먿티리→믈드리)　　　• 斗曰抹(˚맏→말)
- 席薦曰質薦(→˚質薦 *질질→지즐[>지슭>기직])
- 燈曰活黃(˚활황→홀홍>호롱)
- 匱曰姑孛(˚고벋→고블.
  　　　　cf. ˚hobo '궤, Ma'의 소급형 -*kobo-ïl(어형보강소)>kobïl)

- 扇曰孛采(*벋채→부채)
- 梳曰苾(*빋→빗/빌 cf. bir 솔, O. Turk-G, pedeya 빗, Dr-Go)
- 釜曰吃(*걷→골 cf. kolume 화덕, Dr-Ka : kol 대장간, Dr-Ta)
- 匙曰戌(*슏→술)　　　　　• 著曰折(*젇>절)　　　• 刀子曰割(*갇→갈)
- 剪刀曰割子蓋(*갇즈재→가즈개. cf. hasaha 가위,
　　　　　　　Ma : katti 자르는 연장, Dr-Ta : xaiči 가위, W.Mo)
- 骰子曰節(*젇→잘>자스>사ᅀ. cf. zar 주사위, Turk)
- 弓曰活(*환→활)　　　　　　• 箭曰蘇(*삳→살)
- 索縛曰那沒香(→居)(*나먼거→노뭇거)　• 讀書曰乞鋪(*걸포→글보)
- 寫字曰乞亥(→椐)薩(*걷거샅→글그슬)　• 畵曰乞林(*걸림→그림)
- 臥曰乞寢(*걷침→걸침. cf. kūlcu 눕히다. Dr-ka)
- 有客曰孫集移室(*손집이싣→손집이실)
- 話語曰替(→曷)里受勢(*갇리슈세→거르쇼셔[>ᄆᆞᄅ쇼셔])
- 問物多少曰密翅易成(*믿시이셩→며치이신)
- 存曰薩囉(*산라→살아)　　　• 有曰移實(*이싣→이실)
- 無曰烏不實(*오부싣→오브슬>없을)
- 少曰阿捺(*아낟→아늘. cf. aṇacu '작은, Dr-Ka')
- 低曰捺則(*낟적→나즉)

위에서 예시한 설내입성자는 중복되는 말을 피하고 보인 82개 어
휘를 우리말에 비교한 것인데, 그 중에서 66개가 'ㄹ'종성과 대응되
고, 12개는 고려한자음으로 추정하면 'ㄹ'변칙 현상('ㅅ·ㅈ·ㄷ·ㅂ' 앞
에서 'ㄹ'이 탈락하는 것)에 해당하는 탈락현상이다.

예)

- 逸舜∞일슌→여쉰　　• 逸頓∞일돈→여돈　　• 弭陀里∞빌타리→비두리
- 渴翅∞갈시→갖　　　• 捺翅∞날시→낮　　　• 密祖∞밀조→며주
- 質蒺∞질질→지즘　　• 孛采∞벌채→부채
- 割子蓋∞갈즈개→가지개>가시개　　　　• 密翅∞밀시→몇
- 捺則∞날즉→나직　　• 烏不實∞오블실→없을.

그리고 겨우 4개가 예외적으로 입성(내파음)과 대응된다.

예)

- 沒朝勳∞몰됴흔
- 突∞돌(猪)

- 那沒居∞노뭇거(>노 묶어)
- 苾∞빗(梳)

이미 서론에서 언급한 바와 같이, 여러 학자들이 북송(北宋)의 설내입성자가 [t]를 유지하였거나 [ʔ](성문 파열음)로 소리났다고 하고, 그것이 설내유음(舌內流音)- [r]로 변하였다고 본 학자는 한 사람도 없는데, 위에 보인 것처럼 80%가 우리말의 'ㄹ'종성과 대응되고, 그 나머지도 우리말의 음운변화의 특성인 'ㄹ'변칙(s·č·t·p 앞에서 r 탈락 현상)으로 볼 수 있는 것이 15%이고, 나머지 5%가 예외적으로 입성 을 유진한 것으로 보이는 어항이니, 당시의 북송(北宋. 수도는 開封)의 한자음으로 기록한 것으로 볼 수 없는 동시에 북송음이 'ㄹ'변칙 현 상과 같은 우리의 독특한 언어습관 마저도 공유하고 있었다고는 도 저히 볼 수 없다.

이러한 역어상의 수수께끼를 풀기위해서는 설내입성이 -r을 거쳐 탈락하는 과도기였다는 새로운 증거를 제시하거나, 손목의 성장기 의 거주지가 실내입성을 쓰고 있던 어느 지방이었다거나, 손목이 우 리말의 종성- 'ㄹ'을 본래의 입성자로 대체표기하였다고 하는 도리 밖에 없다.

그런 노력의 일단으로, 이기문(李基文. cf. 논문 1957) 교수는 나상배 (羅常培)의 논문 「당오대 서북방언」(唐五代 西北方言. AD. 1933, 上海)을 원용하여, 돈황석실(燉煌石室)에서 발견된 한서장대음(漢西藏對音) 재 료들에는 설내입성 운미(韻尾)의 태반이 '-r'로 대음역 되어 있다.(예:

達[dar]·薩[sar]·骨[kur]·佛[bur])고 하면서 즉 당오대인 AD.908~960 경에 한자의 설내입성의 운미가 [t>r]의 변화를 일으켰으니 그보다 1~2세기 뒤인 12세기 초에도 그런 상태가 유지되어 있었으리라고 생각된다는 것이었다.[1] 이런 주장이 성립되자면, 『황극경세성음창화도』는 구어체계여서 입성이 소실되었으나, 북송의 문어체계에는 구어체계와는 달리 운미가 [t>r]의 변화를 일으키는 과도기였다고 보고 그런 문어체계의 음운이 계림유사에 반영되었다고 해야 할 것인데, 그것이 문헌상으로 입증이 안 된다.

또한 「서북방언」이란 적어도 사천성(泗川省) 이북의 감숙(甘肅)·서장(西藏)·청해(靑海)-제성(諸省)의 방언일 것이고, 그러한 서북방언의 운미가 중원의 속음체계의 그것과 같았거나 적어도 손목이 그런 서북방언까지도 아는 운학자여서 그것으로 표기했다는 운미 'r'의 존재가 확인될 수 있는데, 그것도 현재로서는 불가능하다.

그리고 강신항(姜信沆) 교수도 논문-「계림유사 '고려방언' 어석(語釋)」(1975, p.5)에서 이기문(1957)에 동조하듯이 "-t 또는 -zero 운미에 가까운 -ʔ를 가지고 국어의 -r을 사음한 것으로 볼 수도 있다. 또는 -t 운미는 중국 호북성(湖北省) 방언 등에서 -l로 나타나기도 하며, -t>-d>-r>-ʔ>zero로 변했으므로 이 과정에서 -d>-r의 단계에 있었던 자음(字音)으로 사음한 것으로 볼 수도 있다"고 하였다.

그런데 우선 대체표기 했다는 문헌이 보이지 않는다. 또 호북성 방언은 북경관화권(北京官話圈. cf. 『言語の交流』1942. 後藤朝太郎. p.144)이어서 설내입성이 '-l'로 발음된다는 것도 믿기 어렵다. 그리고 『송대변락어음고』(宋代汴洛語音考, 周祖謨, AD.1943)에선 송대의 설내·후

---

1 李基文(1968)에서 나머지 입성-[p]·[k]도 [b]·[g]로 변했다고 하였음.

내(喉內) 입성은 성문폐쇄음 -[ʔ]으로, 순내(脣內)입성은 아직 [p]를 보존하고 있다고 했고, 히라야마히사오(平山久雄) 교수의 추정-송대음(音)(cf. 姜信沆 1975)에서는 설내입성 -[t]가 보존되어 있다고 하였을 뿐이지, -t의 변화과정에서 -r이 실재(實在)했다는 증거를 제시한 바가 없다.

어떻든 계림유사의 우리말 표기의 한자가 중원음에 의한 차자(借字)일 지라도 그것은 잘해야 중고음이 근고음으로 변해가는 과도기음일 것이고, 적어도 운서나 논문을 통해서 본 바는 중원아음의 설내입성자의 운미의 송대음가가 [r](ㄹ)이 아닌 것만은 확실하다.

한편, 손목의 출생지와 성장지가 중원이 아닌 경우에 그곳에서 설내입성이 [t>r]의 변화를 일으킨 방언이 쓰이고 있었을 가망도 있어 보이나, 진태하 교수의 고찰(cf. 진태하 AD.2003)에 의하면, 출생지와 성장지는 알 수 없고, 다만 『팔민통지(八閩通志)』에 의하면 손목이 서장관(書狀官)으로서 고려를 다녀간 뒤에 정화(政和) 연간(AD. 1111~1117)에 복건성(福建省) 건녕부(建寧府)의 지부사(知府事)를 지낸 바 있어서 그를 복건성 출신으로 추정하는 사람도 있으나, 계림유사에 수록된 어휘로써 고증하여 보건데 손목이 일시 그 지방에 출사한 것뿐이지 복건성 출신은 아니라는 것이다. 그렇게 본 까닭은 역어부에 실린 표제어에 "刀子·卓子·盤子·骰子" 등의 '子'자 접미사가 붙어 있는데, 그런 접미사는 중원어에선 당나라 이전부터 사용되었으나, 복건성 등 남부방언에선 송대 당시는 물론 지금까지도 사용되지 않고 있다[2]고 한 연구가 있기 때문이요, 또한 북송시대의 손(孫)씨

---

2 王力: 漢語史稿 pp.229~230 "廣州話只說-「刀」不說-「刀子」,「鉸剪」不說-「剪子」"

명사(名士)들의 본관·호적을 살펴보니 하남성·강소성·절강성 등의 중동부 출신이 대부분인 점으로 미루어 보아서 손목도 중원 내지 중동부 출신으로 보아진다는 것이다. 그 뿐만이 아니라, 필자가 알기에는 복건성 방언에서 설내입성자는 모두 후내입성 -k로 변하였다. 따라서 계림유사의 한자차자의 음이 송대의 중원음 일지언정 타지역의 방언음은 아닐 것이므로 그의 저서인 계림유사의 한자차자의 설내입성자- 운미의 음가가 [r]일 가망은 거의 없다고 하겠다. 바꾸어 말하면 계림유사의 한자차자 표기는 당시의 북송음에 의한 표기라고 볼 수 없다는 것이다.

그렇다면, 계림유사의 음역표기는 손목이 어항목록을 고려측 통역관에게 건네 간접적으로 수집한 고려한자음이거나, 손목이 직접 수집하여 저술하면서 그 서문이나 범례(凡例)에 고려어의 '르'종성 표기를 설내입성자로 대신하였다고 단서를 붙였는데 그 단서가 원본(3권) 중에서 방언편만이 남는 과정에서 일실된 것으로 보아야 하겠는데, 후자의 추정도 불가하다. 그런 단서가 있었다면 현재 잔존한 『고려방어』편에 실려 있어야 하는데 거기에는 그런 단서가 없기 때문이다. 따라서 설내입성자의 표기로만 보아서는 『계림유사』의 음역표기는 고려한자음에 의한 것이라고 단정할 만하다.

따라서 고려인 통역관의 손으로 쓰여진 문자어를 전사(轉寫)한 것일 개연성이 더 커 보이는 예들을 다음에 첨가한다.

먼저 우리말 대신에 한자어로 표기된 어항들을 들 수 있다.

즉,「千曰千, 萬曰萬, 年春夏秋冬同, 東西南北同, 田曰田, 海曰海, 江曰江, 溪曰溪, 泉曰泉, 雉曰雉賽, 鶴曰鶴, 羊曰羊, 鹿曰鹿, 毛曰毛, 角曰角, 蛇曰蛇, 蠅曰蠅, 人曰人, 心曰心, 茶曰茶, 銅曰銅, 錦曰錦, 帽子曰

帽, 袍曰袍, 裙曰裙, 繡曰繡, 青曰青, 黑曰黑, 赤曰赤, 緋曰緋, 印曰印, 車曰車, 林曰林, 合子曰合, 盤子曰盤, 瓶曰瓶, 墨曰墨, 鞭曰鞭, 轡曰轡, 旗曰旗, 立曰立, 生曰生, 死曰死, 幞頭曰幞頭, 僧曰福田, 榜曰栢子」(이상 54어항)를 한자차용어로 다루었는데, 과연 손목이 고려어를 직접 채록하려 하였다면 이조어에 분명히 우리말이 따로 있는데도「茶, 帽, 繡, 合(盒), 墨, 旗, 幞(-頭), 栢子」의 8개 어항을 제외한 나머지 46개 어항을 한자차용어로 다루었을까 하는 의아심이 난다. 중국어(송나라 말)가 아닌 외국어에 관심이 있어서 채록하는 사람이 현지 발음이 달라진 한자차용어에 그렇게 관심이 컸을 리가 없다. 고려어는 고려가사를 보아도 알 일이지마는, 그 당시는 불교용어나 사서삼경과 관계 있는 어휘 이외는 한자어를 거의 쓰지 않는 때였다. 따라서 다수의 한자어 대비는 고려의 역관들이 북송의 사신을 맞아 사대사상이 발로된 결과라고 생각할 수밖에 없다.

그리고 '北, 鶴, 鹿, 角, 赤, 黑, 幞(-頭), 福(-田), 栢(-子), 合, 立' 등의 한자어로 미루어 보아서 후내입성- [-k](10자)와 순내입성- [-p](2자)가 나란히 쓰인 점으로 미루어 보아서, 당시의 북송음에 설내입성도 [-t]이나 [-h]를 유지하고 있었던 것으로 추정되는 데도 불구하고, 앞서 보인 바와 같이 설내입성자가 거의 모두 우리말의 종성- [-r]로 대비되었으니 더욱 계림유사의 역음(譯音)은 고려한자음에 의한 것으로 추정된다. 이러한 추정이 더 확실한지 살펴보기 위하여 차용한자어 이외의 어휘 즉 소위 고유어휘의 -k종성, -p종성과 대비된 한자를 다음에 열거하여 보인다.

예)

- 雹曰霍(*곽. cf. kawkaw 우박, Ainu : *kawkaw>kawk>kwak)
- 虹曰陸橋(*륙교. cf. riwka 다리, Ainu: lix 비, Ainu: *lix-riwka>liwk-ka>
  ryuk-kyo(音義相關의 표기법으로 ka>kyo로 변화)
- 七曰一急(*일급→닐곱)　　・八曰逸笒(*일답→여듧)
- 鷄曰喙=啄(*닥→닭. cf. takiya '닭, W.Mo' 註記의 '音達'은 뒷날의 첨기거
  나, 다른 방언 등재)
- 雁曰哭利易幾(*국리역긔→그려긔)
- 禽皆曰雀譚(*쟉담→젹던. cf. jigürten 날짐승, W.Mo : *jigürten>čyəgirtən→
  čyəgitən>čyəktən)
- 蛋曰批勒(*비럭→벼록)　　・蟣曰側根旎(*측건니→뎌근니)
- 幞頭曰幞頭(*복두)　　・僧曰福田(*복뎐)
- 丐曰乞剝(*걸박→걸바기. cf. kélvike 구걸하다,
  　　Dr-ka: *kélvike>kəlbyəgi>kəlbagi)
- 髮曰麻帝刻試(*마데거시→마데ㄲ치.
  　　cf. kïl '머리칼, Turk': *kïl>kïš>kïsi>kïči)
- 口曰믇(*입)
- 羅曰速(*숙. cf. *suje '깁, 비단, Ma': śog '고운, 길약' : baraga '천,
  　W.Mo'와 대응되는 향찰?)
- 飯曰朴擧(*복거. cf. *budağa 밥, W.Mo 유: *budağa>potka>pokkə)
- 醉曰蘇孛速(*수벌숙-. cf. sokku / sorku 도취하다,
  　　Dr-Ka: *sokku>suku>suk)
- 絹曰及(*급→깁)　　・夾袋曰南木子蓋(*남목즈개→나모지개→ᄂ 못)
- 卓子曰食床(*식상)　　・簾曰箔(*박→발. cf. 音義相關 표기)
- 傘曰聚笠(*쥬립→슈릅)　　・笠曰蓋(*갑→간. cf. 音義相關 표기)
- 合子曰合=盒(*합)　　・楪曰楪至(*뎝시)　　・皷曰濮(*북)
- 柴曰孛南木(*벌남목→블나모)
- 索曰朴(*박. cf. barǧ>pak. pā '큰 새끼' Dr-Ta)
- 寫字曰乞核薩(*걸거살→글그슬)
- 榜曰栢子(*벅즈→빅즈. cf. 잣나무 널빤지가 방의 재료로 쓰임)
- 坐曰阿則家囉(*아적가라→아젓가라>앚앗가라)

- 去曰匿家之囉(*닉가지라→니거지라)
- 有客曰孫集移室(*손집이실)
- 迎客入曰屋裏座少時(*옥리좌쇼시→오르즙쇼셔)
- 凡事之畢皆曰得(*덕>득>둑. cf. tükè-끝내다, turk: 뚝 그치다)
- 多曰釁合及(*흔합급→흔하기)　　• 深曰及欣(*급흔→깊은)
- 低曰捺則(*날적→나즉→느즉)

  [註] 大曰黑(←異)根(*이근. cf. yeke>yike '大, W,Mo'>ixxen '大, Mo')

위에 보인 후내입성-k자는 27어항인데 4항만 [k]종성에 대비 안
되고, 순내입성-ㅂ자는 10어항인데, 단지 1어항에 두자- 合·及(?)
자만 [p]종성에 대비 안 되고 있어서, 차용-한자어의 경우(후내입성-
k 10자, 순내입성-p 2자)와 마찬가지로 북송음에 입성의 [-k], [-p]가
쓰이었거나 고려의 한자음으로 역음한 것으로 볼 수밖에 없다. 이런
사실은 후내입성 [-k]자의 북송음이 성문파열음- [?]로 소리났다는
학자들의 통설과는 어긋나며, 설내입성 [-t]자의 북송음도 학자들
의 통설인 [?] 또는 [ʰ]이 아니고 [l](ㄹ)로 소리났음이 확실하니, 차
라리 계림유사의 역어의 한자음은 입성자의 쓰임만으로 보아서는
당시의 고려의 한자음으로 표기된 것으로 보아야 할 것이다.

　다음에 운모(韻母)가 우리말의 무슨 모음에 대비되었는지 살펴보
기로 한다. 먼저 가운(歌韻)의 북송음(汴京 '開封'에 도읍)은『고금운회
거요』나『몽고자운(蒙古字韻)』처럼 /a/에서 /o/로 변한 것으로 보는
것이 정설이라고 할 수 있는데, 과연 그렇다면 歌韻의 '夏, 茶, 蛇,
車'도 'ho, to, do, čo'로 읽어야 할 터인데도 그렇지 못하다. 고려어
한자음에 의한 표기로 보거나, 당시의 북송음의 歌韻은 상고음과
마찬가지로 /a/였다고 우기는 도리밖에 없다. 계림유사의 歌韻字는
그 외에도 丫, 亞, 阿, 鴉, 河, 加, 柯, 菌, 珂, 打, 陀, 駝, 那, 羅, 囉, 沙,

且, 把, 馬, 麻 등을 합해서 24개가 있는데, 여기서 '那'만 /o/운으로 읽힌 것이 확실하고, 袴曰珂背의 珂背는 '고의/ㄱ외(*kāba '소매 없는 겉옷, turk')의 소급형으로 볼 수 있을 것 같고, 一曰河屯의 河屯은 katuñ(첫, turk)과 대응시킬 수도 있으나, 直寧縣本一直縣<삼국사기 지리1>의 대비로 보아 신라어를 *koto(一)로 읽을 수 있다면, 여기서 '珂, 河'도 /o/로 변한 것으로 볼 수도 있으니, 결국 '那, 珂, 河'의 3자만 /o/음의 표기로 볼 수 있고, 나머지 그 많은 歌韻字는 모두 /a/로 읽어야 이조 초기어와 대응이 되니, 歌韻字는 /o/로 표기한 것을 오기로 다루고 송음으로 /a/였거나, 고려의 한자음의 /a/로 읽었을 개연성이 크다고 할 것이다. 물론 북송음의 歌韻이 이기문 교수(1968)에서처럼[a>o]의 과정음이었다고 보면 /a/나 /o/로 읽을 수도 있어서 예외적 표기를 인정할 필요가 없어지나, 동일인이 동일 문헌에서 같은 한자를 두고 때에 따라 /a/로 쓰기도 하고 /o/로 쓰기도 하는 것은 표기의 목적에 어긋나는 있을 수 없는 일이다. 따라서 歌韻字만으로 보아서는 일단 고려의 한자음으로 역음한 것으로 보이나, 歌韻의 북송음을 /o/로 본 학자들의 견해가 잘못된 것일 수도 있으니 다른 운모(韻母)들을 더 상고(詳考)해야 고려한자음에 의한 표기인지가 밝혀질 것이다.

따라서 한자의 운모는 강신항 교수의 논문 「계림유사 '고려방언'의 표음자로 본 전기중세국어(=고려어) 음운체계」<AD.2003>에서 보인 운모(韻母)의 비교순서에 따라서 비교하되, 이조 초기어와 맥을 같이하는 추정-고려어음(약호 '고려어')에 그 역음에 쓰인 고려한자음(漢字音. 약호 '고려한자음')과 추정-북송한자음(약호. '북송음')을 비교함으로써 한·중의 어느 쪽 한자음이 우리말에 가까운 지 살펴보기로 한다.

그런데, 모음의 고려어와 이조 초기어의 차이는 '♀'에 있는데, '♀'가 13세기말에 주로 '아'와 '오'에서 파생한 것으로 보이므로(cf. 姜吉云 1993. p.98~101) '♀'를 간모음으로 한 어휘는 일단 '아·오·♀'의 간음 '어'(cf. 姜吉云 1993. p.98~100)로 재구한다. 그리고 북송한자음의 추정은『學硏漢和大字典』(藤堂明保편, 1978)에 의거하여 중고음(隨唐音)과 중원음운(元音)을 절충하되, 주조모의 추정음을 참작하여 재구할 것이다. 그런데, 추정- 운모는 많은 부분이 이중모음, 삼중모음으로 되어있고, 단모음으로 된 것은 'a'가 대부분이고 'u·o·ə·ï'가 약간 쓰였을 뿐이어서, 비교에 있어서는 중모음을 가능하면 그것이 보편적으로 변할 수 있는 단모음이나 상향식 이중모음(예 : ya·yə·yo·yɯ)으로 추정하고, 고려의 국속한자음은 동국정운의 한자음 체계가 이조 초기보다 의고적(擬古的)이기 때문에 이조 초기의 한자음에 그것을 참작하여 재구한다.

그리고 운모의 비교에 있어서는 고려의 국속한자음과 복송한자음이 서로 차이가 큰 것만 골라서 비교해 보일 것이다.

1. 會攝字 I

여기에 속하는 '匷, 姮'의 어휘음은 i(去曰匷家之囉)[*nikəčira]·ə(日曰姮[*həŋ>hʌŋ])인데, 그 국속한자음도 I·ə이고, 북송음은 yə·ə이니 바꾸어 말하면 323항의 어휘음 i에 대비된 북송음은 yə로 대비한 것이 되어 적절한 역음이라고 하기 어렵다. 즉, 止攝字의 i로 표기했어야 할 경우이다. 따라서 會攝字의 역음자로서는 고려한자음으로 적은 것으로 보는 것이 낫다.

2. 臻攝字 - Ⅰ

여기에 속하는 '頻·一'의 어휘음은 i(篦曰頻希[pinhyə]), i(七曰-忌[ilkup])인데, 그 국속한자음도 i·i이고, 북송음은 yə·yə이니 (1)항에서와 마찬가지 이유로 해서 曾攝字의 역음자로서는 고려한자음으로 보는 것이 낫다.

3. 深攝字 - Ⅰ

여기에 속하는 '心·及'의 어휘음은 i(鬼曰幾心[küsin])·i(絹曰及[kip])인데, 그 국속한자음은 i·ï이고, 북송음은 yə·yə이니 深攝字의 역음자로서는 고려한자음으로 보는 것이 낫다.

4. 臻攝字 - Ⅱ

여기에 속하는 '根(冷水曰時根沒[sikïnmul])·欣(深曰及欣[kipïn])·頓(八十曰逸頓[yətïn])·乞(晝曰乞林[kïrim])·沒(二十曰戌沒[sïmur])·孛(火曰孛[pïl])·不(被曰泥不[nibul])·戌(珠曰區戌[küsïl])·訓(七十曰一訓(ilhïn])'의 어휘음은 모두 ï 인데, 그 국속한자음은 'i·ï·ə·ə·ə·ə·ï·yu·u'이고, 북송음은 'ə·yə·wə·ye·wə·wə·yu·yə'이다. 그런데 ə는 ï와 개구도가 조금 차이가 있으나 발음위치가 같아서 교체되기 쉽고, u는 ï와 위치가 조금 차가 있을 뿐이지 개구도가 같아서 교체되기 쉬우며, o는 ï와 상당히 차이가 있어 보이나 고대음에서 o와 u가 서로 근접한 음이어서 흔히 교체되고 알타이어에서도 마찬가지이니 국속음의 대비는 무난하다고 하겠다. 한편, yə는 i로, wə는 o나 ə로, yu는 yo나 ü

로 변할 가능성이 큰데, 여기의 yə·wə·yu·yə는 어휘음의 ï와 너무
멀고 하니, 북송음의 대비는 잘못된 것으로 보인다.

5. 深攝字-Ⅱ

여기에 속하는 '臨·審·答'의 어휘음은 ï(行曰欺臨∞걸음)·ï(問此何物
曰沒審∞므슨)·ï(八曰速答∞여덟)인데, 그 국속한자음은 Ⅰ·Ⅰ·ə이고, 북
송음은 yə·yə·a이다. i는 iə(>yə)보다 ï에 더 가깝고 '여듦'은 '여듦'
의 형태로도 흔히 나타나니 그 'ㅇ'의 소급형이 ə였을 개연성이 크
다. 따라서 위에 보인 深攝字들은 국속한자음에 의한 표기로 보는
것이 낫다.

6. 會攝字-Ⅱ

여기에 속하는 '得'의 어휘음은 *ï(凡事之畢皆曰得 [tïk] cf. tükē-, 끝내
다, O.Turk ∞ *득-'id')로 추정되는데, 그 국속한자음은 ï이고, 북송음은
e로 추정된다. 여기서 추정- 고려어와 국속한자음이 함께 ï여서 완
전히 일치하지만, 추정- 북송음의 e는 ï와 개구도와 위치도 차이가
있어서 역음자로서는 국속음이 낫다고 할 것이다.

7. 臻攝字-Ⅲ

여기에 속하는 '嫩·屈'의 어휘음은 'u·u'인데, 그 국속한자음은 u
(雪曰嫩 [nun]∞눈)·u(雲曰屈林 [kur-rim]∞구룸)이고, 북송음은 o, yo로
추정된다. 어휘음과 국속한자음은 다같이 u인데 반하여 추정- 북송

음은 o·yo이니 역음자로서는 국속음이 낫다고 할 것이다. 이와 같이 臻攝字는 모두 같은 양상이어서 이하에선 재론하지 않는다.

8. 深攝字-Ⅲ

여기에 속하는 '林·笠'의 어휘음은 u>ï(雲曰屈林(kul-rim]∞구룸>구름)·u(傘曰聚笠 [cyu-ryəp]∞슈룹)인데, 국속한자음은 'i·i'이고, 추정-북송음은 yə·yə이다. i는 ï와 ï는 u와 각각 제2음절 이하에서 흔히 교체되지만, i가 yə와 제2음절 이하에서 교체되는 경우는 드물다. 따라서 여기서도 앞서 深攝字의 경우와 마찬가지로 역음으로서는 국속음이 낫다고 해야 하겠다.

9. 流攝字

여기에 속하는 '母'의 어휘음은 o(後日曰母魯[moro])인데, 국속음은 o이고, 북송음은 əu>u로 추정되니, 역음자로는 국속음이 낫다고 할 것이다.

10. 通攝字

여기에 속하는 '木'의 어휘음은 o(柴曰孛南木[pïl-namo])인데, 그 국속한자음은 o이고, 북송음은 u로 추정되니, 역음자로서는 국속음이 낫다고 하겠다.

11. 止攝字

여기에 속하는 한자는 매우 많이 역음자로 사용되었다. 예를 들면
皮·彌·離·時·尼·稀·你·里·指·至·記·翅·雌·欺·幾·水·鬼 등이
쓰이었는데, 여기서 합구음(合口音)의 '水·鬼'를 뺀 나머지 개구음
(開口音)의 운모의 추정음가를 주조모(周祖謨. 1943, 약호 Z)는 i로,
유덕지(劉德智. 1969, 약호 L)는 ei로, 히라야마히사오(平山久雄.
1991, 약호 H)는 ïi로, 후지다까아끼오(藤堂明保, 1957, 1978. 약호
F)는 yə>i로 각각 보고 있는데 고려어음은 이조 초기어로 미루어 보
아서 i로 추정되고, 당시의 국속한자음도 i로 추정되니, 지섭자(止攝
字)의 역음은 일단은 국속한자음에 의한 것으로 보이지마는, 주조모
나 후지다까아끼오의 추정음이 옳다면 한중의 어느 한자음으로도
볼 수 있어서 우열이 없어진다. 다음에 실례를 몇 개 들어 보인다.

洗手曰遜時蛇(손시서)∞son-si-sya Ⓢ ∞suən-si/sïï-čia/šie Ⓢ
齒曰你(니)∞ni Ⓢ ∞ni/nïi Ⓢ
犬曰家稀(가히)∞kahi Ⓢ ∞kaxi/kahïi Ⓢ

참고

고려의 국속한자음으로 보았을 때 예외적 운모로 보지 않을 수 없
는 어항이 다음과 같이 몇 개 보인다.

예)

逸戌(여숫)　　　逸荅(여듧)　　　　逸舜(여쉰)　　　　　逸頓(여돈)
嗢(열)　　　　　皮盧(벼로. cf. 皮盧 '필')
實漢(셜흔. cf. 實'실=絲', 實帶'실씌', 移實'이실=有')

위에서 '逸·曀' 만이 국속한자음과 다르나 i∞yə의 변화는 국어내에서 흔히 볼 수 있는 현상이고(예: 별'星'∞빌<경상>, 비레 '벼랑, 고어'), 皮·實은 국속한자음 –i로 쓰이면서 한편으로 yə로도 쓰이었다.

위에서 계림유사의 역음만으로 쓰인 운모표기가 당시의 북송음인지 고려의 국속한자음인지를 살펴보았으나, 역시 운미의 표기의 경우와 마찬가지로 국속한자음으로 보아야 하겠다. 그러나 북송음의 운모는 우리의 모음체계와는 상당히 달라서, 그것으로써 우리말을 음역하기 어려운 점이 있어서, 운모의 비교를 제쳐 놓고 보더라도, 우리말의 입성–종성 즉 'ㄱ·ㄷ·ㅂ'의 표기에 쓰인 한자음은 국속한자음에 의한 것이지, 결코 북송음에 의한 표기라고는 볼 수 없다. 따라서 계림유사에서 역음에 쓰인 한자는 국속한자음에 의한 표기로 보는 도리밖에는 없다. 바꾸어 말하면 손목이 채집한 한국어 어휘목록을 우리나라 역관에게 주어서 수집한 것으로 보인다. 아마도 손목의 생각으로는 역관들이 당시의 북송음을 알고 있는 것으로 보고 맡겼을 것이나, 역관들이 무심코 우리말을 표기하기 쉬운 국속한자음으로 표음하여 넘긴 것으로 추정된다. 손목도 그것을 받아보고 많은 한자어가 그대로 통용되는 것으로 착각하고 우리 고유어의 한자표기도 북송음에 가까운 것으로 보고 의심하지 않았던 것으로 보인다. 특히 손목이 우리나라의 속자인 豆曰太(콩태) : 雞曰喙(또는 啄. cf. 沙喙部<신라 六村名>)의 두 어항의 太와 喙까지 알고 있었을 까닭이 없다. 바꾸어 말하면 손목이 고려인의 손으로 쓰인 문자어를 수집한 것으로 볼 수 있다. 혹자는 이런 추정을 부인하기 위하여 계림유사에 사용된 한자들과 향가나 이두에 쓰인 한자가 서로 판이하다고 원용하고 있는데, 이런 사실은 시대환경과 개인차에 의한 것이지 그렇다고 국속한자음을 북송인인 손목이 알고 있었다는 증명이 되지 않는다.

　다음에 성조(聲調)를 비교하여 보기로 한다. 이조 초의 국어성조는 평성(平聲, 低音)·상성(上聲, 上向音)·거성(去聲, 高音)의 체계인데 대하여 북송음의 성조는 상성과 거성은 대체로 같으나, 입성은 없어졌거나(-k·-d는 거성으로, -p는 상성으로) 약화된(-ʔ·-h·-b)것으로 추정되고, 평성은 양평(陽平)과 음평(陰平)으로 갈라져서 현대 북경관화의 성조체계의 원천이 된 것으로 보인다. 즉, 양평은 대체로 하평(상향식, 고음)으로, 음평은 대체로 상평(평음)으로 변해 왔는데, 은평은 운미가 -i·-u·zero로 끝나는 평성이니 국어의 평음(저음)과 대응될 것이나, 양평은 그 운미가 비음인데, 통비(通鼻)의 일종의 약한 파열음이고 sonority가 높은 자음이기 때문에 상향식 고음으로 보아야 할 것이다. 이런 전제하에 계림유사의 역음이 과연 북송음의 성조체계에 의한 고려어의 성조표기인지 살펴보기로 한다.

　1) '눈(眼. 去聲)'과 '눈(雪. 上聲)'을 嫩(去聲)으로 표음하였는데, 분절음이 nun이면서 상성인 한자가 없어서 부득이 거성으로 표음한 것으로 보기도 하나, 그것은 말이 안 된다. 乘馬曰轄打(平聲)에서 볼 수 있듯이 打는 상성인데 그것을 평성으로 소리 내라고 세주(細註)한 예가 있으니, 그런 예에 따라서 '雪曰嫩(上聲)처럼 주를 넣을 수도 있는데도 그렇지 않았으니 성조를 도외시한 표기라고 볼 수 있다.

　2) 고려시대의 어미가 평성일 개연성이 크다는 권재선 교수(1974. p.2~4)의 추정이 맞는다면 고려어에서 평음(평성)이던 것이 이조 초에 와서 고음(거성)으로 변별적 기능이 강화되었다가 근세

에 와서 성조가 없어졌으니 평음으로 돌아간 것이 된다. 이런 패턴의 음운변화는 있을 수 없다. 우리말과 같은 다음절어에는 성조는 부수적인 것에 불과해서 원칙적으로 그 기능이 더 강화되지 않는 법이므로 이조 초기어가 거성이었으면 고려어도 거성이었다고 보아야지 '평성(저음)>거성(고음)'의 변화는 불가하다. 이조 초기의 부사형어미'-아/어·-게·-고'·관형형어미 '-은/은'·서술형어미 '-다·-(이)라'·의문형어미 '-가/고' 할 것 없이 모든 활용어미는 상성어간에 이어지는 어미 등의 예외적 예를 제하고는 거의 모두 거성(고음)으로 끝난다.

예)　　져·믄 아·두른〈두시초 7-3〉

　　　　믈·근 マ·룺〈두시초 7-3〉

　　　　프·른 :미 홀〈두시초 7-1〉

　　　　ㅂ 룸 머·근〈두시초 7-2〉

　　　　비 저즌 블근 〈두시초 7-2〉

　　예외 예)　　:져근 ·비·예〈두시초 7-2〉

　　　　　　　　數 :업슨 준 ·자리 ·눈〈두시초 7-2〉

　　　　迦毗羅國 ·에 ·가 ·아〈석상 6-1〉

　　　　鬼神 ·과 :위·ᄒ·야〈석상 6-1〉

　　　　羅睺羅룰 노·하 보·내 ·야〈석상 6-1〉

　　　　佛法 ·에 ·드 ·러〈석상 6-2〉

　　　　아·라 듣·긔 니르·라〈석상 6-6〉

　　　　靑衣·룰 ·브 ·려〈석상 6-2〉

　　　　브텨·マ·투시·긔 ᄒ ·리이 ·다〈석상 6-4〉

:샹·재 두외·에 호·라<석상 6-1>

·쁘·들 그·치·고<석상 6-2>

目連·이 그 :말 듣 :즙·고<석상 6-1>

安否 :습더·니<석상 6-2>

出家ᄒᆞ :사·ᄅᆞ미·니<석상 6-2>

摩耶夫人·ᄆᆞᆫ :몯·ᄒᆞ실·씨<석상 6-1>

나 ·ᄀᆞᆫ·게 ᄒᆞ·리·라<석상 6-1>

버·근 夫人·이 두외·시니·라<석상 6-1>

즁싱·마·도 :몯·ᄒᆞ이·다<석상 6-5>

:엇·더 ᄒᆞ·니 잇·고<석상 6-7>

:혜ᄂᆞᆫ·다 모·ᄅᆞᄂᆞ·다<석상 6-8>

내 ·쁘·들 ·펴·아 :술·ᄫᅩ쇼·셔<석상 6-6>

情欲·이 :업더·라<석상 6-12>

　

그런데 실은 泥根(*니근), 時根(*시근), 胡根(*ᄒᆞ근)은「음평+양평」의 구조로서 국어성조의「평성+거성」과 같은「저음+고음」의 구조여서 고려어도 어미는 고음이었던 것으로 추정된다. 설령 根이 음평(저음)이었더라도 거성인 한자가 따로 없다면 모를까 엄연히 '艮·斤·靳·饉'과 같은 거성자가 있는데도 불구하고 음평자(저음)인 根으로 표기한 것은 국어의 성조를 도외시한 표기가 된다.

다음에 김성규 교수의 논문(2003)에 대하여 몇 마디할까 한다. 우선 그 논문에서 양평·음평 모두를 저음으로 다루고 있는데, 이미 말한 바와 같이 필자는, 양평은 고음으로, 음평을 저음으로 다루어야 한다고 생각한다.『중국어음운론』(藤堂明保편. 1978 8. 1591)에 의하면 비음(n·m·ŋ)으로 끝나는 운미를 가진 운모를 양류(陽類)로, 'i·u·

zero'- 운미를 가진 운모를 음류(陰類)로 다루고 있는데, 이미 말한 바와 같이, 비음이라는 일종의 파열음으로 끝나니 고음으로 보아야 할 것인데, 김성규(2003)에선 양평과 음평을 함께 저음으로 다루고 비음으로 끝난 安海(*안해), 安理(*안리>아니)의 安[an]을 음평으로 다루고 있는데, 이것은 양평으로 보아야 할 것이므로 「양평＋상성」의 구조이니 「고음+고음」의 패턴이 되어서 이조어의 「평성+거성」 즉 「저음+고음」의 구조와는 다르다. 여기서도 계림유사의 역음은 북송의 성조와 상치하는 표기임이 드러난다.

어떻든 운모상으로 본 계림유사의 역음자는 북송음에 의한 것이라기보다는 국속한자음에 의한 표기로 다루어야 할 것으로 추정된다.

그리고 원본이 발견되지 않아도 초판본이 인쇄본이었을 것이니, 중간본은 그것을 보고 후대의 사신이 말이 바뀐 것만 수정하여 출판하였을 것이므로 간혹 오자(誤字)가 났다 하더라도 불과 몇 자일 것이지 수많은 오자가 나올 리 없는데도 실질적으로는 허다한 오자(cf. 제4장 語釋의 研究)가 발견되니, 초판본 자체에 오자가 많았다는 것이 된다. 이런 사실은 원본의 원고가 손목의 자필이 아니었다는 것을 의미한다. 즉 남이 써 준 것을 받아다가 출판하느라고 많은 오자를 낸 것이다.

이상과 같은 여러 정황으로 보아서 『계림유사』는 손목이 직접 고려어를 채록한 것이 아니고, 고려의 역관이 채록하여 손목에게 넘겨준 것이 분명하다.

三.

鷄林類事의 研究成果

이제까지의 『계림유사』의 연구는 크게 두 가지 점에서 근본적 과오를 범하였다.

첫째, 『계림유사』의 연구는 고려어 중에서 이조어와 맥이 닿는 말만 찾아내고, 그 나머지 고려어는 속수무책으로 내버려 두는 식의 연구가 되다보니, 고려어의 전모와 특징을 알 수 없었다.

우리가 계림유사를 연구하는 목적은 그 저자라고 하는 손목의 신상이나, 이조 초기어와 맥이 닿는 말을 찾아내자는 것이 아니고, 유일한 고려어의 자료라고 할 수 있는 『계림유사』를 통해서 고려어가 이조 초기어와 얼마나 다른지와 어떻게 다른지, 즉 고려어의 정체와 특징을 알려는 것인데, 지금까지의 연구 성과는 이조 초기어와 매우 닮은 말을 많이 찾아낸 것에 불과하다. 그리고 상당히 많은 어항이 이조 초기어나 방언으로 미루어서는 이해할 수 없기 때문에 그것들

은 거의 손을 못 대고 필자와 북경대학(北京大學) 안병호(安炳浩) 교
수만이 이조어와 다른 어항을 조금 탐구해 보려고 비교언어학적 방
법을 시도하였을 뿐이다.

둘째,『계림유사』의 저자가 북송인이니 고려어를 역음한 한자가
북송음일 것이라는 속단 때문에, 이제까지의 거의 모든 연구가 수포
로 돌아갔다고 하겠다. 이미 앞에서 밝힌 바와 같이, 뜻밖에도 그 역
음자는 고려의 국속한자음에 의한 표기로 볼 수밖에 없었다.

따라서 앞으로 연구는 고려의 국속한자음을 추정하면서 비교언어
학적 방법을 동원하여 이조어나 방언과도 맥이 닿지 않는 어항까지
포함한 전모를 해명해 보일 것이다. 특히 고려는 고구려의 후신임을
자처하였는데, 그 수도-개경(지금의 개성)이 옛 고구려 판도 내에서
도 수도였던 평양에 가까운 곳이어서 고구려지배층어(cf.『한국어계통
론 하권』 강길운 1992. 제10장)의 영향이 컸을 것으로 보이므로 특히 몽
골어(蒙古語)와의 비교에 힘써야 성과를 올릴 수 있을 것이다.

四.

語釋의 研究

1. 天曰漢捺. cf. 漢㮛〈순치판〉

이 항목은 '하늘>하늘'로 변하여 온 말의 소급형의 표음일 것이다. 漢은 집운이 虛旱切[han]이고 동운·기타 운서가 모두 '한'으로 나타난다. 그러므로 漢자는 지금과 마찬가지로 '한'으로 읽을 수 있다.

참고

239. 白曰漢·209. 銀曰漢歲에선 漢은 한자음에 '핸'이 없어서 핸>힌. 白'의 대충표기로 쓰임

捺은 집운이 乃曷切[naʔ]이며, 동운·기타 운서는 모두 '날'이어서, 고려한자음- 漢捺은 '하날'로 읽을 수 있을 것이다.

> **참고**
>
> 순치판의 漢㮈의 㮈자는 奈의 속자이며 국속음은 '내/내'인데, 순치판의 㮈는 모두 捺의 오기이다

그런데 '하늘'은 kando(하늘, Ainu)·konṭal(하늘, Dr-Ma) 등과 비교될 수 있을 것이나, 직접으로는 kando와 대응될 것이다. 즉, *kando > kanyo > hanō > hanno-l(어형보강소. 예: küz, '가을, Turk' ∞ᄀ슻-ㄹ '가을'·kïš '겨을, Truk' ∞겨스-ㄹ '겨을')>hanʌl(하늘의 변화를 거친 것으로 볼 수 있다). 그러나 모음의 도치를 전제로 하면 konṭal과 더 잘 대응된다. 즉 *konṭal > konyal > hanol(o~a>a~o '음운도치') > hanʌl(하늘)의 변화를 거친 것으로 보인다.

> **참고**
>
> '으'는 12세기 초에는 없었다. 이것은 13세기 말경에 '아'와 '오'에서 파생된 것이다. cf. 姜吉云 1993 p.98

따라서 고려어는 *hanal(하날)보다 *hanol(하놀)이었을 개연성이 더 크고 韓捺은 그 근사치표기로 추정된다.

2. 日曰姮

이 항목의 姮자는 [흥 > 항]이므로 이조어의 '히'와 언뜻 보기에는 너무 다르고, 다음 항목의 주기(註記)에 '히'로 읽을 수 있는 黑隘切이

보이므로, 이 두 항이 엇바뀐 것으로 보고, 姮을 姮(달)의 오자로 보면 안성맞춤으로 '희'와 '들'의 근사치표기가 되기 때문에 계림유사 연구가들은 모두 그렇게 보아 왔다.

그러나, 필자가 이미 말한 바와 같이, 각 항목의 주기는 모두 뒷날 우리나라에 들렸다 간 사람들이 첨기(添記)한 것으로 보아야 하기 때문에 黑隘切도 뒷사람이 日曰姮 뒤에 주를 넣은 것을 月日契 뒤에 잘못 적어 넣은 것으로 보아야 할 것이고, 契에는 '희 > 해'의 유음이 없는데다가 책머리에 있는 항목이니 다른 항목보다 더 정성을 다하여 적었을 터인데, 姮을 姮으로 오자를 내는 동시 '日·月'항이 엇바뀌는 실수를 했다고 보아야 하는 엄청난 무리가 생긴다. 따라서 이 두 항목은 이조어나 방언과 다른 특수한 고려어로 보아야 할 것이다.

그렇다면 고려의 지배층이 고구려 후신임을 자처하였고, 고구려 지배층은 몽고계임이 확실하니(cf. 강길운:『한국어계통론』하권 제13장), 해독이 어려운 항목은 먼저 몽고어와 비교해 보아야 할 것이다. 그래도 풀리지 않으면 동계어인 길약어와 비교하고 나서 신라, 가야의 지배층어인 터키어·만주–퉁구스어·아이누어·드라비다어 등과 다음에 비교해 보면『계림유사』의 거의 모든 항목이 해독될 것으로 확신한다.

그러므로 姮은 집운이 胡登切[hïŋ]이고 국속음은 [흥(字典釋要·新字典)]고, 가장 보수적인 일본음이 kou<한음>, gou<오음>이어서 성모가 k/g로 나타나니, 姮의 고려국속음은 həŋ~kəŋ일 것이므로 이것과 대응될 만한 비교어휘를 찾아보면, keŋ[kəŋ] / ken[kən](태양, Gily)·küneš(태양, O.Turk)를 들 수 있다. 즉 keŋ[kəŋ]은 동계어인 길약어로서 거기서 '희(太陽)'마저 유도될 수 있어서 姮[*həŋ~kəŋ > hʌŋ]과 직접 대응될 것이다.

h⟨Kor⟩	k⟨Gily⟩
예) horaɲi (호랑이)	klïnd (id)
hʌna (一)	krant (一番)
k'ïnh- (끊다)	kunk-(id)
neh (넷)	nukr (id)
nyəh-(넣다)	yuki-(id)⟨G⟩
tahi (방향)	takr(id)
t'ühʌ-(튀하다)	dokko- (뽑히다)
anke (아내)	ainağai (⟨ainakai. id)

ʌ (ᄋ̆)⟨Kor⟩	e [ə] ⟨Gily⟩
예) kʌrʌ- (말하다)	kerai-/xer-(id)
nʌč′ (낮)	netf (id)
kʌrʌm (호수, 강)	kerxn (바다)
ajʌ/aji (아우)	aček (아우)⟨G⟩
mʌsʌ- (분쇄하다)	mose-(id)

따라서 hʌŋ(姮)과 keŋ[kəŋ]은 의미와 음운의 양면에서 대응되며,
*kəŋ-i(어형보강소)＞kəi＞he＞he(히)＞hä(해)의 변화를 거친 것으로
추정된다. 한편, küneš도 *küneš＞kuŋe(발음생략현상: k~n＞k~ŋ '연구
개음화')＞hʌŋe(-u∞-ʌ. 예: tūš '같은, Turk' ∞듯 '듯')＞hʌŋ(훙)의 변화가
가능하나 u＞ʌ나 ü＞ʌ의 변화가 드문 일이어서 직접 대응시키지 않
았다.

따라서 고려어- 姮[kəŋ](해)의 어원은 kəŋ(해, 길약어)과 대응되는
고유어일 것이다.

3. 月日契 黑隘切

이 항목은 앞에서 말한 바와 같이, 黑隘切이며 '해'라고 읽어야 할 것인데, 月항에 들어 있으니 잘못된 것이 분명하고 契 또한 '해'라고 읽을 수 없는 글자이니 그것은 현대어의 '달'과는 계동을 달리하는 말이라고 보아야 할 것이다.

그런데 契에는 '계'와 '셜'(동운: 私列切<集韻>)이 있는데, '月'을 뜻하는 주변어 가운데서는 '계'에 가까운 음상의 말은 없으나 '셜'에 가까운 saral (> sar. 달, W.Mo)가 있어서 '셜'이 sara의 발달형일 개연성이 크다. 즉, *sara > sira > sirï > sīl > syəl(셜)의 발달이 가능하다. 이와 같은 변화가 가능하자면 외래어의 a~a가 i~a로, i가 yə로 각각 대응되는 언어습관이 있어야 하는데, 마침 국어에 다음과 같이 그런 예가 많이 보인다.

a~a〈W.Mo〉	i~a〈Kor〉
예) alda-(잃다)	ilh-(<*ilth-<ildï-<ilda-<*alda- id)
ama(입)	ib(<imï<ima<*ama)
čadura(여드름<유>	yədïrïm<idïrï-m<yidura<*čadura)
ğaba(갈라진 틈)	kïm(<kimï<kima<kiba<*ğaba, 갈라진 자국)
nayan(<*nadan, 여든)	yədïn(<idïn<nida<*nadan. id)
xağalburi(새 개간지)	sïgʌβʌl(<sigabul<xigalbul<xiğalburi. id)
arğa(계책)	irä(<ilga<*arğa. 아양)
ğalağu(거위. 기러기과 동물)	kirəgī(<kiragu<ğalağu. 기러기)
xaba-(누비다)	kib-(kibï-<xiba-<xaba-. 깁다)
samağun(어지럽다)	simaŋ (<samān<samāgun. 불쾌한 일이 이어지은 모양)

cf. nāna(요즘, Gily)   inä(<nina<*nāna. 이내)

     araka(아프다, Ainu)   ari-(<arik<*araka. 몹시 아프다)

     ara(곱다, Ainu)   ari-tʌb-(<ara-tʌb-. id)

     kahara(기와, Jap)   kiwa(기와)

     *na-pa(>náp'a: 채소, Jap)   nip'ari(입 '葉')

i⟨W.Mo⟩	yə⟨Kor⟩
예) imağa(염소)	yəm(id) cf. 염-쇼
*bile-(벼리다) cf.~gü(숫돌)	pyəei-(id)
bilbigür-de-(허튼말-하다)	pyəlpyəl-(id) cf. 별별-소문
čige(말젖)	čyəč(젖)
ilğa-(<*pilğa-. 분배하다)	pyərï-(id)
ira-(<*pira-. 크게 열다)	yəl-(열다)
ib-čib(<*čib-čib. 외롭고 쓸쓸하다)	syəb-syəb(id)
jil(살, 歲)	syəl(설, 元旦)
jiluğu(고삐)	syək(id)⟨사어⟩
jiŋkile(여물다)	yəŋkïl-(id)
jirğuğun(여섯)	yəsïs(<izgut<jirğuğu. id)

따라서 月日契의 고려어- 契는 [syəl]로 읽을 수 있고 그 뜻은 '달'을 뜻하는 몽고어- sara와 대응되는 고려어인 것으로 추정된다.

그러나, 이미 단독으로는 사어가 되었지마는, '설쇠'(=다리쇠), '설꼭지'(=질그릇 같은 것의 둥글넓적한 꼭지), '서리다'(=둥글게 포개어 감다)의 '설·서리'거나 '시르'(<*셔르=시루)에 '둥근 것'의 뜻으로 살아남아 있는 것이 아닐까 한다. 마치 '달 모양으로 둥글게 만든 흰 떡'을 '달

떡'이라고 하듯이 말이다.

그런데 가야계인 tiŋgal(달, Dr=Ta)이 *tiŋgai̯ > tigal > tial > tʌl(들) > tal(달)로 변한 것으로 보이지마는, 전기백제의 왕비족이 가야계였으니까(cf. 후기백제에선 왕이 가야족이었음) 혹시 개성지방에서 tiŋgai̯이 *tiŋgal > tigal > sial > siəl > syəl(셜)처럼 변하여 '셜(月)'이란 말이 쓰였는지도 모른다. 어떻든 고려어− 契(月)은 '셜'로 읽어야 할 말이다.

4. 雲曰屈林

이 항목은 인견에 '구룸·구롬·구름'의 소급형임을 알 수 있는데, 屈林의 국속음은 [*kul-lim]이었을 것이어서 rum이나 rïm을 나타내는 한자음이 없어서 rim(林)자로 대체하고, 첫음절에 악센트(去聲)가 있어서 'ㄹ'의 반입음(伴入音)이 들어가 'ㄹㄹ'로 표기된 것으로 보인다.

그런데 이 말은 어원적으로 보면 kuri(구름, Ainu)나 egüle(구름, W. Mo-유)·kuyin(구름, Dr-Ta) 등과 비교될 수 있을 것이나, 직접으로는 kuri와 대응될 것이다. *kuri-m(명사화 접사. *구림) > kurïm(구름) > kurum(구룸) / kurom(구롬) > kurïm(구름)의 과정을 거친 것으로 보인다. 그렇게 보면 屈林의 林[림]은 '름'에 가깝고 '룸'는 멀기 때문에 고려어는 '구름'이었을 것이다.

다시 말하면, 어원적으로 보아서 원형이 '구림'이었다면 일단 '구름'으로 변했다가 다시 순음동화작용으로 '구룸'으로 변해야 하는데 문헌상으로는 도리어 '구룸 > 구름'의 변화이기 때문에 고려어를 '구름'으로 추정하는 것이 좀 이상하게 보이기도 하나, 즉 '구름 > 구룸 / 구롬 > 구름'처럼 변한 결과가 되기 때문인데, 이런 현상은 이조 초기부터 중기에 걸쳐서 순음동화형상이 성행하다가 18세기를 고비로 다시 그런 현상이 해이해지면서 어중의 순음이 장순음(張脣音 …i·e·ɛ·ɨ)화하여 '구름'으로 되돌아간 것으로 보인다. 따라서 고려어-屈林(구름)은 '구름'의 대체표기로 추정된다.

5. 風曰孛纜

이 항목은 이조어- 'ᄇᆞ름'의 소급형이 틀림없고, 이것은 vali(바람, Dr-Ta)·opara(id, Ainu)·bor(bora. 폭풍. O. Turk)·不刺[puh-la](바람, 遼史拾遺 V24) 등과 비교될 수 있을 것인데, 직접으로는 vali나 opara와 대응될 것이다. 즉 *vali-m(명사화접사 '덧붙음') > porïm > pʌrʌm(ᄇᆞ름) > param(바람)의 발달이거나, opara > para-m(명사화접사 '덧붙음') > poram > puram > pʌrʌm(ᄇᆞ름)의 변화를 거친 것으로 볼 수 있다.

그리고 孛자의 형성자(形聲字)가 동운(동국정운,이하 '동운'으로 약칭함)에서 모두 [bol]로 나타나고 우리나라에서 들어간 일본고음이 [bol > boč]이어서 고려어를 '보름'으로 볼 수는 있지마는 계림유사의 표기체- 孛이 pul(「孛」佛)·pïl(>pul「孛」火)·tu-bul(「途孛」二)·su-bul(「酥孛」酒)·pul-čhä(「孛采」부채)·čə-bul(>čə-wul「雌孛」秤)처럼 모두 *pul로 나타나고 요(遼)나라 말(거란어)이 不刺[puh-la]이니 孛의 고려국속음이 [*pul]이어서 *pul > pol > pʌl > pal처럼 변해 온 것으로 보인다. 그리고 纜의 형성자가 동운에서 모두 [ram]으로 나타나므로 孛纜의 고려한자음은 *pul-ram이니 'ᄇᆞ름'의 표기체상으로 본 고려어는 *puram이었을 개연성이 더 크다. 그러나 '불다'라는 동사 어간에 대상성명사화접사- '음'이 첨가된 '불음'의 대충표기일 개연성도 없지 않다. 한자음에 '름'이 없기 때문이다.

따라서 고려어- 孛纜(바람)은 '*부람' 또는 '*부름'의 표기일 것이고, 그 어원은「*opara(바람, Ainu)-m(명사화접사)」또는「*불-(吹)-ㅁ(명사화접사)」의 합성어로 추정된다.

6. 雪曰嫩

이 항목은 '눈'에 소급형이 틀림없을 것이고, 嫩의 국속음은 동운에선 [non]으로 나타나나, 기타의 이조기 운서에선 [nun]으로 나타나고, 북송음은 [nuən]이어서 고려어도 지금과 다름없는 '눈'으로 추정된다.

그런데, 이것은 leuri(눈, Dr-kuwi)·lunə / nunə(눈, Evenki)nuŋde(추운, Goldi·Olča)·nimaŋ(눈, Ma) 등과 비교될 수 있을 것인데 퉁구스어만 직접 대응되는 점으로 미루어 보아서 '눈(雪)'은 고유어일 개연성이 크다. 즉 *nun>nunə의 변화로 볼 수 있다. 그러나 leuri나 lunə / nunə와 같이 두음이 l인 점을 감안하면 *leuri > ruri > nuni > nun의 발달일 개연성도 크지만, 드라비다족의 원주지가 인도일진대 '눈'과는 거리가 먼 것 같아서 일단은 고유어로 보아 둔다.

7. 雨曰罪微(→罪 音微)

이 항목의 罪자로만 보아선 '비'의 표기로 보이는데, 그 뒤에 '微'자가 덧붙어서 문제가 된다. 마에마(前間恭作)씨의 『鷄林類事麗言攷』에선 그 微를 본시 '音微'라고 주를 넣었던 것이 전사(轉寫)할 때 잘못 적은 것으로 보고 있다. 그렇게 본 이유는 짐작컨대 고음이 vi〈H, L〉·bi〈Jap〉였기 때문일 것이다.

그런데, 우리 주변어에서 이것과 대응될 만한 것을 찾아보면 payal
(비, Dr-Ta. cf.-al '명사화접사')·pey(비오다, Dr-Ta)·pir(비, Dr-konda)·
boruǧa(n)(비, W.Mo)·pene(가랑비, Ainu) 등이 있는데, 이들에서 '비미
(霏微)'와 대응될 만한 것이 없으니 마에마 씨의 추정이 맞는 것으로
보아야 하겠다.

따라서 고려어– 霏(비)는 pey(비오다, Dr-Ta)와 직접 대응될 것이다.
즉 *pey ＞ pī(비:) ＞ pi(비)의 변화를 거친 것으로 추정된다.

8. 雪下曰嫩耻 凡下皆耻

이 항목은 이미 6항에서 언급한 '눈'을 빼면 '下曰耻'에 해당되는
데, 이조 초기어–':디-(상성)'의 소급형임이 틀림없다. 耻는 恥의 속
자인데 동운이 '티'이고 북송음은 F가 tˊïei~tsï, H는 tˊï, 집운이 丑里
切[tˊi](상성)이어서 운서상으로 본 표기는 '티'여서 고려어를 '티-'로
보고 *tˊi-＞ti-의 변화를 거친 것으로 보인다. 물론 '디-'를 '티-'로
대체표기한 것으로 볼 수 있을 것 같으나 '디'음을 나타내는 한자가
知·地·智·持·遲 등처럼 많은데도 불구하고 '티'음으로 표음하였으
니 역시 고려어는 ':티-(상성)'로 보는 것이 옳을 것이다.

이 말과 비교됨직한 것으로 tüš-(내리다. 떨어지다. O.Turk), düš-(id,
Turk), tīv-(내려가다, Gily) 등이 있으나, 직접으로 tüš-의 소급형 –*tül-
과 대응될 것이다. 즉 *tül-(＞tüš-) ＞ dül-(＞düš-) ＞ ttil- ＞ tˊī-(티:-) ＞ tī-
(디:-) ＞ ǰi-(지-)의 변화를 거친 것으로 보인다.

따라서 고려어– 耻(내리다)는 '디:'의 표기일 것이며, 그 어원은 *tül-
(＞tüš-, 내리다. 떨어지다. O.Turk)인 것으로 추정된다.

9. 雷曰天動

이 항목은 고유어 '우레'가 따로 있으나, 지금도 '천둥치다'처럼 쓰이고 있고, 한편 중국에서는 없는 말이어서, 우리 주변어에서 天動(cf. 동운)이 '텬동'이고, 집운이 他年切-杜孔切[텬동], F가 tʻiendung이어서 '텬동~텬둥'의 표기로 보아야 할 것이다.

그런데 이 말과 비교될 만한 것은 tengri-duuğar-(하늘- 소리내다→천둥치다, W.Mo) 뿐이어서 대응이 확실해 보인다. 즉 *tengri->tengri-tūər->təŋi-tū-uŋ(명사화접사)>təŋtūŋ>tʻyəntuŋ(天動자에 유추)의 변화를 거친 것으로 추정된다.

따라서 고려어- 天動[텬둥](雷)의 어원은 「tengri(하늘: W.Mo)-duugar-(소리내다, W.Mo)-uŋ(명사화접사)」의 합성어로서 그 본디 뜻은 '하늘이 소리내는 것'으로 추정된다.

10. 雹曰霍

이 말은 현대어에는 보이지 않는 사어인데, 霍은 동운에 의하면 '확'이지마는 집운에는 曷各切이고 曷의 형성자는 모 '갈'이고, 보수적인 일본 한자음도 [k(漢音)~g(吳音)]로 나타나며, 이조 때 다른 운서에는 모두 '곽'으로 나타나니, 고려국속음도 kwak으로 추정된다.

그런데 雹를 뜻하는 현대어는 '누리·우박'이고 이조어는 '무뤼'이며, 현대방언에선 '박재·박새·유리'이라고 할 뿐이지 어디에서도 '곽'이라고 칭하지는 않는다.

그러나 아이누어(昔씨 신라계)에 kawkaw(우박)가 있어서 霍[kwak]은 여기서 유래된 것으로 보인다. 우리의 주요 천문지리어의 대부분이 아이누어와 대응된다(cf. 한국어계 통론- 개설·문법비교편 제8장, 강길운, 1988). 그러므로 *kwak(우박)을 kawkaw(우박)와 비교하면, *kawkaw >kawk(-aw)-∅ '동음생략') >kwak의 음운변화를 거친 것으로 보인다.

따라서 고려어- 雹[kwak](우박)은 kawkaw(우박, Ainu)와 대응되는 말인 것으로 추정된다.

11. 電曰閃

이 항목의 電을 뜻하는 현대어는 '번개'이나 이조어는 명사가 '번게'이고 동사로는 '번득이다'이니 閃[셤>섬]은 계통이 다른 사어로 보인다.

어떻든 閃은 집운이 失冉切[syəm]이고 동운이 '셤'이니 이것도 '셤'으로 읽어야 할 것이다.

그러므로 '셤'과 가까운 주변어를 살펴보면 jeŋe(불꽃, 섬광, Turk)이 있어서 이것과 비교해 봄직하다. 즉 *jeŋe > jiŋe > syəŋ > syəm (셤. -ng) > -m 어말의 비음의 호전현상 또는 명사화접사- m의 유추)의 변화를 거친 것으로 볼 수 있다.

따라서 고려어- 閃(번개)은 '셤'의 표기일 것이며, 그 어원은 jeŋe(불꽃, 섬광. Turk)인 것으로 추정된다.

12. 霜露曰率

이 항목의 현대어는 '서리(霜)'와 '이슬(露)'인데, 率자는 동운에 '솔'과 '률'의 두음이 있는데, 여기서는 어두음으로 쓰인 경우이니 국어의 두음법칙으로 보아서 '률'을 버리고 보면 '솔'의 유음과 관계있는 말일 것이다. 그런데 집운에는 朔律切[슡>슐]·所劣切[션>셜]의 두음이 있으나 F는 [sïuət>sui]로 추정하였고, 보수적인 일본 한자음은 [syuc(吳音)~soc(漢音)]이니 이것은 [*syul~sol]로 소급하는 음일 것인데 개성이 본시 백제 옛땅이었으니 syul이었을 개연성이 더 큰 데다가 전운옥편에는 [슐~솔(속음)]으로 나타나므로 率의 고려국속음은 '슐'로 추정하여 둔다. 그런데, syul의 -yu는 iu에 소급할 수 있고 iu의 간음(間音)은 ï(으)이므로 syul은 sïl로 변할 수 있는 유음이다.

그러므로 '슐'에 가까운 비교어휘는 sile-ŋgi(이슬, Ma)일 것인데, 여기서 -ŋgi는 명사화접사인데, 같은 만주어에서 예를 들면 foŋosoŋgi(그을음), foŋoso-(그을다), gira-ŋgi(뼈) : giran(시체)과 같이 동사나 다른 명사에서 새명사를 만든다. 따라서 sile-ŋgi에서 -ŋgi를 떼어낸 어근 sile-는 국어의 "손이 시리다"의 '시리-'(=찬기운을 느끼다)와 동근의 말일 것이고, 그 본디 뜻은 '차겁다'일 것이며, 여기서 '서리·이슬'과 같은 뜻이 파생할 수 있다. 마침 '서리'와 유사한 음인 sali(냉기·찬것·서리·눈, Dr-ka)가 '찬것'에서 '냉기·서리·눈'의 뜻이 파생되었으니, sile-(차겁다)는 우리말을 거쳐 sali에 소급하는 말일 것이다. 즉 *sali > səli > sïli(>sïl) > sile의 변화를 거친 것으로 보인다. (cf. i<Ma>∞ 으, 예: bithele- '편지 보내다'∞ 티-'id' : cira '기색, 안색'∞즁 '모습' : cisui '스스로'∞스싀-옴 'id' : file- '불 쬐다'∞블 '불' : hira- '흘기다'∞흘기-).

이러한 발달과정의 고려어- *sïl이 처음에는 '서리'와 '이슬'의 뜻으로 쓰이다가 동음충돌로 이화작용이 일어나서 *sïl >i(첨가음)-sïl > isïl(이슬)로, *sïl > sïl-i(첨가음) > səri(서리)로 각각 변해 간 것으로 보인다. 여기서 'ï>ə'의 변화가 선제가 뇌었는데 그것은 다음과 같이 국어내는 물론 동계어인 길약어와의 사이에서 흔히 볼 수 있는 현상이다.

예) 어미(母) ∞ ïmïk(id),   어귀 ∞ ïŋg(입구),   너스레 ∞ nïs(id, G)
열-(開) ∞ yïlgi-(id)

굿-(>그 치-) ∞ ker[kər]-(id),   프-(>푸-, 沒水) ∞ pe[pə]- (id)
즞-(>짖-, 吠) ∞ če[čə]-(지저귀다),   그제 ∞ gečra(과거, G)

어슥하다∞으슥하다, 어슬렁거리다∞으슬렁거리다, 없다∞읎다.

따라서 고려어- 슬(서리·이슬)을 표기하는 데 그 유음인 率[슐]로서 대체한 것으로 추정된다.

그런데, 신라음이 率을 蘇에 대응시켰으니 sal의 유음인 것 같다(cf. 蘇山縣本率已[sari]山縣<삼국사기 지리1>). 그렇다면 앞에서 보인 sali(찬 것-서리·눈·냉기)와 직접 대응시켜 볼 수도 있을 것이어서 그 본디 뜻의 '서리' 뿐만 아니라 더 의미가 확대되어 '이슬'의 뜻으로도 쓰이게 된 것으로 볼 수 있게 되는데, 여기의 난점은 운서상으로 보아서 과연 신라 때 率의 음이 [sal]로 읽혔을까 하는 점인데, 월명의「도솔가(兜率歌)」로 미루어서 신라 때에 率을 [sol]로 읽은 바가 있어서 상로(霜露)를 뜻하는 표기- 率을 sal로 읽기 어렵다.

그리고 강길운(2003)에서 率[syul]을 가지고 고려어- *syəl(이슬·서리) 근사치표기를 한 것으로 보았는데, 집운에 所劣切[syəl]로 쓰인 바도 있어서 그렇게 보았으나, 우리말에서 그런 음이 쓰인 바 없고, Ⅰ> yə의 변화는 흔하나 Ⅰ> yə > ə의 변화는 드물어서 고려어를 '슬(=이슬·서리)'로 수정하여 둔다.

13. 霧曰蒙

이 항목의 현대어나 이조어는 모두 '안개'나 '늬'로 나타나므로 이미 사어가 된 것으로 보인다.

여기의 蒙자는 집운이 謨蓬切[moŋ]이고, 동운·기타 운서가 또한 '몽'이어서 고려국속음도 [moŋ]이었을 것이다.

그런데, 이것과 비교될 만한 비교어휘를 찾아보면, manaŋ(안개, W. Mo)·maññu(안개·이슬, Dr-Ma) 등과 비교될 수 있을 것인데, 음운론상으로 ma는 mo로 변하기 쉽다. 즉 a가 순음-m의 영향을 받아서 원순음- o로 변화는 현상은 가 지방 사투리에서 흔히 볼 수 있다. 예를 들면, '맏이(長·昆)'가 경남방언에서 '모지'로, '마디(節)'가 전라방언에서 '모디'로, '말(馬)'이 경남·전남방언에서 '몰'로 나타나므로 *manaŋ > monaŋ > moyaŋ > mōŋ 또는 *maññu > moñu > mōŋ처럼 음운변화가 가능한데, 고려어가 옛 고구려권과 관계가 깊고(수도는 개경='개성'이고 고구려의 후신을 자처함), 가야계통인 maññu의 뜻이 '이슬·안개·눈'처럼 넓은 의미를 가지고 있는데 반하여 manaŋ은 '안개'의 뜻만으로 쓰이므로, 이 항목의 蒙[몽](안개)은 몽고 문어의 manaŋ(안개)과 대응되는 고려어로 추정된다. 따라서 고려어- 蒙(안개)는 '몽'의 표기일 것이며, 그 어원은 *manaŋ(안개, W.Mo)으로 추정된다.

14. 虹曰陸橋

이 항목의 陸橋의 동운은 '륙교'이고, 집운은 陸이 力竹切[lyuk]이고 橋가 居妖切[k'yo]이어서 그 합친 음은 *lyuk-k'yo이므로 고려어 통속음은 *ryuk-kyo로 추정된다.

그러므로 *ryukkyo에 음이 가깝고 '무지개'를 뜻하는 비교어휘를 찾아보면, 이 음상이 아이누어의 kamuy-riwka(神-橋→무지개)의 riwka(다리→*무지개)와 같은 기원의 말일 수 있다. 즉, *riwka>ryukka>ryukkyo(-ka>-kyo '橋에 유추')의 변화를 거친 것으로 보인다.

한편,「lïx(비, Gily-sav)-kyo(橋)」의 합성어와 비교할 수도 있을 것이다. '눅다'(=습기가 많다)를 norğa-(축축해 지다, W.MO)와 대응시킬 수도 있으나, '눅눅하다'(=물기가 많다)의 '눅눅'을 명사의 첩어에서 부사화한 것으로 보면 '눅'을 *비(雨)의 뜻으로 볼 수 있는데, 이것은 길약어의 lïx(비)와 nuk(*비)의 공통기어- *luk(비) 이었을 것이니, 무지개의 어원이 '비의 다리(陸橋)'였다면, *luk(비)-kyo(橋)>ryukkyo의 변화를 거친 말일 것이다.

따라서 고려어- *ryuk-kyo([陸橋]. 무지개)의 어원은 riwka(다리) 또는 「*luk(비)-kyo(橋)」의 합성어인 것으로 추정된다. 그런데 전자는 의미에서, 후자는 이계(異系) 어휘의 합성어여서 우열을 가릴 수 없다.

15. 鬼曰幾心

이 항목의 幾心은 얼른 보기에는 '귀신(鬼神)'의 한자어처럼 보이지마는 중국어에는 없는 숙어이고 이조어가 ':귀·신'인데 鬼神의 神은 평성인 점으로 보아서도 한자어가 아님을 알 수 있으며, '신'음의 한자는 얼마든지 있는 데도 불구하고 心자를 쓴 데는 분명한 이유가 있었다고 보아야 한다.

우선 幾의 동운은 '긔'이고 幾를 가진 형성자도 모두 '긔'였고, 집운은 居希切 [kye]이며 F는 kï'əi>kiəi로 재구하고 있으니 幾의 국속음이 '긔'에 가까운 음이다. 또 心의 동운은 '심'이고, 집운은 思林切–[sim]이며, F는 siəm으로 재구하고, 판본에 따라선 '音尋'이란 세주가 들어 있는데, 그 음도 F는 siəm으로 보고 있어서 心의 국속음이 '셤' 내지 '심'이었을 것이니, 幾心의 고려국속음은 '긔셤~ 긔심'이었을 것이다.

그런데, '긔셤~긔심'과 비교될 만한 것을 찾아보니 kūḷi(악마·유령, Dr-Ta)·küš(신 '神', Gily-G) 등이 있는데, 드라비다어는 기원적으로 –m으로 끝나는 명사의 대부분을 탈락시켰고, 국어내에서 말음 –m이 어형보강소로 쓰이기도 하였으니 (예: bahar '봄, 터키어' > pār > pōr–m '어형보강소' > pon), kūḷi도 *kūḷim에 소급시킬 수 있을 것이다.

	-m	-∅
예)	aṇṇaṇam(거기에·그렇게. Ta)	aṇṇaṇ(id, Ta)
	appam(쌀과자, Ta)	appa(id, ka)
	akam(안쪽, Ta)	akā(집안, Ma)
	aṅkam(투쟁, Ta)	aṅka(id, ka)
	aṇiyam(이물, 뱃머리, Ta)	aṇya(id, Tu)

<이하생략>

그러므로 *kūļim > kūšim > kūsim(kū>kū '鬼에 유추')/kūsim(구:신. sim > sin '神의 유추') > kūsin(귀:신)의 변화를 거친 것으로 보이는데, 여기의 kūsim의 단계의 고려어를 kIsim(幾心)으로 유음표기한 것으로 추정된다.

> **참고**
>
> 중국 한자음의 운미 -m이 n으로 바뀐 것은 대체로 15세기 이후로 보고 있어서 幾心을 '귀신'의 표기로 볼 수 없다.

따라서 고려어- 幾心(鬼)은 '귀:심'의 유음표기이며, 그 어원은 kūļi (악마·유령)의 소급형 *kūļim과 대응되는 것으로 추정된다.

16. 神曰神通

이 항목을 장종상의 민국판 설부(1927)에서는 神曰神道라고 적혀 있는데, 이것은 신령(神靈)을 뜻하니(cf.『朝鮮語辭典』조선총독부편, 1920) 그럴듯하나 이런 뜻에서 '神'의 뜻으로 쓰이게 된 것인지 모른다.

그런데 한자어 신통(神通)에는 '모든 일에 신기하게 통달함'을 뜻하는데, 옛적에는 문장을 잘 짓는 사람을 '글의 神'이란 뜻으로 '書神通'이라고 하였다.

따라서 이 항목은 원래 '神通한 것'의 뜻으로 '神通伊'로 쓰이던 것이 말음의 '伊'가 탈락하여 '神通'만으로 神을 뜻하게 된 것으로 추정되는 고려어이다.

17. 佛曰孛

이 항목은 일견에 한자어- 佛의 이표기로 보인다. 그렇다면 '불'의 표기일 개연성이 큰데 孛의 동운이 '뽈[bol]'이고 孛의 형성자가 모두 '볼'로 나타나나, 계림유사의 표음에 쓰인 '孛'자는 모두 '불'의 표기에 쓰이었으니(cf. 5항), 여기서도 孛자를 '불'로 읽어야 할 것이다.

따라서 孛[pul]은 한자어- 佛을 이표기한 것으로 보인다.

18. 仙人曰僊

이 항목의 僊의 동운은 '션~쳔'이고 仙과 같은 뜻을 僊자의 음은 동운이 '션'이니 僊의 음을 '션'으로 읽은 것이 분명하다. 바꾸어 말하면 앞의 17항과 마찬가지로 僊[syən]은 한자어- 仙을 이표기한 것으로 보인다.

그런데, 이 말 '션'을 한자어의 표기로 보지 않고, seŋge(장자, Ma)나 또는 diyanci(은자(隱者)·신선, W.Mo) 등과 비교해 볼 수도 있을 것이다. 의미상으로 신선과 장자는 좀 차이가 있으나 그래도 도덕적이고 나이 많은 사람이란 공통이 있어서, 장자의 뜻에서 의미가 확대되어 신선의 뜻으로 쓰였을 수도 있어 보이고, 음운상으로는 *seŋge > seŋe > siŋe > syən(션)의 발달이 가능하다.

한편, 僊의 고려국속음이 '쳔'이었다면, diyanci와 비교해 볼 수도 있을 것이다. 은자도 신선처럼 초세속적(超世俗的)이란 점에서 공통을 가지고 있고, 음운상으로도 diyanči의 말음절 -či는 행동주를 뜻하므로 인품을 나타내는 말은 -či를 빼도 될 것이어서 그것을 뺀 것이 *diyan > jiyan > čiyan > čyən(쳔)처럼 변할 수 있다.

　그러나, 仙曰遷은 僊을 儒(신선)의 오기로 볼 수도 있어서 여기서는 遷을 한자어- 僊/仙의 이표기로 보는 것이 가장 어울린다.

19. 一曰河屯

　이 항목은 이제까지의 연구가들이 모두 어느 교수의 설에 무조건 찬동하여 '흐든(一)'으로 읽고 조금도 의심하지 않는 터이나, 필자는 강길운(2003)에서 밝힌 바와 같이 달리 보고 있다. 첫째로 고려시대인 13세기 말경에 주로 '아~오'에서 기원하지만 일단 '어'를 거쳐 'ᄋ'가 파생한 것으로 보고 있다(강길운 『구어사정설』 1993. p.98~101). 둘째로 hʌdʌn(흐든)>hʌna(흐나)의 음운변화는 불가능하다. d 뒤나 앞에 n이 있다면 가능하지마는 어중에서 -d>-n가 자생적으로 변화는 법은 없다.

　따라서 katuñ(제1의, Dr-Ta)과 대응되는 말로 보아야 할 것이다. 우선 『삼국사기』 지리지1의 '直寧縣本一直縣'에서 一直을 直寧에 대응시키고 있어서 '一 = 直'의 등식에서 一을 *k~t~이라고 한 것을 알 수 있다.

　그리고 河屯의 동운은 '햐뚄'이고, 집운은 寒歌切一徒渾切이니까 [haton]이지마는 可는 물론 可를 가진 형성자- 呵·坷·柯·珂·苛·笴· 訶·軻 등이 모두 [ka]일 뿐만 아니라 가장 보수적인 일본 한자음은 한음(漢音)이 ka이고 오음(吳音)이 ga이므로 河의 고음도 분명히 ka일 것이고, 屯자의 국속음은 [둔]이어서 河屯의 고려국속음을 katun으로 읽을 수 있어서 드라비다어의 katuñ과 음운상으로는 완전한 일치를 보여 주고 있고, '제1의·첫='에 '하나'의 뜻으로 전의가 가능할 것이므로, 음상과 의미의 양면에서 河屯[katun]은 katuñ과 대음되며

一(하나)를 뜻하는 고려어인 것으로 추정된다. 이것을 뒷받침하는 사실로서 일본의 이중력(二中歷)에 기록된 고려어의 수사에 katana(一)가 있고, 국어에서 '한(=하나의)'이 '같은'(=동일한. 예: 한 가지=같은 가지)의 뜻으로 전의 되었으니 그와 마찬가지로 *katun(하나)에서 '같은(=동일한)'의 뜻으로 전의된 것으로 볼 수 있어서 더욱이 고려어의 수사- 河屯[*가둔]의 존재를 확인하게 된다.

20. 二日途孛

이 항목의 途孛(二)은 '두물'<七大萬法, 1569>의 소급형이 틀림없어 보인다.

그런데 途는 동운이 [또](do)이고, 집운이 同都切이니 이것도 [도]일 것이지마는 보수적인 일본한자음의 오음(백제계음)이 [dzu]이고 그 소급형은 tu일 것이며, 孛은 5항에서 *pul로 읽었고, 19항에서 인용한 이중력의 고려수사에 tsufuri(ツフリ.二)가 있어서 이것은 *tuburi에 소급될 것이어서 고려어- 途孛은 '두·블'의 표기가 틀림없다.

그런데 이것은 dubara(두점 '도박장용어', Turk. cf. du-bar '두-번·2-중, Iran')와 대응될 것이다. 즉 *dubara > tubal > tubəl > tuwul(두울)의 변화를 거치고 그 본디 뜻인 '두번·그중'에서 '둘'의 뜻으로 전의된 것으로 추정된다. 그리고 dubara는 「du(二)-bara(一번, 배로)」의 합성어이다.

한편 '두불(二)'을 「tu(=)<Ainu> -p(사불명사화접사) -il(어형보강소)」의 합성어로 볼 수 있으나, 우리의 수사제계가 이란계 차용 터키어인 점을 감안하면 아이누어와 대응시키느니 터키어와 대응시켜야 할 것이다.

21. 三曰洒 廝乃切

이 항목은 '세ㅎ(三)'의 소급형일 것인데, 廝[siə]-乃(nəi>nai)의 반절이니 sä~se로 볼 수있고, 洒는 집운이 所蟹切·小禮切이니 [sä~sye] 음일 것이나 고려어- 洒(三)는 이조어와 같은 se(세)였을 것이다.

따라서 이조어- se로 미루어 보면 고려어- 洒는 '세(三)'의 유음표기일 것이다.

그런데 이것은 se(3, turk. cf. seh '셋, Iran')와 대응되는 말일 것이다. 그리고 이것은 『조선관역어』에 色二로 표기되었으니 [syəl]에 가까운 말일 것이고, 『삼국사기』지리지1에 "三陟郡本悉直國"·"悉直郡一云史直"이 보이는데, 여기서 '三∞史[sï]∞悉[syət > syəl > sil]'의 등식이 성립된다면 신라 때는 '三'을 [syəl]이나 그 유응 -[sil]로 말했을 것인데, 이것도 현대의 이란어- seh의 소급형- *teoir(셋, O.Iran. cf. 高律春繁『印歐語比較文法』1954)·trih(셋, Skt)·trēs(셋, Latin) 등과 대응될 것이어서 신라어는 *syəl이어서 『조선관역어』의 色二[syəl]과 동형이 되니 고려어도 실제는 '셜[syəl]'이었을 개연성이 크다. 즉 *syəl > sil(悉)/səl > səl-i(조음소) > səi(서이, 방언) > se(세)의 변화를 거친 말인 것으로 추정된다.

22. 四曰逎

이 항목의 逎자는 그 음이 nä이니 이조어- '네'로 미루어 보면 고려어- 逎는 '네'(四)의 유음 표기일 것이다. 국속음에 '네'음자가 없어서 '내'자로 대체표기한 것으로 보인다.

이것은 ine(四, Ainu)·jihar(id, Turk)·nāl(四, Dr-Ta)·nā(id, Dr-Ka)거

나, 동계어인 길약어의 *nu-(四. cf. '수사-명수사'의 융합형태 -nukr·nič·
num·nux·nuš·num·nuvř)와 비교할 수 있을 것인데, 수사체계상으로
보아서 이란계 터키어와 직접 대응될 것이다. 즉 *jihar > nihar (cf. j∞
n. 예: 문지다 '만지다'∞ 문니다>무니다 ; jebhe '이마, Turk'∞니다. jeb '앞,
Turk'∞님 '=앞', jihat '녘, Turk'∞녘>녘 '무렵·방향') > nyəhə > nəhi > neh
(네ㅎ)/ne(네)의 변화를 거친 것으로 보인다.

　따라서 고려어- '네(四)'의 어원은 jihar(四)로 추정된다.

참고

> 그러나, 아이누어의 수사체계의 sine(一)·tu(二)·re(三)·ine(四)를
> 국어의 수사체계의 '하나·둘·세·네'와 비교해 볼 수도 있을 것이
> 다. 즉 *sine > hinə > hyənə > hʌnə > hʌna(하나): *tu-il(어형보강소)
> > tuul > tūl(둘): *re > ʒe > se(세): *ine>ne(네)의 변화를 거친 것으로
> 볼 수는 있으나 '둘'의 고형이 '두볼'인데 그것을 유도해 낼 수 없고,
> 어두의 'r>ʒ'의 변화는 보이지 않으며, 'sine∞하나'의 비교는 모음
> 을 억지로 대응시킨 감이 있어서 믿음직스럽지 못하므로 '네∞ine'
> 만 비교하면 가장 잘 대응되지마는 체계상의 결함 때문에 이것과
> 직접 대응시키지 않았다.

23. 五曰打戌(→打戌)

이 항목도 일견에 '다숫(五)'의 소급형임을 알 수 있다.

　그런데, 이것은 「數詞의 發達」(강길운『한국어계통론』하권) 제22절에
서 언급한 바와 같이, 어원은 '閉(닫다)'의 뜻을 가지고 있다. 즉 손가
락을 모두 꼽은 형태가 '다섯'의 수를 뜻하게 된 것이다. 반대로 손가
락을 모두 연 형태가 '얼(十)'의 수를 뜻한다.

그러므로 본론에 돌아가서 '閉'를 뜻하는 우리말은 tat-(닫다)이고, dasi-(닫다. Ma. Gol. Oroč)·dašur-(id, Manäger) 등의 만주-퉁구스어와 대응될 것이며, 이들의 공통기어는 *tašur -(닫다)로 추정되는데, 여기서 *tašur > tasuz > tas∧s(다숫) > tasəs(다섯)의 변화를 거친 것으로 보인다.

그런데 打戌은 동운이 '다슈'인데, 집운의 打는 都挺切[təŋ]으로 나타나니 이 항목엔 맞지 않고, 송나라때의 운서인 육서고(六書故)엔 都假切 즉 [ta]로 나타나서 육서고와 같고, 戌는 위의 비교어휘- dašur -(닫다)로 미루어서 戌자의 오기로 보여진다. 그대로 戌[슈]로 보면 '다숫'의 말음을 생략한 부정확한 표기가 된다. 그러므로 여기서는 진태하·이기문처럼 戌는 戌[슐](집운이 雪律切[siuʔ]이고 동운·기타가 모두'슐'임)의 오기로 보고자 한다. 따라서 打戌은 [tasyur](=tašur)의 표기가 되어서 위에서 보인 비교어휘와 꼭 같은 형태가 된다.

따라서 고려어- 打戌(五)은 '다슐'이었던 것으로 추정된다.

24. 六日逸戌(→逸戌)

이 항목도 '여슷'의 소급형이 틀림없어 보인다. 그런데, 逸자는 네 군데 쓰이었는데, 모두 수사의 음- [yə](逸戌 '여슷'·逸答 '여듧'·逸舜 '여쉰'·逸頓'여든')에 쓰이어서 운모의 대응이 의아하다. 이것은 質운에 속하는 글자인데, 다른 質운자는 모두 국속음이 [il]이나, 逸자만이 [yə]로 쓰이었을 뿐만 아니라 같은 수사에 쓰인 質운자인 '一'은 [il](七日一急)로 쓰이어서 매우 기이한 표기이다. 즉 逸자만이 『중원음운』(元나라 음)의 [yə]를 따르고 다른 質운자는 모두 국속음- [il]을 따르고 있다. 이것은 집운이 弋質切 즉[*yət > yəʔ(>yə>i)]이고 동운을 비롯하여 모든 우리 운서, 자전은 모두 국속음이 [il]인 점을 감안하면, 『계림유사』의 質운자는 국속음을 따르되 逸자만이 예외적 표기하는 것이 되는데, 국어의 옛 신라지역- 방언의 [i] 대 옛 고구려, 전기백제지역- 방언의 [yə>e]의 대응현상과 관계가 있지 않을까 한다. 바꾸어 말하면, i음을 yə음으로 발음하는 버릇을 가진 옛 고구려 지역인 개경(개성)의 역관이 북송음을 의식하고 [yə]를 逸자로 적었거나, 당시의 개경에서는 逸자의 국속음이 [yə]였거나 일 것이나, 아마 전자의 경우일 것이다. 물론 이 항목만은 손목이 직접 수집하여 적은 것으로 보면 그만이지마는, 어떻든 逸자를 [yə]로 읽은 것만은 틀림이 없다. 그리고 戌는 집운이 春遇切[šiu]이고 동운, 기타가 모두 '슈'여서 고려한자음- 逸戌는 *yəsyu로 읽을 수 있다.

그리고 이 말의 비교어휘를 찾아보면, 한국어의 수사체계의 구조상으로 '2×3'의 구성일 것이므로 '여'는 *dü(二, Turk. cf. du '二, Iran')와 '섯'은 *sel > seš > seh(>se. 三, O.Turk. cf. seh '三, Iran')와 각각 대응될 것이다. 즉 지금의 터키어는 dü(二), se(三)이지만, 차용선인 이란어는 do > du(二), *teoir > syəl > sel > seš > seh의 발달과정을 밟은 것으로 보인다. 즉 기원적으로는 *do(二) -syəl(三) > yosel > yəseš > yəsïs(여슷) > yəsəs(여섯)의 변화를 거친 것일 것이다.

따라서 고려어- 逸戌(大)은 이조어- '여슷'과 동형의 근사치표기로 추정된다.

그런데 '二'를 뜻하는 고려어- 途孛이 '두불'의 형태이고, 이것이 dubara(二번, 二중, Turk. cf. dubar 'id, Iran')와 대응되고, '셋(三)'이 *seh > se(三, Turk. cf. she 'id, Iran)와 대응되니, *dubara-seh > duwar-ses > dūr-ses > yur-sïs > yəsïs(여슷)의 변화로 보아도 무방할 것이다.

25. 七日一急

이 항목도 한눈에 이조어의 소급형임을 알 수 있는데, '一'은 동운이 '일(䪞)'이고 집운이 益悉切 즉 [iəʔ]이며, '急'은 동운이 '급'이고 집운이 訖立切 즉 [kiəp]이니 여기서 국속음을 취하여 '一急'은 '일급'으로 읽을 수 있을 것이다.

그런데 우리말의 '일곱(七)'의 구성이 손가락 셋을 꼽은 모양을 표현한 것이므로, 「일(三)-굽-/곱-(曲)」의 구조일 것이고, 여기의 '일(三)'은 다른 수사와 마찬가지로 터키어와 대응될 것으로 보고 üc(三, O.Turk)와 비교하면 *üč > Ič > il>nil의 변화를 거친 것으로 보인다. 이런 변화가 가능하자면 'ü⟨Turk⟩∞이 ; i⟨Turk⟩∞니 ; č⟨Turk⟩∞ㄹ'의 대응이 가능해야 할 것인데, 그것이 다음과 같이 가능하다.

ü ⟨Turk⟩	이
dülger(목수, 지위)	지위
düyūn(부담)	짐
gül-(기뻐하다)	깃-(id) cf. 깃-브->기쁘-
günder(깃대)	깃대(旗杆)
güt-(기르다)	기르-

예)

i ⟨Turk⟩	이니
idā-me(이음)	닛-(잇다)
ihrāz et-(이르다)	니르-(이르다)
ilâ(상승, 고조)	닐-(일어나다)
izah(설명)	니르-(이르다)
iras et-(일으키다)	니ᄅ-혀-(일으키다)

예)

-č 〈Turk〉	ㄹ
예) pačal(양, 돼지의 발)	발(足)
kačgöč(할옷)	할옷
sač(모발)	살-쩍(귀밑털)
hič(결코)	결-코
muhtač(모자라는)	모즈라-

따라서 고려어 一急(七)의 어원은 「üč(三, O.Turk)-kob-/kub-(曲)」의 합성어와 대응되며, 이것은 '닐굽'의 근사치표기이다.

26. 八曰一荅

이 항목도 이조어- '여듧'의 소급형일 것인데 여기의 逸은 전항(cf. 25)에서 [yə]로 읽은 바 있고 荅은 동운이 '답'이고, 집운이 德合切 즉 [tap]이어서, 逸荅은 [yətap]으로 읽어야 할 것이다.

그런데 한국어의 '여듧'은 '2×4'의 구조이고, '여(二)'는 dü(둘, Turk. cf. 도박장용어. *dü > du > yə)와 대응되고, '듧(四)'과 대응될 만한 비교어휘를 찾아보면, dörbe(四, W.MO)·dört(id, Turk)가 있어서 *dörbe > delbe > tïlbe > tïlb(듧) 또는 tört > telt > tïlt > tïlp(어말의 내파음의 교체현상. cf: 속∞솝 ; t~t>t~p '이화작용')의 변화가 가능한데, 우리 수사체계가 모두 터키어와 대응되므로 여기서도 후자의 발달과정을 밟은 것으로 보아둔다.

따라서 고려어- 逸荅(八)의 '여듧'의 근사치표기로 보이며 그 어원은「dü (둘, Turk)-dörbe (넷, W.MO)」의 합성어로 추정된다.

27. 九曰雅好

이 항목도 이조어- '아홉'의 소급형 표기로 보이는데, 雅는 동운이 '아[ŋa]'이고 기타의 이조시대의 운서에는 모두 '아'로 나타나고, 집운에는 於加切 즉 [a]로 나타나니 雅는 국속음이 [a]일 것이고, 好는 동운이 '홓'이나 기타의 운서는 모두 '호'이니 雅好는 [aho]로 읽을 수 있어서 '아홉(九)'과 매우 흡사하다.

그런데 '아홉(九)'의 구성은 손가락 하나를 꼽은 모양에서 만들어진 말이니 「a(一) -곱-/굽-(曲)」의 구조에서 a(一)와 대응될 만한 비교어휘를 찾아보면 aŋ(첫, 제一의, O.Turk)·a(한개, 一個, Ainu)가 있으나 수사체계의 일관성을 고려하여 aŋ과 직접 대응시키면, *aŋ(제一의→一) -kob(曲) > agob > ahop(아홉)의 변화를 거친 것으로 보인다. 따라서 고려어 雅好(九)는 '아홉'의 근사치표기로서 그 어원은 「*aŋ (제一의, O.Turk)-kob-(曲)」의 합성어인 것으로 추정된다. 즉 雅好는 '아홉'의 말음이 내파음- [p]이어서 음색이 확실히 들어나지 않는데다가 국속한자음에 '홉'자가 없어서 好[호]로 대체표기한 것으로 보인다.

28. 十曰噎

이 항목도 噎의 국속음이 '열'인 점으로 보아서 '열(十)'의 표기로 보인다.

그런데 噎은 동운이 '옗(>열)'이고 기타의 운서가 모두 '열'이며, 집운은 一結切 즉 [yə²]이니 이조어로 미루어서 噎은 국속음- '열'로 읽어야 할 것이다.

  그리고, 우리 수사체계의 구조로 보아서 '열(十)'은 손가락을 모두(다섯개) 꼽았다가 다시 모두 여는 모양에서 유래된 것이니, '열-(開)'과 대응될 만한 비교어휘를 찾아보면 yay-(펼치다, Turk)의 소급형 *yal-(開)·yarga-(열다, Gily)·ila-(꽃이 피다. Ma) 등과 비교될 수 있을 것이나 수사체계 전체가 터키어와 대응되므로 여기서도 yay-의 소급형- *yal-(열다)와 대응된 것이다. 여기서는 'a<Turk>∞어 ; -y<Turk>∞ㄹ'의 대응이 가능해야 하는데 그것이 다음과 같다.

a ⟨Turk⟩	어
예) aziz(덕망이 높은)	어질-(id)
alâka(연결관계)	얽_
alay(무리지어)	어리-(凝)
allâk(속임수를 잘 쓰는)	얼리-(비위를 맞추다)
allem kallem(어름어름)	어름어름(id)
alïk(미친) cf. -k(형용사 화접사)	얼-(미치다)

y ⟨Turk⟩	ㄹ
예) mey(포도주)	머루
pay(몫)	벼리-(배당하다)
güzey(응달)	그늘, ㄱ늘(陰)
büyü(크다)	부르-(飽)
beyic(판매)	폴-(賣)
yaya(걸어서)	녀러(id)

따라서 고려어 표기- 噎(十)은 '열(十)'의 표기이고, 그 어원은
yay-(열다, Turk)의 소급형 *yal-(열다)와 대응되는 것으로 추정된다.

29. 二十曰戌沒

이 항목도 이조어- '스믈'의 소급형임을 알 수 있는데, 戌는 이미
24항에서 그 음을 '슈'로 보았지마는 '슷'의 대체표기로 보았으나 戌
沒의 戌는 '수~스'의 대체표기로 보인다. 한편 沒자는 동운을 비롯한
이조의 운서는 모두 '몰'이고, 집운은 莫勃切 즉 [muə?]이나 『계림유
사』에 쓰인 예는 '믈(水)'-58. 水曰沒·64. 井曰烏沒·203 熟水曰泥根
沒·204. 冷水曰時根沒 : 몯(不)-171. 面醜曰捺翅沒朝勳 : 믈(染)- 247.
染曰沒涕里 ; 묶-(束)- 309. 索縛曰那沒香의 여러 예가 보이는데, 대
체로 mul(<mïl)로 쓰이고 mot(不)과 muk(束)이 예외적 표기라고 할 수
있어서, 戌沒은 '수물~스믈'의 표기로서 이조어- '스믈'의 대체표기
로 볼 수 있다.

그런데, 이것과 비교될 만한 비교어휘를 찾아보면,「dü(스물, Turk)
-*mïl(>mïš, 열 Turk)」의 합성어와 대응될 것이다. 즉 *dü-mïl >
tu-mïl > sumil > sïmïl(스물)의 변화를 거친 것으로 보인다. 한편,
yigirmi(二十, O.Turk)·jəgəmə(id, kaz)·ziyïrma(id, BIK)·jïyïrma(id,
krč·kkip)·jigirma(id, kkip) ·「juru(짝←二, Ma)-*mïl(>mïš, 十, Turk)」등
의 공통기어- *jügir(二)-*mul(十)>jir-mïl > sïrmïl > sïmïl(스믈)의 변
화를 거친 것으로 볼 수도 있다.

따라서 고려어- 戌沒(二十)은 '스믈'의 대체표기로서, 그 어원은
「*dü(둘, Turk. cf. 도방장 용어)-*mïl(>mïš +Turk)」의 합성어로 추정
된다.

30. 三十日實漢

이 항목은 이조어- '설흔'의 소급형으로 보이는데, 實은 동운이 '쐺(>실)'이고 기타 운서가 모두 '실'이며, 집운은 食質切 즉 [sil]이고, 漢은 동운이 '한'이고 기타 운서도 모두 '한'이며, 집운이 虛肝切 즉 [han]이어서 實漢은 [sil-han]의 표음으로 보인다.

그런데, 이것과 비교될 만한 어휘는 이미 21항에서 추정한 「*syəl(三)- *von(>ōn. O.Turk)<čuv>」의 합성어와 대응될 것이다. 즉 *syəl-von > səl-hun > səlhïn(설흔)의 변화를 거친 것으로 보인다.

따라서 고려어- 實漢[sil-han]은 '설흔(三十)'의 대체표기로서 그 어원은 「*syəl(三, 신라어)/ *teoir(三, O.Iran)- *von(>ōn. O.Turk)」의 합성어인 것으로 추정된다.

31. 四十日麻雨(→麻忍)<민국판>

이 항목도 이조어- '마슨(四十)'의 소급형으로 보이는데, 麻는 동운을 비롯하여 기타의 우리 운서가 모두 '마'이고 집운은 謨加切이니 [ma]일 것이고, 雨는 동운이 '웅(>우>우)'이고 기타의 운서가 모두 '우'이고, 집운은 王遇切이니 [u]일 것이어서 麻雨는 mau의 표기인데, 民國版에는 雨대신 忍으로 나타나는데, 이것은 동운과 훈몽자회의 음이 '신'이고 집운은 而振切이니 [ʒin]일 것이어서 麻忍은 maʒin의 표음이 되므로 이것은 '마슨(四十)'의 대체표기라고 할 수 있다.

그리고 이것과 대응될 만한 비교어휘를 찾아보면, *jihar(四, Turk)의 발달형- *jihar>niar>nār과 ōn(十, O.Turk)의 합성어와 대응될 것이다. 즉 *nār(四)-ōn(十) > naʒôn > maʒʌn(마슨. cf. n~o) > m~o('순음동화',

예: 누리 > 무뤼 ‘우박’)의 변화가 가능하다.

따라서 고려어 麻忍(四十)은 ‘마슨(四十)’의 대체표기로서 그 어원은 「*jihar(四. Turk)- ōn(十. Turk)」의 합성어로 추정된다.

32. 五十曰舞

이 항목도 이조어- ‘쉰(五十)’의 소급형으로 보이는데, 舞은 동운·기타운서가 모두 ‘슌’이고, 집운이 輸閏切이니 [šyən]일 것이니 舞의 고려국속음은 ‘슌’으로 보인다.

그런데, 이것과 비교될 만한 비교어휘는 터키어의 「*beš(五)-ōn(十)」의 합성어와 대응될 것이다. 즉 *beš-ōn > wešon > ösön > sön > sün(쉰)의 변화를 거친 것으로 보인다.

따라서 고려어- 舞(五十)은 ‘쉰’의 대체표기로서 그 어원은 「터키어의 *beš(五)-ōn(十)」의 합성어로 추정된다.

33. 六十曰逸舞

이 항목도 이조어- ‘여쉰(六十)’의 소급형일 것인데, 逸은 이미 24 六曰逸戍항에서 [yə]로 읽은 바 있고, 舞은 위의 五十曰舞항에서 ‘슌’으로 읽은 바 있으니 逸舞은 [yəsyun]의 표음으로 볼 수 있다.

그런데, 이것은 우리의 수사체계가 ‘六’을 ‘2×3’의 구조로 yəsïs(六)이라고 하고 ‘十’을 ōn(十)이라고 하므로, *yəsïs-ōn > yəsiōn > yəsyun > yəsün > yəsyün(여쉰)의 변화를 거친 터키계어와 대응될 것이다.

따라서 고려어- 逸舞(六十)은 ‘여쉰(六十)’의 표기로서 그 어원은 「yəsïs(六)- ōn(十)」의 합성어로 추정되는 터키계이다.

34. 七十曰一短(←烜)

이 항목은 '一'로 미루어 보아서 이조어- '닐흔'의 소급형처럼 생각
되는데, '短'으로는 '흔'으로 읽을 수 없으니 烜/恒[홍]이거나 烜[훤]·
桓[환]의 오기로 볼 수밖에 없다. 따라서 오자로 인정하면 短자와 가
장 비슷한 烜자로 보고, -烜은 [il-hwən]의 표음이 될 것이다.

그런데 이것과 비교될 만한 비교어휘를 찾아보면 「닐곱(七)-온(十)」
의 합성어와 대응될 것이다. 즉 *nilgop-ōn > nilohon > nilhon(닐혼) >
nilhïn(닐흔)의 변화를 거친 것으로 보인다.

그러나 오자가 없다면 이조어의 소급형과 다른 어휘란 말이 되는
데, 이 경우에는 「yedi(t, Turk)-ōn」의 합성어일 것이다. 즉 *yedi의 소
급형- *yidi-ōn > īdi∧n > ilduan > ildan(一短)의 변화도 생각해 볼 수
있을 것이다.

따라서 고려어- 一短(←烜)(七十)은 '닐흔(七十)'의 대체표기일 것이
며 그 어원은 「*nilgop(七)-ōn(十, Turk)」의 합성어로 추정된다.

35. 八十曰日頓

이 항목도 이조어- '여든'의 소급형으로 보이는데, 여기의 逸은 24
六日逸戌항에서 [yə]로 읽었고, 頓은 동운과 기타 운서가 모두 '돈'으
로 나타나고, 집운은 都因切이니 [ton]일 것이어서 逸頓은 [yəton~
yətuən]의 표음으로 보인다.

그런데 이것과 대응될 만한 비교어휘는 yədïlp의 약체- *yədï(八)
과 ōn(十)의 합성어와 대응될 것이다. 즉 *yədï-ōn > yədïn > yədïn(여
든)의 변화를 거친 것으로 보인다.

따라서 고려어- 逸頓(八十)은 '여든'의 대체표기로서 이것의 어원
은 yədïlp의 약체- *yədï(八)-ōn(十)의 합성어로 추정된다.

36. 九十曰雅順(←訓)

이 항목도 이조어- '아흔'의 소급형일 것이다. 수사체계 전체로 보
아서 이것도 이조어와 대동소이할 것으로 보아서 民國版처럼 '雅順'
은 '雅訓'의 오기로 보인다.

그리고 雅는 동운이 '아[ŋa]'이고 기타- 운서는 모두 [a]이며 집운
은 於加切이니 [a]일 것이고, 訓은 국속문서가 모두 훈이고, 집운은
旴運切이니 [hiuən]일 것이니 여기선 국속음을 따라서 雅訓은 ahun
으로 읽을 수 있다.

그런데 이것과 대응될 만한 비교어휘는 ahop(九)의 약형- aho와
ōn(十, turk)의 합성어와 대응될 것이다. 즉 *aho-ōn>ahōn(아혼)>ah
ʌn(아흔)의 변화를 거친 것으로 보인다. 그러므로 雅訓(九十)은 *아혼
(>아흔. 九十)의 대체표기일 것이다.

따라서 고려어 雅訓(九十)은 '*아혼(九十)'의 표기이며 그 어원은
ahop(九)의 「약형- *aho(九)와 ōn(十)」의 합성어로 추정된다.

37. 百曰醞

이 항목도 이조어 '온(百)'의 소급형일 것인데, 醞은 동운이 '훈(>
운)'이고 기타- 운서는 '온'이며, 집운은 紆門切이니 [ïuən]일 것이나
국속음을 따라서 醞은 [on]의 표음으로 보인다.

그런데 이것과 비교될 만한 비교어휘는 yaǧun(百, W.Mo)일 것이

다. 즉 *yaǧun > yaun > yon > ōn(百)의 변화를 거친 것으로 보인다.

따라서 고려어- 醞(百)은 '온:'(百)의 표기일 것이며, 그 어원은 yaǧun (百, W.Mo)으로 추정된다.

38. 千曰千

이 항목은 한자어- 千의 국속음표기로 보인다.

그러나 이조어에서 '千'을 뜻하는 말이 '즈믄'이니 분명히 고려시대에도 쓰이었을 것인 데도 한자어로 표기되었다는 것은 『계림유사』를 편찬한 의도에도 어긋난다. 이 '즈믄'과 뜻이 완전 일치하는 비교 어휘는 없고, '모두'를 뜻하는 jem′an<Turk>에서 전의된 것이 아닐까 한다. 즉 *jem′an > čəmən > čïmïn(즈믄)의 변화를 거친 것으로 추정된다.

39. 萬曰萬

이 항목은 한자어- 萬의 국속음표기로 보인다.

그러나 백제지명에 萬項縣本百濟豆乃(←*万)山縣<삼사지리 3>이라는 기록이 보이므로 알타이어- *tümen(萬)-tümen<Turk. W.MO>·tumen<Ma>과 대응되는 '두만(萬)'이 쓰이고 있었고, '골백번'의 '골'이 萬을 뜻했던 고유어가 아니었을까 생각한다.

예)　　今勿郡 – 云萬弩<삼사지리4> …… 萬∞kummul > kumul

　　　　萬代山 – 名可岾山<승람 고령> …… 萬∞kabul(허가, Turk)

龜城郡護府本高麗萬年郡<승람 귀성> …… 萬∞kaplum-baǧa

(거북, Turk. cf. baǧa '양서류') > kaplum > kabul

위의 *kabul, kabul, kumul(<*kabul)의 공통어- *kabul(萬) > kawul > koul > kōl(:골)의 변화를 거친 것으로 보인다.

40. 旦曰阿慘

이 항목도 이조어의 '아츰(朝)'의 소급형으로 보이는데, 阿는 우리 모든 운서가 [a]이고, 집운도 於河切[a]이며, 慘은 우리 모든 운서가 '참'이고 집운은 七感切[čʼam]이어서 阿慘은 [ačʼam]의 표음으로 보인다.

그런데 이것과 비교될 만한 어휘는 「ač-(열다. Turk)-ïm (명사화접사)」이거나 asa(<*ača-m. 아침, Jap)인데, '아침'을 방언에서 ač-ək(아적)이라고도 하여 그 어원이 ač-임이 확실하므로 *ač-ïm > ač∧m(아츰. cf. ï>∧ '모음조화')의 변화가 틀림없으니, 고려어- 阿慘(朝)은 '아츰'의 표기인데 '츰'을 나타내는 한자가 없어서 慘자로 대체하였거나, 고려어에도 모음조화 현상이 있었다면 '아츰>아참'의 변화가 있었을 것이어서 '아참' 형태의 고려어를 생각해 볼 수 있으나, 모음조화현상은 'ㅇ'가 파생된 13세기 이후에 생긴 현상으로 믿어지므로 고려어는 '아츰' 형태였다고 추정된다. 즉 阿慘은 '아츰'의 대체표기로 추정된다.

41. 午日稔宰

이 항목은 이조어의 소급형으로 볼 수 없는 말인데, 稔은 동운이 '심'이고 기타 우리 운서들은 '님·념(>임)'으로 나타나고, 宰는 동운이 '직'이고 기타운서도 모두 '직'여서 稔宰는 '셤재~념재'의 표음으로 보인다.(cf. 집운음은 忍甚切[ʒiəm]-子亥切[ǎai] 임).

그런데 'ᅀ(반치음)'이 거의 어두에서 쓰이지 않았고, 순치판에 稔이 捻[념]으로 적혀 있으니 고려어는 '념재'의 유음이었을 것이다.

그렇다면 '념재'의 유음이면서 '정오(正午. 졈낮<송강가사>)'의 뜻에 알맞은 비교어휘를 골라보면, 「*dülim > (düli 중앙, W.Mo. cf. dulim-ba' 中央處, Ma')- üde (낮, W.Mo)」의 복합어와 대응되지 않을까 한다. 즉 *dülim-üde > dirimde > jīmje > nimje > nyəmje (념재)의 변화가 가능하다. 따라서 고려어- 稔宰[nyəmčä](正午)는 '념제(정오)'의 대체표기일 것이며 그 어원은 「dülim(중앙, W.Mo)-üde(낮, W.Mo)」의 복합어인 것으로 추정된다.

따라서 고려어- 稔宰[념재](정오)는 사어가 된 '념재'의 표기일 것이고, 그것은 「*dülim(중앙, W.Mo)- üde(낮, W.Mo)」의 복합어와 대응되는 말인 것으로 추정된다.

한편, 고어의 '졈낫(=한낮)'은 *tiram(半, 중간, Dr-Ta)-nāl(날, 日, Dr-Ta) > čirəm-nāš > čyəmnas(졈낫)의 변화를 거친 가야계의 말로 추정된다.

42. 暮曰占捺 或曰占沒

이 항목도 이조어- '져믈'의 소급형으로 보이며, 占捺은 [졈날]의 표기 같은데, '저물다'는 뜻이거나 '저녁'의 뜻에는 그런 말이 없고 전항의 午曰稔宰 或曰潛捺처럼 되었던 것이 내려 붙은 것으로 보인다. 즉 '졈낫(수)'의 유음표기일 것이다. 그러므로 본항은 暮曰占沒로 다룬다. 이것의 국속음은 '졈믈'(cf. 沒[mul]은 29항)일 것이나 어중의 m > mm(반입음)의 현상은 반입음이니 실제로는 '져믈'의 표기로 보인다. 그렇다면 이것은 이조어와 같은 형태이다.

그런데 '져믈(暮)'가 비교될 수 있는 말은 zeval(해가 짐, Turk)을 동사화한 것으로서 *zeval > cimal > cyəməl > cyəmïl (져믈)의 변화를 거친 것을 동사어간으로 삼은 것으로 보인다.

따라서 고려어- 占沒[졈믈](저물다)는 '져믈-'의 표기로서 그 어원은 zeval(해가 짐, Turk)로 추정된다.

한편, 이조어에 '졈글-'형도 있는데, 이것은「šam(저녁, Turk)-kïl-(하다, Turk)」의 합성어와 대응될 것이다. 즉 *šam-kïl- > čïmgïl - čïmgïl- > čyəmgïl(졈글)의 변화를 거친 것으로 추정된다.

그리고 명대판본에 暮曰捺宰或詀沒로 적혀 있는 바 이것은 후세의 개정판일 것이며, 捺宰는 榇宰[načä]의 오기로서 '나조(夕)'의 소급형일 것이다. 이것은 nasiku(황혼, Dr-ka)와 대응되는데, *nasiku > naziu > najyu > najo (나조)의 변화를 거친 것으로 보인다.

43. 前日曰記載

이 항목은 어제, 그제의 '그제(再昨日)'의 소급형으로 보이는데, 記는 동운을 비롯한 모든 운서가 '긔'로 적고 집운은 居吏切[kïei>ki]이며, 載는 동운을 비롯한 모든 운서가 '직'이고 집운은 子亥切[cä]이어서 記載는 [긔재]의 표음으로 보인다.

그런데 이것과 대응될 만한 비교어휘를 찾아보면「keč(지나다, O. Turk)-dün(어제, Turk)」의 합성어와 대응될 것이다. 즉 *keč-dün > kïčji > kïčyə > kïče의 변화가 가능하고 그 본디 뜻이 '지난 어제'에서 '그저께'의 뜻이 되니 의미상으로도 어울린다. 따라서 고려어- 記載 [긔재]는 '그제'(=그저께)의 근사치표기로서 그 어원은「keč-(지나다, O.Turk)-dün(어제, Turk)」의 복합어로 추정된다. 한편, 뜻이 의심스럽지만 가버린(=간) 날에서 '그제'의 뜻으로 전의가 가능하다면,「ğar(가다. W.Mo)-üde(날, W.Mo)」의 합성어와 비교하면, '어제'와 마찬가지로 몽고어와 일관성이 있게 비교된다(*ğar-üde > kərije > keje > kïje '그제'). 그리고 '그저께'는 kïče(그제)-k'I(삐, 時) > kïčə'kI(그젓긔) > kïčək'e(그저께)의 변화로 볼 수 있는 말이다.

44. 昨日曰訖載(→於載)

이 항목은 이조어- '어제'의 오기로 보인다. 즉 訖는 於로 바로 잡아야 할 것이다. 그렇다면, 於는 우리 운서에서 모두 '어·오'로 나타나고, 집운도 衣虛切[ə]·汪胡切[o]이고, 載는 앞의 항에서 [재]로 보았으니 於載[əčä(昨日)의 '어제'의 유사한 음이다.

그런데 이것과 대응될 만한 비교어휘는 öčügedür(어제, W.Mo)이다. 즉 *öčügedür > əčieyir >əčiei > əče (어제)의 변화가 가능하다.

따라서 고려어- 於載[əčä]는 '어제'의 유음표기로서 그 어원은 öčügedür (어제. W.Mo)로 추정된다.

45. 今日曰烏捺 cf. 烏橵 <순치판>

이 항목은 이조어- '오늘'의 소급형으로 보이는데, 민국본에는 橵 [na]가 捺[nal]로 나타나므로 그것이 더 어울리는 표기로 보인다. 烏 는 우리 운서에는 모두 '오'로 나타나고 집운은 汪胡切[u]이고, 捺은 [nal](cf. 1항)이니 烏捺은 [onal]의 표음어일 것이다.

그런데 이것은「ene (今, 此, W.Mo)-edür (날, 日. W.Mo)」의 복합어와 대응될 것이다. 즉 *ene-edür > ənəyir > oner > onər(오널)/onʌr(오늘) 의 변화를 거친 것으로 보인다.

따라서 고려어- 烏橵(←捺)[onal]은 '오널'의 대체표기일 것이고, 그 어원은「ene (이, 지금. W.Mo)-edür (날, 日, W.Mo)」의 합성어로 추정 된다.

46. 明日曰轄載

이 항목은 '내일'과는 다른 계통의 사어로 보인다.

轄은 동운이 '黠[xal]'이고, 기타 우리 운서는 '할'이나 집운은 何葛 切·下瞎切이어서 그 음은 [kăt~kei](匣모·點운)이고, 匣의 국속음의 성모가 또한 [k]이며, 가장 보수적인 일본음의 轄이 *kal>kacu로 나 타나고, 99 乘馬曰轄打[걸타]에선 轄이 '걸'로 쓰이었으며, 292 刀子 曰割[갈]. 293 剪子曰割子蓋[*가스개]의 割은 轄과 같은 형성자인데

‘갈(>가)’로 읽혔으니, 여기서도 轄은 ‘갈’이거나 그 유사음 ‘걸’이 쓰이었을 것이고, 載는 이미 44항에서 [čä]로 읽었으니 轄載는 ‘갈재’나 그 유임- ‘걸’의 표기였을 것이다.

그런데 이것과 대응될 만한 비교어휘는 「kel-(오다來, O.Turk)-čer (때, O.Turk)」의 합성어다. 즉 *kel-čer>kəlče(걸제)의 변화를 거친 것으로 보인다.

따라서 고려어- 轄載[kalčä]는 ‘걸제’(=내일)의 근사치표기일 것이고, 그 어원은 「kel-(오다, O.Turk)-čer(때, O.Turk)」의 합성어로 추정되며 그 본디뜻은 ‘올때’이지만 거기서 의미가 확대되어서 ‘내일·明日’로 전의된 것으로 보인다.

참고

이 항목에 대해선 많은 사람들이 다음과 같이 추정하였다.
흐제<이기문>·후제<강신항>·흘제<신자전, 광문회>·
후제<쫀로스> 등

47. 後日曰母魯

이 항목도 이조어- ‘모뢰(後日)’의 소급형일 것인데, 母는 동운·기타가 모두 [모]이고 집운이 迷浮切[mu]이며, 魯는 동운·기타가 모두 [로]이고 집운이 籠五切[luə]이니 母魯의 국속한자음은 [모로]일 것이다.

그런데, 이것과 대응될 만한 비교어휘를 찾아보면 munnal (모레, Dr-Ta)·maṛu-nāḷ(다음날, Dr-Ta)·perner(id, Dr-To)의 공통기어- *maṛunāḷ (다음날→모레)이 *maṛunāḷ>marunel>morrel>more (모레). morE (모

릭)＞morö(모뢰)의 변화를 거친 것으로 보인다.

따라서 고려어- 母魯[moro]는 '모뢰'(後日)의 근사치표기로서 그 어원은 *maruṇal̥(다음날→모레, Dr. 공통어. muṇṇal id, Dr-Ta)로 추정된다.

48. 約明日至曰轄載烏受勢

이 항목은 46항 轄載에 烏受勢(=約至)가 첨가된 것인데 約至의 뜻으로 보아서 이조어- '오쇼셔'의 소급형의 표기가 틀림없을 것 같다. 烏는 이미 45 烏捺항에서 '오'로 읽었고, 受는 동운 기타에서 '슈'로 나타나고, 집운이 是酉切[syəu]이며, 勢는 동운이 '셰'이고 기타-운서가 '셰·셔'이며, 집운이 始制切[sïəi]이어서 烏受勢의 국속음은 '오슈셔'일 것이다.

그런데, 여기의 동사 '오-(來)'는 oru(들어오다, W.Mo)와 대응될 것이고(cf. *oru-＞or-＞o-'오'), '-슈셔'의 '슈'는 -sï-(주어 존대선행어미)＞-syu(-슈)＞-syo(-쇼)/-sya(-샤)의 변화를 겪은 것으로 보이고, '-셔'는 -sï(소망형, Turk)가 *sï＞syə(셔)의 변화를 거친 것이다.

-ï⟨Turk⟩	-여⟨kor⟩
예) ačïk(여는 것)⟨o⟩	아적(=아침)
ačïğlïğ(비참한, 불쌍한)⟨o⟩	아쳐롭-(＞애처롭다)
ayïq(기원)⟨G⟩	아예(=처음부터)
kïš(겨울)⟨o⟩	겨슬(=겨울)
jïvï-(부드러워지다)	졉-(=용서하다)
kïyas(비교)	견후-(=비교하다)
mïzïk(우유부단)	미적미적(=시간 끄는 모양)
sïfïr(없음)	셔븐(＞서운. 마음이 빈 것 같은 느낌)

따라서 고려어- 烏受勢[오슈셔])는 '오슈셔(=오소서)'의 표기일 것이고, 그 어원은 「oru-(들어오다, W.Mo)-sï(주어존재선행어미)-sï(소망형어미, Turk)」의 합성어로 추정된다.

49. 年春夏秋冬同

이 항목은 고려 국속한자음에 의한 한자어 표기인데, 이것 한 가지만 미루어 보아서도 『계림유사』의 편자가 직접 고려어를 수집한 것으로 볼 수 없다. 물론, '춘하추동'이나 52항의 '동서남북'처럼 계절이나 방향을 일과하여 말한 때에는 짧게 말하기 위하여 한자어를 쓰기도 하지만 「年春夏秋冬」을 뜻하는 고려어 고유어들이 있었을 터인 데도 다섯 개의 어휘를 한데 묶어 적었다는 것은 고려어 수집의 목적을 망각한 처사가 되기 때문이다.

'年'을 뜻하는 이조어는 '히'이고, 『조선관역어』(1408경)에는 害자로 표기 되었으니 xai > hä의 변화로 볼 수 있어서 '해'일 것 같은데, 이것은 고유어일 개연성이 크며, 고려시대에는 '익'음이 없었으니 "해~헤~회' 중의 어느 형태일 것인데, 일단 "헤'로 추정해 둔다(cf. ᄋᆞ<어 : 강길운.『국어사정설』p. 98~101).

그런데 '익(年)'를 jil(해, W.Mo)과 대응되는 말로 볼 수도 있다. 즉 *jil > hil > hyər > hər-i > he > hE(히)의 변화로 볼 수 있어서 hE(히)의 앞단계의 he의 형태가 고려어일 것이다.

春을 뜻하는 이조어는 '봄'인데, 『조선관역어』에선 播妹[puo-məi]으로 표기하고, 『삼국사기』지리지에는 朔州今春州라고 하여 春을 朔

에다 대응시켰는데, 朔의 새김이 '후른'이므로 '봄'의 소급형이 '후른'의 유음임을 알 수 있고, 우리말의 차용일 일본어가 haru(봄)이며, 이것과 대응되는 비교어휘가 bahar(봄, Turk)이니 *bahar > pārï > pārum(명사화접사·어형보강소) > pōm > pom(봄)의 변화를 거친 것으로 보이므로 春을 뜻하는 고려어는 '*바르~봄'의 형태일 것으로 추정된다.

夏를 뜻하는 이조어가 '녀름'이고, 『조선관역어』에는 못論[ŋəi > əi-luən]으로 나타날 뿐이어서 고려어를 추정할 자료가 없어 속단하기는 어려우나 계절어라는 체계적인 말의 한 부분인 데다가 '봄'이 터키어와 대응되므로 '녀름'도 터키어와 대응되리라고 생각된다. 과연 ñyāz(여름, O.Tutk)가 있어서 이것과 비교하면 *ñyāz > nyārï > nyərï-m(녀름. cf. -m(어형보강소·명사화접사))의 변화를 거친 것으로 보이므로 고려어는 '녀름'의 전단계인 '*녀르'나 '녀름'이었을 것으로 추정된다.

秋를 뜻하는 이조어가 'ᄀ술'이고『조선관역어』에는 格自[kəcï]로 나타나고,『삼국사기』지리지에는 "秋成郡本百濟秋子兮郡 ; 皐西縣本秋子兮"로 나타나니 '秋'의 새김이 cï로 끝나는 [kocï]임을 알 수 있으니 고려어는 kocï와 kəcï의 과정음일 것이다.

그런데 이것은 küz(가을, O.Turk)와 대응될 것이다. 여기의 ü(위)는 음성학상으로는 'i (>yə)·ï (>ə)·u'의 여러 음으로 변할 수 있는데, 실제로 터키고어와 이조어를 비교해 보면 '으'와 대응되는 것이 다음처럼 많다.

예) ögüz(강·江)∞ᄀ름(id) ötürü(때문에)∞ 드로
    bür-(감다)∞ 몰-(말다)   kübī-(감치다)∞ 굽-티-(id),

tüz-(정돈하다)∞ 추리-(id)   kün(해)∞ 姮[훙](id),

künlük(하루)∞ 흐ᄅ(id)   kür(대담한)∞ 걸걸(호방한 모양),

sūt(젖)∞ 젖

이미 앞에서 '♀'의 고려어의 소급형이 [ə]로 많이 나타난다고 한 바 있다(cf. 19. 河屯). 그러므로 위의 비교예의 'ü ∞ ♀'의 '♀'를 근사 치인 '어'에 소급한다고 보면, küz는 *küz > kəzï 발달이 가능하며, 앞서 추정한 kocï와 kəcï위 과정음과 근사하다. 따라서 고려어는 이조어- 'ᄀᆞ슬 (ᄀᆞᅀᅳ-ㄹ)'을 고려하여 '어스[kəzï]'로 추정하여 둔다.

冬을 뜻하는 이조어가 '겨슬'이고, 『조선관역어』에는 解自[kaicï]로 나타나고, 『삼국사기』지리지에는 "栗木郡一云冬斯肹 ; 單密縣本武冬彌知一云曷冬彌知"로 나타나니 '冬 ∞ 密 ∞ 栗'의 등식을 얻을 수 있는데 이것을 만족시키자면, kizle (숨기다, O.Turk)/'그스기 (密)'와 kes-tane (栗. Turk. cf. tane '종자, Turk')의 kes을 대비하여야 할 것이니 상고국어에서 '겨울'을 kïsï (그스-)~kiz~kes의 유음으로 말한 것을 알 수 있다.

그런데 이것은 kïš (겨울, O.Turk)와 대응된 것이다. 즉 *kïš > kiš > kyəšï > kyəӡï (겨스)의 변화가 가능하다.

cf. ï〈Turk〉∞ 여.

예) kïyas '비교'∞견후- '비교하다',

sïfïr '없음'∞셔븐 '마음이 빈 것 같은 느낌',

kusïğ '구역질'∞구역

ï〈Turk〉∞ i.

> 예) jïkjïk '찍찍'∞찍찍, jirla- '날카로운 소리를 내다'∞지르-,
> čïlgïn '미친'∞지랄, čïyan '지네'∞지네,
> ïrgala- '흔들-'∞일- '도태하다'

i〈Turk〉∞ 여.

> 예) 너무 흔해서 생략

따라서 冬(겨울)을 뜻하는 고려어는 '*겨스'로 추정된다.

50. 上曰頂

이 항목은 모두가 한자어 頂[tiəŋ]으로 보았지마는 deken(좀 높은, Ma)과 비교해 볼 수도 있을 것이다. 頂의 뜻은 '꼭대기·이마·정수리'이지 단순히 '위(上)'를 가리키는 것이 아니나 '꼭대기'도 '위'의 일종이라고 할 수 있는 데 대하여, deken은 의미상으로는 '頂'보다 '위(上)'에 가까워서 고려어- 頂(위)는 *tiəŋ(위)의 표기로서, 그 어원은 deken(좀 높은, Ma)과 대응되는 고유어로 추정된다. 즉, deken과 tiəŋ의 공통기어는 *tenke일 것인데, *tenke > tinke > tiŋ > tyəŋ(뎡)의 변화를 거친 것으로 보인다.

따라서 고려어- 頂(위)은 '뎡'의 표기로서 그것의 어원은 국어와 만주어의 공통기어 *tenke(위)로 추정된다.

51. 下曰底

이 항목은 위의 上曰頂과 대비되므로 '내리다'의 뜻이 아니고 '밑'을 뜻하는 말일 것인데, 底는 동운이 '지·뎨'이고 기타의 운서는 '뎌'로 나타나고, 집운은 典禮切[tei>tiəi]이어서 底의 고려국속음은 '뎌'였을 것이다.

그런데, 이것은 dip(밑바닥, Turk)·tüp(밑바닥, O.Turk-G)·zir(밑, Turk)등과 비교될 수 있을 것인데 직접으로는 tüp와 대응될 것이다. 즉 *tüp>tih>tyə(뎌)의 변화를 거친 것으로 보인다.

따라서 고려어- 底(밑)는 '뎌'의 표기로서, 이것은 tüp(밑바닥, O.Turk-G)과 대응되는 것으로 추정된다.

<blockquote>
참고

이미 8. 凡下皆曰耻항에서 '떨어지다'의 뜻의 '디-'를 düš-(떨어지다, Turk)와 대응시킨 바 있는데, 그것을 이 항목에 대응시키는 것이 통례였지만 '떨어지다'의 뜻에서 '밑바닥'으로 전의되기는 어렵다고 보아야 할 것이다.
</blockquote>

52. 東西南北同

이 항목은 東西南北이란 한자어가 지금처럼 보편적으로 쓰이었다는 것이 된다. 이조 초기에도 한자어가 아닌 고유어식 낱말이 안 보이니 그런 사실로 미루어 보아서 고려어도 그러하였으리라고 믿어진다.

그렇다고 고유어식 말이 전혀 없는 것이 아니다. 『삼국사기』나 『고려사』지리지나 『동국여지승람』에서 다른 말과 대응시켜 보인 것이

다음과 같이 다양하다. 고려 이전에는 šark(東, Turk. cf. šarq 'id, Arab')
와 대응되는 '*살'(居·生·毛∞東) ; tağsuq(출현·상승→日出→*東, O. Turk
-G)이나 tuğïk(日出·東, O.Turk) 등과 대응될 것으로 보이는 '*다사'(多
沙∞東)와, garb(西, Turk. cf. ğarb 'id, Arab')과 대응되는 '*갈~가라'(馬
∞韓∞西. cf. 韓=가라)와, patï(西, Turk)와 대응되는 '*바드'(豆∞西)와
*ma(南, Turk. cf. mačin '남-지나')와 대응되는 '마'와 kïble(南, Turk)와
대응되는 '*구부레'(轉也∞南)와, *janub(南, Turk. cf. janūb 'id, Arab')와
대응되는 '*사느브'(黃武∞南. cf. sarnï '黃', W,Mo) > 사비와, kündüri
(南, O.Turk)와 대응되는 '*구덜'(古龍·古省∞南. cf. 古[ku]+龍 'təl : *tal >
tačú. jap'/省 'tol-. 돌아보다') > 구둘과, *šimal(北, Turk. cf. šamal 'id'. Iran·
Arab)과 대응되는 '*아발'(比∞阿火∞幷∞北)과 알타이 공통기어-
*küden(北. cf. qoy-na 'id, W.Mo'·kuz '산의 북쪽, O.Turk'>kuzey 'id, Turk'·
hude '北→後, ma'·kidi-n '北, O.Turk'·kita 'id, Jap')와 대응되는 '*고든(北,
kor) 등이 있었다.

현대어(특히 바람) 속에는 다음과 같이 복합어 속에 남아 있다.

새(<살. 東. cf. 샛바람 '동풍'·샛별 '동녘별') · 마(南. cf. 마파람 '남풍')·
서마/샘마(南→남풍) · 갈(西. cf. 갈바람 '서풍')
하늬/하느/하누(西. cf. 하늜ᄇ름 '서풍') · 고든(北. cf. 고든바람 '북풍')

53. 土曰轄希

이 항목은 한자표기로 보아서 '훍>흙'의 소급형일 것인데, 이미 46
항에서 轄을 원음은 '갈'이나 '걸'로 대체표기한 것으로 읽은 바 있고
(cf. 匣모의 고대음가는 [k]), 希는 동운과 기타운서에선 '희'로 나타나

고 집운은 香依切[hiəi]이나, 보수적인 일본음의 성모가 [k]이고 신라시대의 국속음도 '긔'(cf. 願往生歌: 尊衣希[~의게]=부처님에게)로 추정된다. 따라서 轄希는 '갈긔'나 '걸긔'로 읽을 수 있다.

그런데 '홁>흙'과 대응되는 비교어휘를 살펴보면, xēxel(땅·흙, Dr-kur)·qeqlu(땅, Dr-Malt)·kuraññi(진흙, Dr-Ma)·hâk(흙, Turk)·harhū(진흙탕, Ma)·hârgi(흙, Tung)·siruǧai/siroi(흙, W.Mo)·sarïǧ(황색의, O.Turk) 등일 터인데 직접적으로는 우리말의 차용일 개연성이 큰 만주-통구스어가 간오음이 [a]이고, 그 어두의 h는 우리말의 k와 대응되는 예가 허다하니 '홁'과 harhū·hârgi의 공통기어- *kalki(흙)와 대응시킬 수 있을 것이다. 그뿐만 아니라 '흙'과 비교될 만한 가야지배층 어인 드라비다어- xēxel·kuraññi가 어두음이 k- 또는 x-(=q)이고 홁[hʌlk]과 유사한 음상을 하고 있어서, xēxel과 직접 대응될 개연성이 크다. 즉 *xēxel>kekl>kəlk>-ki>-lk '음운도치' -i(조음소)>kəlki(걸기→轄希)>hʌlk(홁)>hïlk(흙)의 변화를 거친 것으로 볼 수도 있을 것이다.

따라서 고려어표기- 轄希은 '*걸기~갈기(土)'의 근사치표기일 것이며 그 어원은 xēxel(흙, Dr-kur)로, 또는 harhū(진흙탕, Ma)·hârgi(흙, Tung)와 대응되는 고유어로 추정된다.

54. 田曰田

이 항목은 한자어의 표기이지마는 이조 초기어에 '밭'이 있고,『조선관역어』에 田把로 나타나고『삼국사기』지리지에「麻田淺縣一云泥沙波忽」이란 지명이 보이는데 여기서도 波에 대비시키고 있어서 상고대부터 한자이외의 말이 쓰이고 있은 것을 알 수 있는데, '밭

(田)’은 pātti(밭, Dr-Ta)와 대응되는 말일 것이다. 즉 *pātti > path(밭)
의 변화를 거친 것으로 추정된다.

55. 火曰孛

이 항목도 이조어– ‘블(火)’에 가까운 형태의 말일 것인데, 이미
‘孛’을 5. 風曰孛纜항에서 다른 모든 항목에선 ‘불’로 읽어야 했으니
‘ㅂ람’도 고려어는 “*부람’이었을 것이라고 한 바 있다. 따라서 여기
서도 孛을 ‘불’로 읽고자 한다.

그런데 이것과 비교될 만한 어휘로는 hula(火, 조선관역어)·bola-
(타다, Ma)·fuči(불, Ainu)·ōt(<*pōt. 불, O.Turk)·bēge(불, Dr-ka)·veyali
(불이 붙다, Dr-Kuwi) 등이 있으나, 직접적으로는 veyali와 대응될 것
이다. 즉 *veyali > beeli > pēl > pul(불→블)의 변화를 거친 것으로 보인
다. 한편 fuči의 소급형 *puči > puji > puri > pul(불→블)의 변화로 볼 수
도 있다.

따라서 고려어표기– 孛은 ‘불(火)’의 근사치표기로 추정된다.

참고

‘블(火)·플(草)·믈(水)’는 순음동화현상으로 그 실제발음은 ‘불·풀·
물’이 되기 마련이므로 동일 표기로 보아 무방하다.

56. 山曰每

이 항목은 이조어- '뫼(山)'와 유사한 고려어가 쓰이었음을 시사한다.

每는 동운과 기타의 운서에는 '미'로 나타나고, 집운에는 母罪切 [muəi > məi]이니 고려국속음은 '*메'로 추정된다.

그런데 이것과 비교될 만한 어휘를 우리 주변어에서 찾아보면, male(山, Dr-Ka)·malai(id, Dr-Ta)·mori(작은 산, Ainu)·muhu(높은 언덕, Ma) 등이 있는데, 직접으로는 malai와 대응될 것이다. 즉 *malai > mole > moro(모로) > mori > mö(뫼) > me(메)의 변화를 거친 것으로 보인다.

따라서 고려어- 每[메]는 이조어 내지는 앞선 단계의 표기로 보아야 할 것이므로 '뫼(>메)'의 대체표기로 추정된다.

57. 石曰突

이 항목은 이조어- '돌(石)'과 같은 형태의 표기로 보인다. 突은 동운 기타에 '돌'로 나타나고, 집운에는 他骨切[tuəʔ]이나, 국속한자음을 취하여 '돌'의 표기일 것이다.

그런데, 이것과 비교될 만한 어휘는 taš(<*tal. 石, Turk)·tokïmak (*돌 '石'→망치·공이, O.Turk)·tugla(벽돌, Turk) 등이 있는데, 직접으로는 모든 방언까지 유도할 수 있는 tokïmak와 대응될 것이다. 즉,

*tokīmak(石)

- tokmak(망치, 공이, Turk) > tolmak(돌막, Kor. cf. -o/u-k> -o/u-r/l)
- toku(cf. -mak은 동사의 不定形으로 쓰이므로 제거) > tōk (독: Kor)
- tomak > tokmaŋ-i(조음소) > tokmäŋi(독맹이) > tolmäŋi(돌맹이, Kor)
- toku > toru(cf. -ok> -ol) > tōl(돌, Kor)

따라서 고려어 - 突(石)은 '돌'의 표기로 추정된다.

한편, '돌(石)' 형태만을 비교대상으로 삼는 경우에는 taš(石)의 소급형 *tal(石)이 고대어 tal('達'山)과 동음충돌로 이화작용이 일어나서 "*tal > tol'의 변화를 거친 것으로 볼 수도 있고, 『조선관역어』에 枈 [tuo](石)로 나타나니, 고려 말에는 이미 '돌'의 형태였음을 알 수 있다. 또한 『삼국사기』지리지의 「石山縣本百濟珍惡山顯」에서 '石= 珍惡'의 등식을 얻을 수 있는데, 여기의 珍은 '돌'(cf. 波珍干岐[ハトリ カムキ]<日本書紀>)이라고 새길 수 있어서 '돌'의 백제어가 '돌악'이었음을 알 수 있다.

58. 水曰沒

이 항목은 현대어 '물(水)'과 같은 형태의 표기처럼 보인다. 沒은 29. 二十曰戌沒항에서 말한 바와 같이, 『계림유사』의 용례를 보면, 다섯 번이나 [mul-mïl]의 표기에 쓰이고, 예외적으로 '몰(不)'과 '뭇 -(束)'의 표기에 한 번씩 쓰이었다.

그런데 이것과 비교될 만한 어휘를 찾아보면 muke(水, Ma)· müre(-n)(강, W.Mo)· mura(물, Uigur)· veḷḷam(물, 바다, 호수, Dr-Ta)·

mizï(물, jap)·miri-(물 푸다, Gily) 등이 있어서 직접적으로는 müre-n·mura·muke의 알타이 공통기어- *müre(물)와 대응된 것이다. 국어의 간모음이 u이고 길약어와 일본어의 간모음이 i이니, 이들의 공통 간모음은 ü일 것이기 때문이다. 즉 *müre > mure > mul(물)/ mïl(믈)의 변화를 거치고 그 본디 뜻- *'물'에서 외연(外延)이 확대되어 '강·호수'의 뜻으로도 쓰이게 된 것으로 보인다.

따라서 고려어- 沒(水)은 mul(水)의 근사치표기인 것으로 추정된다.

59. 海曰海

이 항목은 한자어의 차용으로 보인다.

상고대부터 '바다·바를·바ᄅ·바리'계의 어휘가 쓰여왔다. 海는 동운이 '히'이고 집운은 許海切[hai]이니, 그 고려국속음은 '해'였을 것이다.

그런데 海를 뜻하는 고대어에 '바다·바를·바ᄅ·바리·나미'의 여러 형태가 있는데, 이것들 중에서 '바다'는 verta(바다, Turk. cf. *varta > bata > pata '바다')와 대응될 것이고, '바를'은 alarga(바다, Turk)의 소급형- *palarga > parara > parʌl '바를'과, '바ᄅ'는 bahri(바다, Turk. cf. *bahri > parï > parʌ '바ᄅ')·parappu(바다, Dr-Ta. cf. *parappu > parō > parʌ(바ᄅ))와 '바리'는 paravai(바다, Dr-Ta. cf. *paravai > parawe > parE(바리))와 각각 대응될 것이며, '나미'(바다. cf. 瀑池郡本高句麗內米忽郡令海州 ; 海邑縣本百濟猿村縣<삼국사기>)는 namu(바다, Ma. cf. *namu > nami '나미'/nab '납')와 대응되는 것으로 추정된다.

60. 江曰江

이 항목도 한자어의 차용으로 보인다. 고대부터 江을 '나리·내·ㄱ
름'이란 어휘가 쓰이었다. 그뿐만 아니라 『조선관역어』에는 把剌
[pala]도 쓰이었고, 『삼국사기』의 「闕城郡今江城」에서 '江 ∞ 闕[궐]'
이 있어서 ǧoul(江, W.Mo)과 비교가 가능하며(cf. *ǧoul > kuol > kwəl
'궐'), 'ㄱ름'도 ǧoul과 대응될 것이다(cf. *ǧoul > kol-ʌm '명사화접사' > k
ʌrʌm 'ㄱ름') 그리고, 『조선관역어』의 把剌는 vellam(물, 바다, 호수,
Dr-Ta)과 대응될 것이고(cf. vellam > balla > para '바라'), '나리'는 nehri
(川, Turk. cf. nahr 'id, Arab')의 소급형– *nahri와 대응되며(cf. *nahri >
nari '나리'), '내'는 nai(川, Ainu)와 대응될 것이다(cf. *nai > nä '내'). 따라
서 고려어의 '江·川'을 뜻하는 말은 이들 모두였을 개연성이 크다.

61. 溪曰溪

이 항목은 한자어를 차용한 것처럼 보이지마는 숙어가 아닌 단일
어로 '계~게'(溪)가 쓰이는 일 없고 이조어도 마찬가지였다. 그러므
로 한자어가 아닌 '시내(溪)'와 같은 말이 쓰인 것으로 보아야 한다.
그런데 이 '시내'는 '실개천'이라고 하므로 실=(작은. cf. cir 작은,
Dr-Ta. *cir > sil '실') – 내(川)의 합성어로 추정된다(cf. *sil-nä > sinä
'시내').

62. 谷曰丁蓋

이 항목은 상고대어인 ‘실’(cf. 絲浦今蔚州谷浦也, 삼국유사 V3)·‘돈’ (cf. 於支谷一云翼呑 : 水谷城縣一云賣旦忽, 삼국사기4)과도 다르고, 이조 어인 ‘골:’이나 현대어의 ‘골짜기’와도 다른 사어로 보인다.

여기의 丁은 집운이 當經切[tyəŋ]이며 동운도 ‘뎡’이고, 蓋는 집운 이 居太切[kai]이며 동운이 ‘개’이니 丁蓋는 ‘뎡개’로 읽을 수 있을 것이다.

그런데 이것과 비교될 만한 어휘는 tauğur > tauğ(바닥, Gily. cf. *tauğ > tōğ > tōŋ-kä ‘명사화접사’)이거나 däriŋ(골짜기, O.Turk. *däriŋ > teniŋ > tiŋiŋ > tyəŋi ‘뎡기’)일 것인데, 여기서는 däriŋ과 대응될 것이다.

따라서 고려어- 丁[蓋[뎡개]는 däriŋ(골짜기, O.Turk)와 대응되는 고려어- ‘뎡기’(=골짜기)의 근사치표기로 추정된다.

그리고 ‘골:’(谷)은 koll:(id, Dr-ka. cf. *kolli > kōl ‘골:’)과, ‘골짜기’는 「kōl(谷)-짝(비칭, 예: 궤-짝·볼기-짝) / 짝(쪽 ‘방향’)」의 합성어와 ‘골:’ (谷)은 『조선관역어』에 ‘呑’으로 표기되고 tani (id, Jap)나 töküm (id, W.Mo. cf. *töküm > togun > toun > tōn > tən > tʌn ‘呑」. 돈’)과 각각 대응될 것이다.

63. 泉曰泉

이 항목도 전항처럼 단독으로는 쓰이지 않은 한자어이니, 아마 고 려시대에도 그러하였을 것으로 보인다.

이것은 이조어에서 ‘쉼’(>샘. 泉)으로, 방언에서 ‘새암’으로 나타나 고, 상고대어로서는 bulağ(샘, W.Mo. cf. *bulağ > puloğ > pulgo ‘불고’)와 대응되는 고구려어- *pulgu(「朱鳥」. 샘)와, ēri (저수지·수조, dr-Ta : 奈

乙 ∞ 蘿井.「삼국사기」권1)나 erri[ərri](흐름, Gily)와 대응되는 "*얼'(「於乙」. 우물·샘)이 쓰이었다. 그리고 '샘'은 salma(샘, Dr-kuwi)·calime (id, Dr-Ka)의 공통기어- *calime와 대응될 것이며(cf. *calime > sarim > /sǟm '샘:' sĒm '심:'), 고려어는 고구려어역이므로 이들 중에서 *pulgo (샘)로 쓰인 것으로 추정된다.

64. 井曰烏沒

이 항목은 이조어- '우믈'이나 현대어- '우물'과 같은 형태의 표기로 보인다.

烏는 집운이 汪胡切[uo]이며, 동운 기타는 '오'로 나타나나, 고려 지명인 「牛首州一云烏根乃」에서 '牛∞烏'의 대비를 보여 '우'로 나타나기도 하고, 沒은 29. 二十曰戌沒항에서 이미 말한 바와 같이 mul로 흔히 읽혔으니, 烏沒은 [Omul~umul]의 표기로 볼 수 있다.

그런데, 이것은 「움:(窋 cf. 고유어거나, uɳrpo '구멍, Dr-Malt' > urrbu > urmu > umu > um '움')- 믈 > 물(水)」또는「움:-을(井. cf. ēri '저수지·수조, Dr-Ta) : 奈乙 ∞ 蘿井,『삼국사기』권1)」의 합성어와 대응될 것이나, 전자는 -mm- > -m-(동음생략)의 변화를 전제로 해야 하는 데 반하여, 후자는 어원상으로도 '우물'을 뜻하는 말이 포함된 구조이므로 여기서는 후자와 대응시킨다.

따라서 고려어- 烏沒은 '우물~우믈'(井)의 근사치표기로서 「움:(窋-ēri(저수지·수조, Dr-Ta))」의 합성어와 대응될 것이다.

65. 草曰戌(→*疋) cf. 草曰戌〈민국판〉

이 항목에 오자가 없다면 고어나 현대어에는 맥이 닿지 않는 말일 것이다. 즉 '새'니 '플>풀'과 다른 말일 것인데, 戌는 앞의 24. 大曰 逸戌항에서 '슈'로 읽을 수 있다고 하였으니, 그런 음상과 유사하면 서도 '풀'을 뜻하는 비교어휘를 찾아보면, 유사한 것으로 šigui (수풀, W.Mo-유)가 있는데 뜻이 좀 다르고 이것은 이조어의 '수ㅎ(=수풀)'와 대응될 것이다.(cf. *šigui > siui > syu '戌' : *šigui > sihü > sühü > suh '수ㅎ'). 그리고 戌를 戊의 오자로 보면 비교어휘를 찾을 수 없다. 따라서 戌 는 차라리 疋[필](집운: 譬吉切[p'iəi], 동문·기타 : 필)의 오자로 보는것 이 낫지 않을까 한다. '풀'이나 '플'을 표기할 한자가 없어서 대체표 기한 것으로 보아둔다.

그런데, '풀'과 비교될 만한 어휘는 pul(풀, Dr-Ta)이 있고, '새(草)' 는 saš (해초, Ainu)·jāri(풀, Dr-Go)·čayïr(목초, Turk) 등과 비교될 수 있 으나 '새'는 띠나 억새 따위처럼 지붕을 이는 데 쓰거나 무엇을 엮어 만드는 데 쓰이는 풀이니 jāri와 직접 대응될 것이다(cf. *jāri > čai > sai > sä '새'). 따라서 고려어- *疋(草)는 '플'의 대충표기일 것이며, 그 어원 은 pul(풀, Dr-Ta)로 추정된다.

66. 花曰骨

이 항목은 얼른 보기에는 북송음- [kuəˀ]으로 보면 '곶'의 유음표 기로 볼 수 있어서 『계림유사』의 한자표음이 북송음이라고 생각하 는 사람들의 유일한 근거가 될 것이다.

그러나 骨(花)은 『삼국사기』인명2에 「骨正一作忽爭」으로 나타나

니, 고대부터 그 음이 [골]이었음을 알 수 있다.(cf. 집운: 古忽切[kuʔ], 동운·기타: '골')

그런데, 이 '골'(花)이란 말은 '곶'의 근사치표기가 아니고,『삼국사기승람』江陰縣郡名조에「屈押·江西·花山」이 보이는데, 여기서 '屈 ∞ 江 ∞ 花'의 등식은 얻을 수 있어, 屈[굴] 및 ǧoul(江, W.Mo)과 대응되는 '골:'(cf. ǧoul>kōl '골:')이 '花'의 새김과 동음이거나 유음임을 시사한다. 그런 비교어휘를 찾아보면, kul(花, Uigul)·gul(花, Uzbek)·gül(장미꽃, Turk) 등이 있는데, 이 말들은 본시 gul(花, Iran)에서 고대 터키어가 차용한 것인데, 지금은 오스만터키(터키공화국)에서는 '장미꽃'의 의미로 전의되고 그 방언격인 여러 나라에서 kul·gul의 형태로 쓰이고 있다. 이렇게 *gul>kul>kol(花)의 변화가 일어난 것은 kul(노예, Turk)과 대응되는 고대어- '굴'(노예)과의 동음충돌로 모음전환 현상이 일어나 '골'(花)로 변하고, '江'을 뜻하는 '골:'(cf. 골: ㅇ>ᄀᆞ름)과 동음인 데서 '江'자를 '花'자로 개명한 것으로 보인다.

따라서 고려어- 骨(花)은 '골'(花)의 표기일 것이며, 그 어원은 이란어계 터키어- *gul인 것으로 추정된다.

67. 木曰南記

이 항목은 특수공용을 하는 이조어- '남기'(木-주격형 cf, 기본형-'나모')의 소급형일 것인데, 南은 집운이 那含切[nam]이고, 동운·기타 국속음은 '남'이며, 記는 집운이 居吏切[ki]이고 동운 기타가 '긔'이니 南記는 '남긔'로 읽을 수 있을 것이다.

그런데, 이것은 ŋafan(쓰러진 나무, Gily)·nebat(<*nabat. 초목, Turk. cf. nabāt 'id, Arab')·maram(나무·목재, Dr-Ta) 등과 비교될 수 있을 것이

나, 직접으로는 maram과 대응될 것이다. 즉 *maram > naram (mu>nu. 예: 무뤼>누리 '우박', 무싀>누리 '무더기' : mubatama > nubatama '射干玉, O.Jap') > nām(남) > namï > namo(나모)의 변화를 거친 것으로서, 여기에 주격토- '기'가 첨가된 것이 '남기'이다.

따라서 고려어- 南記(木)는 '남기'의 표기로 추정되며, '남기'의 어근- '남'(cf. 71. 松曰鮓子南의 '남 > 나무')은 maram(나무, Dr-Ta)와 대응될 것이다.

68. 竹曰帶

이 항목도 '대(竹)'의 소급형일 것이다. 帶는 집운이 當蓋切[tai]이고 동운이 '대'이며 기타 운서는 '뒤'이니 고려속음은 '대'일 것이다.

이것과 비교될 만한 어휘는 dēr(대, Dr-konda)·dēru(id, dr-kuwi)인데, 이들의 공통기어를 *dēr(대)로 재구할 수 있을 것이며, 여기서 *dēr > dē > tē > tE > tä(대)의 변화를 거친 것으로 보인다.

따라서 고려어- 帶(竹)는 '대(竹)'의 표기로 보이며, 그 어원은 dēr(대, P.Dr·Dr-konda)로 추정된다.

69. 栗曰監(→盬) 銷檻切 cf. 鋪檻切 <민국판>

이 항목은 오자이거나 사어일 것인데 監은 집운이 居銜切·居懺切[kam]이고 동운, 기타가 '감'이어서 그런 음상으로 '栗'을 뜻하는 비교어휘가 없으니 '밤'을 표기한 오자로 보여진다. 마침 자형이 유사하고 음상이 '밤'의 유음이라고 할 수 있는 盬자가 있어 '밤'을 정확히 표기할 한자음이 없어서 대체표기 한 것으로 보인다. 민국본에 鋪檻切[pʹam]로 나타나는 점으로 보아서도 '밤'을 표기한 것이 분명하다. 더욱이 90. 虎曰監滿南切 [pʹam]항도 監도 삾[범]자의 오자가 분명하여 동궤(同軌)의 실수이다. 『삼국사기』지리4에 「栗木郡 一云冬斯盻」이 있는데 여기서 "*그스(冬)'를 kestane(밤나무. cf. tane '종자, Truk')의 kes를 대비시킨 것이 있을 뿐이지 다른 말이 보이지 않고 『조선관역어』에는 '밤'을 뜻하는 말이 보이지 않는다.

그런데 이 '밤'이란 말은 고유어일 개연성이 크나 palamut (도토리의 깍정이, Turk. cf. –t '새 명사화접사')와 대응되는 말이 아닐까 한다. 즉 *palam-ut > palam > param > pām(밤)의 변화를 거친 것으로 보이고, *palam의 본디 뜻은 '밤'이었을 것인데, kestane(밤, Turk)와 동의충돌로 '도토리'의 뜻으로 전의되고 다시 그의 깍정이의 뜻으로 쓰이게 된 것으로 보인다.

70. 桃曰枝棘(→棹剌~棹辣)

이 항목은 오자가 있는 것이 확실하다. 枝는 집운이 章移切이고 동운·기타가 '지'이며 棘은 집운이 訖力切이고 동운·기타가 '극'이어서 枝棘은 '지극'으로 읽어야 할 터인데 그것과 비교될 만한 어휘가 보이지 않는다. 『조선관역어』에는 이미 복숭아의 소급형─ㅏ賞으로 나타나고, 비교어휘로는 toro(복숭아, Ma)·toğor(id, W.Mo)·šeftali(id. Turk)가 있을 뿐이며, 『삼국사기』지리4에 「桃(→桃)城本波尸忽」이란 고구려지명이 보이는데, 여기의 '桃'는 '그루갈이벼'를 뜻하는 벽자(僻字)이고, 고구려지배층어인 몽고어에선 '물결'(波)을 dolgiya라 하는데 이것은 l(p)발음으로 끝나는 변화 즉 *dolgiya > dolya > dole > dōl의 변화가 가능하고 동시에 고구려지역에는 이모작이 안 되므로

桃는 분명한 오자이며, 桃를 뜻하는 몽고어- doğor은 *dōl로 변하는 것이 자연스럽고, 桃는 桃와 흡사한 자형이므로 고구려지명의 桃자는 분명한 桃자의 오기이며 따라서 고구려어로 桃를 *tōl(<dōl<doğor)이라고 한 것을 알 수 있고, 이것을 뒷받침하는 것이 그것의 차용이 분명한 만주어의 toro(桃)이다.

따라서 枝棘은 棹刺[도라~도랄](또는 棹辣[도랄])의 오기로서 고려어- "*돌:~도: 러'(刺는 '러'의 대체표기)의 표기일 것이고 이것은 doğor(桃, W.Mo)과 대응되며, 고구려어- *tōl(<doğor)의 후신으로 추정된다. 한편, *doğor > toror (oğ > or. '원순음하의 g/k > r/l 현상') > torəl(도럴)의 변화도 가능하므로 '도럴'의 표기로 볼 수는 있으나 고구려어를 감안하면 역시 '돌:' 또는 '도: 러'의 표기로 보고자 한다.

71. 松曰鮓子南

이 항목은 '잣나모'의 소급형으로 보이는데, 鮓는 집운이 側下切[ča]이고 동운, 기타가 '자'이며, 子는 止섭 支운인데 국속한자음의 [i]나 [*ə>ʌ]와 대응되는데, 보수성이 강한 일본자음은 모두 [i]이고 신라 경덕왕 때인 8세기 중반 한자음도 모두 [i]로 나타난다. 즉 伊伐枝縣一云自伐支<고구려>, 牟支縣本號尸伊村<신라>, 多支縣本夫只<신라>, 闕城本闕支郡<신라. 城=gi>, 三岐縣本三支縣<신라>. 따라서 고려시대에도 止섭 支음은 [i]였을 것이다. 그러나 집운이 祖似切[cï]이고 동운·기타가 'ᄌ(<즈)'이다. 南은 집운이 那含切[nam]이고 동운·기타가 '남'이어서 鮓子南은 '자즈남'의 표기일 것이다.

그런데 이것은 jakda(-n)(소나무, Ma)와 '잣'의 공통기어- *čakda(잣)와 직접 대응될 것이다(cf. '잣나무'는 소나무과의 상록교목임). 즉

*čakda > čadda > čadi > čaji > čač (鮓子) > čas(잣)의 변화를 거친 것으로 보인다.

따라서 고려한자음- 鮓子南(松)은 '잣남'(=잣나무)의 대충 표기로서, 그것은 '잣'(栢)과 jakda(-n)(소나무, Ma)의 공통기어- *čakda (*栢→松)와 대응되는 고유어인 것으로 추정된다.

72. 胡桃日渴來

이 항목도 이조어- 'ᄀ래'의 소급형의 표기일 것이다. 渴은 집운이 丘葛切[kʼaʔ]이고 동운이 '캃'·기타운서는 '갈'이며, 來는 집운이 郎才切[lai]이고 동운·기타가 '릭'이니 渴來는 '갈래>가래'의 표기로 보인다.

그런데, 이것과 비교될 수 있는 어휘는 kuru-mi(호도, Jap)·kuru(id, Dr-Ta) 등과 비교될 수 있을 것이나, 직접으로는 kuru와 대응될 것이다. 즉 *kuru > kuri > kəryə > kəre > kʌrE(ᄀ릭) > karä (가래)의 변화를 거친 것으로 보인다.

따라서 고려어- 渴來 (胡桃)는 'ᄀ릭'의 전단계 소급형인 '*거레'의 표기일 것이며, 그 어원은 kuru(가래, Dr-Ta)로 추정된다.

73. 柿日坎

이 항목도 '감'(柿)의 표기인 것이다. 坎은 집운이 苦感切[kʼam]이고 동운이 '캄', 기타 운석는 '감'이어서 이것은 '감'의 표기임이 틀림없다.

그런데 이것과 비교될 만한 어휘는 mooi hasi(*나무의 가지 '茄子'→

감‘柿’, Ma)인데 직접적으로는 「kasi-moo(=가지 같은 열매가 열리는 나무)」와 같은 발달형일 것이다. 즉 *kacï(枷子)-mu(木) > kajï-mu > kaïmu > kāmï > kām(감:)의 변화를 거친 것으로 보인다.

따라서 고려어 坎(柿)은 ‘감:’(柿)의 표기로 보이며, 이것의 어원은 「枷子 -木」의 합성어로서 중국어의 차용으로 추정된다.

74. 梨曰敗

이 항목도 일견에 ‘비 > 배’(梨)의 소급형임을 알 수 있다. 敗는 집운이 薄邁切[pai]이고, 동운·기타가 ‘배·패’이어서 고려어표기- 敗는 [배]로 읽을 수 있다.

그런데 이 말은 pe-(과즙이 많은 과일을 따다, Gily-G)의 어근- *pe(과즙이 많은 과일→배)와 대응되는 고유어일 것이다. 즉 *pe > pE(비) > pä(배)의 변화를 거친 것으로 보인다.

따라서 고려어- 敗(梨)는 ‘비’의 소급형 ‘베’의 대체표기일 것이며 (cf. '베'음의 한자가 없기 때문임), 이것은 pe-(과즙이 많은 과일을 따다, Gily-G)의 어근- *pe(과즙이 많은 과일→배)와 대응되는 고유어로 추정된다.

75. 林檎曰悶子訃(→闋李訃)

이 항목은 ‘능금’이나 ‘사과’의 표기가 아닌 것이 확실하고, 강신항(1975)에서 능금나무과의 낙엽활엽교목인 ‘문비(抄梨)’의 표기로 본 바 있으나, 그 열매는 길쭉하고 물러서야 겨우 먹을 수 있는데 반하여 『계림유사』의 전후 항목으로 보아서는 일상 식생활에서 흔히 먹는 과일 중의 하나인 능금이나 사과를 가리키는 말이 분명하다.

앞의 항목에서 말한 바와 같이, 사어가 나타나면 우선 옛 고구려·전기백제 지역인 개성에서 쓰인 말이니 悶子訃는 몽고어계 어휘일 개연성이 크다.

그런데, 몽고문어에선 '사과'를 alima(cf. elim '사과, Turk')라 하였다. 그리고 悶子訃[민즈부]와 유사한 비교어휘나 우리 방언에 보이지 않으니 그 표기에 오자가 있다고 보아야 할 것이다. 특히 능금이나 사과의 원산지명이 카자크스탄의 '알마토이'인 점도 참고가 될 것이다.

따라서 悶[민]자와 闖[알]자는 흘려 쓰면 유사한 데 창안하여 alima를 悶子訃와 대조하여 보면, 悶을 闖[al] (집운이 阿葛切[aʔ]이고 동운·기타가 '알')의 子를 李[ri](집운이 兩耳切[li]이고 동운·기타가 '리')의 오자로 보고, 訃를 그냥 그대로를 [bu]로 읽거나 畝[mu]의 오자로 보면, 闖李訃는 '알리부'가 될 것이고(cf. *alima > alliba > allibï > allibu '알리부'), 闖李畝는 '알리무'가 될 것이다(cf. *alima > allimu '알리무'). 그리하면 후자는 사과의 원산지명과 몽고어나 터키어에 가까운 이점(利点)이 있으나, 석자 모두를 오자로 보아야 하는 흠이 있어서 전자-*闖李訃의 오기로 보아 둔다.

따라서 고려어- 悶子訃(→ *闖李訃, 林檎)는 '알리부(사과)'의 표기일 것이고 그것은 alima(사과, W.Mo)와 대응되는 말로 추정된다.

76. 漆曰黃漆

이 항목은 이조어- '옷 > 옻(漆)'과는 다른 한자어로 보인다. 마에마씨(前間恭作. 1925)에 의하면 고려중엽은 제주도산의 황칠(黃漆)이 유명했던 때였으므로 여기처럼 표기 되었다고 하였다.

그리고 '옷 > 옻'은 ussi > usi(옻, Ainu)·urusi(id, Jap)와 '옷'의 공통기어- *urus(옻)이 *urus > ūs > os(옷) : *urus > uls > ots > oss > oč (옻)의 변화를 거친 고유어로 추정된다.

77. 茭曰質姑

이 항목은 어휘의 의미부터가 '건초(乾草)'를 뜻하는지 '꼴(蒭)'이나 '줄(菱)'을 뜻하는지 확실하지 않다. 마에마씨(1925)는 '츩(葛)'의 뜻으로 보고 있으나 茭에는 그런 뜻이 없다. 아마 특수한 식물 이름을 뜻하지 않을 것으로 보고 여기서는 '건초'의 뜻으로 다루고자 한다. 質은 집운이 織日切[čiəi]이고 동운·기타가 '질'이며, 姑는 집운이 攻乎切[ku]이고 동운, 기타가 '고'이어서 質姑의 국속음은 '질고'로 읽을 수 있다.

그런데, 건초를 따로 부르는 이름이 보이지 않아서 지금은 사어가 된 것으로 보고 건초의 자료가 되는 풀 가운데서 '질고'에 가까운 말을 찾아보면, cirku(대싸리, Dr-Ta)가 있다. 이것은 음상은 꼭 같고, 뜻의 대싸리는 건초를 쓸 수 있으니 이것과 대응시킬 수 있을 것이다.

따라서 고려어- 質姑(乾草)는 '질고'(대싸리→*건초)의 표기일 것이며, 그 어원은 cirku(대싸리, Dr-ta)로 추정된다.

78. 雄曰鶻試

이 항목도 생소한 말이며 사어가 분명하다. 이조시대부터는 '수
(ㅎ)'라는 말만 쓰이어 왔다. 鶻은 집운이 胡骨切[hoʔ]이고 국속운서
가 모두 '골'이며, 試는 집운이 式吏切[ši]이고 동운·기타가 '시'여서
鶻試는 '골시'로 읽을 수 있다.

그런데, 여기의 '골시'에 음상이 가까우면서도 뜻이 같은 비교어
휘를 찾아보면 가야어와 동계인 korran(숫양-수고양이·수돼지, Dr-Ma)
이 있다. 이것이 *korran > kolzo > kolsi(골시)의 변화를 거치고 '숫양·
수돼지·숫고양이'의 뜻에 의미가 확대되어서 '수컷'의 뜻으로 쓰이
게 된 것으로 보인다.

따라서 고려어- 鶻試(雄·수)는 '골시'(수·雄)의 표기일 것이며, 그
어원은 *korran(숫양·수돼지·숫고양이 → 수컷, Dr-Ma)으로 추정된다.

79. 雌曰暗

이 항목은 얼른 보아도 이조어- '암'과 같은 말임을 알 수 있다. 暗
은 집운이 烏紺切[am]이고, 동운·기타가 '암'이니 고려국속음도 '암'
일 것이다.

그런데 이것은 am(보지, O.Turk)·āvu(암소, Dr-ka)·eme(여성,W.Mo)
등과 비교될 것이나 직접으로는 am과 대응될 것이다. 그러나 *āvu >
ābu > āmï > ām > am(암)의 변화도 가능해 보일 뿐 아니라 '수'가 드
라비다어와 대응되므로 더욱 개연성이 크다.

따라서 고려어- 暗(雌)는 '암(雌)'의 표기일 것이며, 이것의 어원은
*āvu(雌, Dr-ka)로 추정된다.

80. 雞曰喙 (→喙 ⟨민국본⟩) 音達

이 항목의 '喙'은 그 부기(附記)에 이르기를 「査字典無此字 乃朝鮮
土語」라고 한 점으로 보아서 중국한자에 없는 우리나라의 독특한
한 자식 문자이며 그 음이 '달'인 것을 알 수 있다. 마에마씨(1925)는
이것을 진흥왕순경비(眞興王巡境碑)에도 나오는 신라의 육촌명의 喙
部・沙喙部에 나오는 喙자의 오기로서 이 喙은 나중에 梁(cf. 梁 돌량 ⟨
훈몽자회 상5⟩)으로 대체된 것으로 보고 있다. 그렇다면 喙 =喙=梁
(돌)의 등식이 성립될 것이므로 喙 도 '돌'로 읽어야 할 것이라는 것
인데, 이는 音達[달]이라는 세주(細註)와 상치된다. 그러므로 喙 이
오자가 아니라면 喙와는 다른 글자로 보아야 하며, 『일본서기』에는
喙을 喙로 자형을 바꾸어 적고 그 음을 [toku]라고 했다. 그러므로
이조어-'둙(鷄)'과 그의 비교어휘- takïg̈ü(닭, O.Turk)・takiya (id, W.
MO)로 미루어 보아서 간모음이 [a]가 되어야 할 것이므로 민국본의
「鷄曰啄」(cf. 啄[탁])으로 시정하거나 喙 자를 그 음이 '달'(cf. 경상・강
원・평북 방언이 '달'임)이었던 우리나라의 옛한자로 보아야 할 것이다.

그런데 위에서 보인 takïg̈ü・takiya의 알타이 공통기어- *takïg̈ū ⟩
takï ⟩ takïl ⟩ talkï (k~r/l⟩r/l~k '음운도치' 예: noğura 낡다, W.MO ∞ '늙-
古') ⟩ tʌlk(둙) / talk(닭) ⟩ tāk(닥:) / tāl(달:)의 변화를 거치거나, *takïg̈u ⟩
tāku ⟩ talku (cf.   장모음 ∞ 단모음+1) ⟩ tʌlk(둙) ⟩ talk(닭) ⟩ tāk(닥:) / tāl
(달:)의 변화를 거친 것으로 보인다.

따라서 고려어- 喙 [달]은 '닭[talk]'의 불완전한 표기로 보이며(cf.
둘받침의 하나가 탈락하는 현상). 그 어원은 알타이어- 공통기어(또는 옛
터키어)- *takïg̈ū(닭)로 추정된다.

81. 鷺曰漢賽

이 항목은 이조어- '한새'와 같은 말일 것인데, 이 '한새'는 현대어에서 '황새'로 변하였다. 그러나, 옛날의 '한새'는 두루미(鶴)도 포함한 말이었던 것 같다. '한시나이'(=두루미냉이)로 미루어서 '한새 > 한시'는 해오라기·두루미의 총칭이었을 것이다.

그런데 『계림유사』에 漢자가 '한'과 '힌(>흰, 白)'의 대체표기로 쓰였으므로 마에마씨(1925)는 '힌새'(白鳥)의 의미로 보고 있다. 그러나 그가 우리말의 고어- '한새'의 존재를 몰랐기 때문에 그렇게 본 것으로 보인다.

이것은 '한쇼 > 황소'의 변화로 미루어 보아서 「한(大)-새」의 복합어로 볼 수 있다. 그런데, '한(大)'과 대응되는 비교어휘는 kaṇa(정도가 큼을 나타내는 말- 무겁다, 힘차다, 흔하다, Dr-Ta)·kaya(큰, Dr-Ma) 등의 드라비다 공통기어- *kaṇa(크다, 큰, cf. *kana > han '한'/haya > hā '하:')이고, '새(鳥)'는 saye (새무리, Ainu, cf. *saye > say > sä '새')와 대응될 것이다.

따라서 고려어- 漢賽(鷺)는 '한새'(=해오라기)의 표기일 것이며, 그 어원은 「한(大)-새(鳥)」에서 '해오라기·두루미' 등의 '큰 새'를 이르는 통칭이 된 것으로 보이며, 그 어원은 「*kaṇa(큰, 크다, P. Dr)-saye (새부리, Ainu)」의 합성어로 추정된다.

82. 雉曰雉賽

이 항목은 사어로 보이며, 얼른 보기에는 향찰이 아닌가 싶다. 이 조어는 '꿩'이고 고지명에는「雊澤縣本高句麗刀臘縣今白川 : 刀臘縣一云雉嶽城 ; 解顔縣本雉省火縣一云美里<삼국사기 지리지>」와 같이, '雉 ∞ 雊'와 '解 ∞ 雉 ∞ 美'의 대비를 보이고 雊는 장끼가 '굴굴'하고 우는 소리를 뜻하므로 그 새김은 gurgūl(꿩, W.Mo)와 대응될 것이고, 解와 美의 등식을 만족시키자면, kulai(풀리다, 풀다, Dr-Ta)와 güzel(아름답다, Turk)의 발달형이 동음이거나 유음일 경우인데, *kulai > kure > kurï > kkürï(끄러-) : *güzel > kkürïl(끄를)의 발달이 가능하고, gurgūl이 또한 *gurgūl > kkurūl(꾸룰) > kkürïl(끄를)의 변화가 가능하니 상고대에는 '꿩'을 '*꾸룰~끄를'이라고 한 것으로 추정된다.

그런데, 이 항목의 雉는 집운이 直利切[ti]이고 동운이 '띠'이고 기타 운서가 '티'이고 賽는 앞의 항목에서 '새'로 읽은바 있어서 고려어-雉賽(꿩)는 '티새'에 가까운 말이었을 것인데, 그것과 대응될 만한 비교어휘를 찾아보면 sülün(꿩, Turk)이거나 tazarv(꿩, Iran. cf. darrâj 'id, Arab')일 것이다. 즉 *tazarv > tisaru > tisari >t′isä(雉賽) ; *sülün > čiši > č′isyə > č′ise > č′isä(치새→티새 '雉賽'<역구개음화>)의 발달이 가능한데 음운변화 현상으로는 전자가 안성맞춤인데, 터키족인 위만조선이나 김씨 신라가 그것을 이미 이란어(페루샤어)에서 차용하고 있었다는 확증이 없는 것이 흠이기는 하나, 지금의 터키어사전들이 외래어 기원의 어휘를 대부분 퇴출시키고 있고, sülün의 더 소급형이 tazarv일 수 있어서, 고대 터키족들이 이 말도 차용해 썼다고 가정하면, 따라서 고려어- 雉賽(꿩)는 '티새(꿩)'의 표기였을 개연성이 크고, 그 어원은 *tazarv(꿩, Iran)로 추정된다.

83. 鴿曰弼陀里

이 항목은 얼른 보아도 이조어- '비두리'와 유사함을 알 수 있다. 鴿은 '집비둘기'를 뜻하는데, 여기의 弼은 집운이 薄宓切[pyə]이고 동운이 '뺗'이며 기타 운서는 모두 '필'이고, 陀는 집운이 唐何切[t'a]이고 동운이 '따'이며 기타운서는 모두 '타'이고, 理는 집운이 兩耳切[li]이고 동운·기타가 '리'여서 弼陀里는 '빌타리'(cf. 북송음으로는 pyə-t'a-li)로 읽을 수 있을 것이다.

그런데 이것은 「puda (비둘기. Dr-ta)-kur͞i (작은새, Dr-Ta)」의 합성어이거나 kebūter (비둘기, Turk)와 대응될 것이다. 즉 *puda-kur͞i > pidəkuri > pidiuri > piduri (비두리) ; *kebūter > ebūtur (cf. k-∞∅ '약모음을 사이에 둔 파열음의 하나를 기피하는 현상'. 예: 나비 ∞ kelebek '나비, Turk') > būtur (e->∅ 어두 약모음이 탈락 현상) > p͞itur-i (조음소, '비두리') 의 변화를 거친 것으로 보이나, 전자는 추정한 음운변화 과정이 매우 자연스러우나 '새'를 뜻하는 말이 다시 첨가된 이음첩어가 되므로 일단 후자를 택하여 둔다.

따라서 고려어- 弼陀利(鴿 '집비둘기')는 '비두리'의 근사치표기(cf. -id > -d 현상은 관례적인 'ㄹ변칙' 예: 놀더니 > 노더니)로서, 그 어원은 kebūter(비두리, Turk)로 추정된다.

참고

> '비둘기'는 *kebūter > ebūtur > pitur(비둘)과 *kul (>kuš '새. Turk') > kur~i (조음소) > kü > ki(기)의 복합어로 추정된다.

84. 鵲曰渴則寄

이 항목은 '까마-귀'의 '귀'나 '비둘기'의 '귀'와 대응되는 '새'를 뜻하는 접미사- 寄를 떼고 보면 渴則은 '가치>까치'와 흡사한 형태라고 할 수 있다. 여기의 渴은 집운이 丘葛切[kʼaʔ]이고 동운만 '칼'이며 기타 운서는 '갈'이고 則은 집운이 卽得切[cəʔ]이고 동운운이 '즉'이며, 기타-운서는 '즉·측'이고, 寄는 집운이 居義切[ki]이고 동운·기타가 '긔'여서 渴則寄의 국속음은 '갈측긔'일 것이나 우리 음운현상에 'ᄎ'에 앞선 'ᄅ'이 탈락하고('ᄅ' 변칙활용) 반입(伴入)음 현상 : -ㄱ->-ㄲ-. 예: 먹히다[> 머키다 > 먹키다]를 고려하면 '갈측긔'는 '가츠긔'의 표음으로 볼 수도 있다.

그런데, 이 말은「kēga(까치, Dr-kui)-tita(새, Dr-pa)의 합성어와 대응될 것이다. 즉 *kēga-tita > kēyatiti > kātti > kāčʼi(가: 치) > kkačʼi(까치)의 변화를 거친 것으로 보인다. 그러나 여기에 다시 '새'를 뜻하는 kūīi<Dr-Ta>(> kui > kü > ki)·*kul(> kuš, Turk. *kul > kur-i '조음소' > kü > ki)를 첨가하면 '가츠긔'와 유사한 형태가 되나 '새'를 뜻하는 말이 삼중으로 들어간 이음첨어가 되어서 원칙적으로는 의미론상으로 불가하지마는 '까치'가 어원적으로 단일어인줄 알고 '까마귀·비둘기'처럼 다시 '새'를 뜻하는 '-긔'를 첨가한 것으로 볼 수는 있을 것이다. 한편 渴則寄는 다른 데서 비교어휘를 찾아야 한다면, 마침 kalagh-i-jiku(까치, Iran)가 보이는데 이것은 현대 터키어 속에 차용어가 보이지 않는 것이 좀 문제이지마는 현대 터키어는 차용어를 정화하였기 때문에 보이지 않는 것으로 볼 수 있는 동시에 석(昔)씨 신라 지배층이 아이누족인데 이 아이누어가 이란계인 스키타이어일 개연성이 크므로(cf. 강길운「한국어계통론」하권 제18장), kalajh-i-jiku와 비교하면 *kalagh-i-jiku > kalahičikü > kaleč´igi > kalč´ïgi(渴則寄)와 같이 변할 수 있다.

따라서 고려어- 渴則寄(까치)는 "*가:치기~갈츠긔'(=까치)의 근사치 표기일 것이며, 그 어원은 「kēga(까치, Dr-kui)-tita(새, Dr-pa)-kurii(새, Dr-Ta)」의 합성어이거나 「kalagh-i-jiku (까치, Iran)」으로 추정된다.

85.鶴曰鶴

이 항목은 한자어일 개연성이 크다. 그러나 '두루미'가 이조어에 보이고,『조선관역어』에도 '杜路迷'로 표기되어 있어서 고려어도 '두루미'였을 것으로 믿어진다.

그런데, 이것은 turñā(두루미, O.Turk)·toğuruu (id, W.Mo) curu (id, Jap) 등과 비교될 수 있을 것이나 직접적으로는 알타이 공통기어- *turunu (두루미)와 대응될 것이다. 즉 *turunu > turumu(unu>umu '순음동화') > turumi(두루미)의 변화를 거친 것으로 보인다.

86. 鴉曰打馬鬼(→柯馬鬼<민국본>)

이 항목의 打는 분명히 柯의 오자일 것이고, 그러므로 이조어- '가마괴 > 가마귀'의 소급형일 것이다. 柯는 집운이 居何切[ka]이고 동운·기타가 '가'이며, 馬는 집운이 母下切[ma]이고 동운·기타가 '마'이며, 鬼는 집운이 矩偉切[kuei]이고 동운·기타가 '귀'여서 柯馬鬼는 '가마귀'의 표기로 보인다. 그런데 '가마귀'는 「가마(黑)-귀(鳥)」의 복합어일 것이며, 여기의 '가마(黑)'는 kammu (거므스름해지다, Dr-Ta)·kāviri(검정, Dr-Te)·kāva(암흑) 등과 비교될 수 있을 것인데, 이들의 공통어근- *kāva(암흑)이 *kāva > kāma(가마) > kammu > kamu (가므) > kəmu (거므)의 변화를 거치고, '귀'는 kuš(새, Turk)의 소급형- *kul이거나, kurïi(작은 새, Dr-Ta)가 *kul > kur-i(조음소) > kui > kü 또는 kurïi > kuï > kü > kü(귀)의 변화를 거친 것으로 보이나 의미상으로 보아서 전자를 택한다.

따라서 고려어- 柯馬鬼(烏·鴉)는 '가마귀'의 표기일 것이고, 그 어원은 「*kāva(암흑, P.Dr)- *kul(>kuš. 새, Turk)」의 합성어로 추정된다.

87. 雁曰哭利弓幾

이 항목은 '그려긔'의 표기에 가까워 보이며『조선관역어』에는 吉勒吉[ki-lə-ki]로 나타난다. 哭은 집운이 空谷切[kuʔ]이고 동운·기타는 '곡'이며, 利는 집운이 力至切[li]이고 동운·기타가 '리'이며, 弓은 居雄切[kuŋ]이고 동운·기타가 '궁'이며, 幾는 집운이 居希切[ki]이고 동운·기타가 '긔'여서 고려어표기- '哭利弓幾'는 '곡리궁긔'로 읽을 수 있다.

그런데, '기러긔'는 ğalağu(기러기과 새-기러기·거위, W.Mo)와 대응될 것이다. 즉 *ğalağu > karigï (a~a>a~i) > kïryək(그럭) > kïryəg (기려기)의 변화를 거친 것으로 보이며, 특히 kegere (-yen) ğalağu (*들의 거위→기러기, W.Mo)가 *kegere-ğalağu > kəkri-garigï > kəkri-gəlgi (哭利乞幾) / kəkri-gegi(哭利兮幾 <명대본>)으로 변할 수 있으니, 「哭利弓幾」의 '弓'을 '乞[걸]'의 오자로 보든지 명대본에 따라서 兮[계](鞋<동운>>혜 : ge<Jap-뭇음=백제음>)로 읽을 수 있을 것인데, 지배층이 몽고족이었던 애초의 백제지역(나중에 고구려지역)의 말이므로 후자의 哭利兮幾가 고려어의 바른 표기였을 것이다.

따라서 고려어- 哭利兮幾(기러기)는 "*걱리계기(=기러기)'의 표기로 보이며, 이것의 어원은「*kegere(들)-ǧalaǧu (기러기과 새-거위·기러기, W. Mo)」의 합성어로 추정된다.

88. 禽皆曰雀譚

이 항목은 '새(鳥)'나 '=귀·=기'<접미사>와 다른 계통의 말로서 지금은 사어가 된 것임을 알 수 있다. 雀은 집운이 卽約切[cyə˘]이고, 동운·기타가 모두 '쟉'이며, 譚은 집운이 徒南切[tʼam]이고 동운·기타가 '담'이어서 雀譚은 '쟉담'으로 읽을 수 있다.

그런데, 이 '쟉담'은 jigürten(새, 날짐승,W.Mo)과 대응될 것이다. 즉 *jigürten > čigiltən > čĭktən > čyəktən(*젹던)의 변화를 거칠 수 있는데, '젹던'을 표기할 수 있는 한자음이 없어서 雀譚[쟉담]으로 대체 표기한 것으로 보인다(cf. '젹단>쟉담'으로 변할 수 있는 음운환경이 아님).

따라서 고려어- 雀譚(날짐승·새)는 "*젹던(禽·鳥)'의 대체표기일 것이며, 이것의 어원은 *jigürtten(새, W. Mo)으로 추정된다.

89. 雀曰賽

이 항목은 '새'의 표기같이 보이는데, 그렇다면 '새'의 본디 뜻이 '참새'였을 개연성도 크다. 이미 81, 82항에 賽를 '새'로 읽은 바 있다.

그런데 마침 cetti(참새, Dr-ka)·saye(새떼의 줄, Ainu)·serče(참새, Turk) 등과 비교될 수 있을 것이나, 직접으로는 serče와 대응될 것이다. 즉 *serče > sese ('ㅈ'앞의 'ㄹ' 탈락현상) >sē (동음생략) > sā̃ (새 : cf. 장모음으로 인해 개구도가 커짐)의 변화를 거친 것으로 보인다.

따라서 고려어- 賽(참새)는 ‘새: (참새)’의 표기일 것이며, 이것의 어원은 *serče (참새, Turk)로 추정된다.

> 참고
>
> 지금도 전라도, 경남, 제주 등지에서 ‘참새’를 ‘새’라고 함.

90. 虎曰監(→*㺚)

이 항목의 監[감]은 분명히 㺚[범]의 오자이다. 이미 말한 바와 같이 69. 栗曰監(민국본 ‘鋪檻切’)항에서도 오자를 내고 있다.

그런데 이것은 böbür(범, Turk)·barše(id, W.Mo)·perum-puli(id, Dr-Ta. cf. perum ‘큰’-puli ‘범’)·bebbuli(id, Dr-Te)·perpul(id, Dr-Kol)·puli / pul(id, Dr-Ta) 등과 비교될 수 있는데, 직접으로는 *perum-puli와 대응될 것이다. 즉 *perrum-puli > perum-mul > permu > pə̄m(범:)의 변화를 거친 것으로 보인다. 한편, böbür과 대응시키는 것이 음운론상으로는 합리적이나(cf, *böbür > pəmir > pə̄m ‘범:’), 범은 인도산이 유명하고 드라비다어의 본고장이 인도이기 때문에 드라비다어와 직접 대응시켰으나 터키어와 대응시켜도 무방하다(*böbür > pebir > pəmi > pə̄m ‘범’).

91. 牛曰燒 去聲

이 항목은 이조어- ‘·쇼’와 같은 것으로 보인다. 燒는 집운이 尸昭切[šau]이고, 동운이 ‘솧’이며 기타·운서가 ‘쇼’여서 고려어표기- 燒는 ‘쇼’로 읽을 수 있을 것이다.

그런데, 이것은 sïgïr (th, Turk)·šar (숫소, W.Mo)·sevir (숫소, Turk)·cē (숫소, Dr-Ta) 등과 비교될 수 있을 것이나 직접으로는 sevir과 대응될 것이다. 즉 *sevir > səwi > sōi > sö > syo (쇼) >so (소)의 변화를 거치고, 그 본디 뜻인 '숫소'가 제유법으로 전체를 뜻하는 '소'의 뜻으로 전의된 것으로 보인다.

따라서 고려어— 燒(牛·소)는 '쇼(牛)'의 표기일 것이며, 이것의 어원은 *sevir (숫소→*소, Turk)로 추정된다.

92. 羊曰羊

이 항목은 한자어로 다루고 있으나 이조어가 '염(-쇼)'이고, 『조선관역어』에는 捊[yem]으로 표기되었으니 '염'의 근사치표기로 보인다.

그런데, '염(-쇼)'은 niman (염소, Ma)·ïvïk (암염소, O.Turk)·imaǧa(염소, W.Mo) 등과 비교될 수 있을 것이나, 직접으로는 imaǧa와 대응될 것이다. 즉 *imaǧa > imā > yəmə > yəm(염)-syo (쇼. cf. 송아지의 울음소리를 닮은 데서 첨가) > yəmso (염소)의 변화를 거친 것으로 보인다.

따라서 '염소'의 어원은 「*imaǧa(염소, W.Mo)-쇼(소)」의 합성어로 추정된다.

93. 猪曰突

이 항목은 이미 사어가 된 것으로 보인다. 突은 집운이 他骨切[tʼol]이고 동운, 기타가 '돌'이니 고려국속음도 '돌'이었을 것이다.

그런데, 이것과 비교될 만한 것은 turre(돼지, Dr-ko!)·torui(젖먹이돼지, W.Mo)·toli(수돼지, W.Mo) 등이 있으나 직접으로는 turre나 toli와 대응될 것이다. 즉 *turre > tŏl ; *toli > tŏl의 변화를 거친 것으로 볼 수 있으나 의미상으로 더 잘 대응되는 전자와 대응시켜 둔다.

따라서 고려어- '突(돼지)'은 '돌:(猪)'의 표기일 것이고, 그 어원은 *torre(돼지, Dr-Ko!)로 추정된다.

94. 犬曰家狶

이 항목은 이조어- '가히(犬)'와 같은 말로 보인다. 家는 집운이 居牙切[ka]이고 동운·기타가 '가'이며, 狶는 집운이 香依切[xi]이고 동운·기타가 '희'여서 家狶는 '가희'로 읽을 수 있을 것이다.

그런데, 이 말과 비교될 만한 것으로는 kabari(개-종류, Ma)·ŋaiak(강아지, Gily-G)·kopoy(사냥개, Turk)·kelp(개, Turk)·kaikai(개를 부르는 소리, Ainu)·noxai(개, W.Mo) 등이 있는데, 직접으로는 kabari와 대응될 것이다. 즉 *kabari > kabiri > kabi(가희)의 변화를 거친 것으로 보이는 고유어일 것이다. 우리말과 동계인 길약어가 ŋai-ak(어형보강소)인 점으로 보아서 만주어- kabari는 우리말의 차용일 것이다.

따라서 고려어- 家狶은 가희(犬)의 표기일 것이며 그 어원은 한국어와 만주어의 공통기어- *kabari(개, Ma)로 추정된다.

95. 猫曰鬼尼

이 항목은 이조어- ':괴'의 소급형일 것이다. 鬼는 이미 86. 鴉曰柯馬鬼에서 '귀'로 읽은 바 있고, 尼는 집운이 女夷切[ni]이고 동운, 기타가 '니'여서 鬼尼는 '귀니'로 읽을 수 있을 것이다. 그러나 『고려사』에 猫謂高伊로 나타나고, 『동국여지승람』 장흥(長興)조에 高伊

方言猫也로 나타나니 고려 이전에는 '고이'라고 하던 말일 것이다. 즉 '고이 > 고니/괴 > 고니-앙이(어형보강소) > 고양이'의 발달을 거친 것으로 보인다.

그런데, 이 말과 비교될 만한 것은 gölüge(어린 고양이, W.Mo)·kedi(고양이, Turk) 등이 있는데 직접으로는 kedi와 대응될 것이다. 즉 *kedi[kədi] > kəyi > koi(高伊) / koni(鬼尼?) > kö(괴) / koni-aɲi(어형보강소) > koyaɲi(고양이)의 변화를 거친 것으로 보인다.

따라서 고려어- 鬼尼(猫)는 '*고이 > 고니'의 근사치표기일 것이며, 이것의 어원은 *kedi[kədi](고양이, Turk)로 추정된다.

96. 鼠曰觜

이 항목은 이조어- '쥐'와 유관한 말일 섯인네, 觜는 집운이 祖委切[cwei]이고 동운이 '쥐'이며, 기타, 운서가 '취·췌'로 나타나므로 이것이 '쥐'을 뜻하는 표기인 점을 감안하여 '쥐'의 근사치표기로 보인다.

그런데 이것과 비교될 만한 말은 cuvavu(새양들쥐, Dr-Ta)·superi(새양쥐, Dr-Kui)·cūpē(집쥐, Dr-Go)·sïčan(쥐·새양쥐, Turk) 등이 있는데, 드라비다어 공통기어- *cuperi(쥐) > cuhei > chhi > cü(쥐)의 변화를 거친 것으로 보인다.

따라서 고려어- 觜(쥐)는 '쥐'의 근사치표기일 것이며, 이것은 드라비다 공통기어- *cuperi(쥐)와 대응되는 것으로 추정된다.

97. 鹿曰鹿

이 항목은 '사슴'이란 말이 있는데도 한자어로 매기고 있다. 『조선관역어』에도 洒滲[šasəm]으로 나타난다.

그런데, 이 말은 sasïn(순록의 무리, Evenki)·zari(순록, W.Mo)·canju(사슴, Dr-Malt) 등과 비교될 수 있을 것이나, 직접으로는 sašïn과 대응될 것이다, 즉 *sašïn > sasïm(사슴) > sasʌm(사슴)의 변화를 거친 것으로 보인다.

그러나, 이 sašïn은 우리말의 차용일 개연성이 크다. 그러므로 어원을 밝히기 위해서는 zari와 비교하는 것이 나을 수도 있다.

즉 *zari > saʒi > sasi-m(명사화접사 '어형보강') > sasʌm(사슴) > sasïm(사슴)의 변화로 볼 수 있다.

98. 馬曰末

이 항목은 이조어– '몰(>말)'과 같은 계통으로 보인다. 末은 집운이 莫葛切[maʔ>mo]이고 동운·기타가 '갈'이니 고려어– 末은 '말'로 읽을 수 있을 것이다.

그런데 이 말과 비교될 만한 것은 mori(-n)(말 '馬', ma)·mori(id, W.Mo) 등과 비교될 것이나, 직접적으로는 mori와 대응될 것이다. 즉 *mori > mʌl(몰) > məl > mal(말)의 변화를 거친 것으로 보인다. 그러나 '몰'이나 '멀'로 표기할 수 있는 국속한자음이 없어서 '말'로써 대체표기한 것으로 보인다.

따라서 고려어– 末(馬)은 '멀~몰(馬)'의 대체표기일 것이며. 이것의 어원은 *mori(말, W.Mo)로 추정된다.

99. 乘馬曰轄打 平聲

이 항목도 이조어- '걸터'와 같은 계통일 것인데, 轄은 이미 46. 明日曰轄載항에서 '걸'로 읽었고, 打도 이미 23. 五曰打戌항에서 '다'로 읽은 바 있으나 동운이외의 운서가 모두 '타'로 나타나니 轄打는 국속음으로 '걸타'로 읽을 수 있다.

그런데,「乘馬」의 뜻은 두 가지로 풀이된다. 즉 하나는 '말을 타다'라는 말 타는 놀이를 하다의 뜻이고, 또 하나는 '말 등에 오르다'의 '걸터앉다'의 뜻인데 여기서는 후자의 뜻으로 쓰인 것이다.

그런데, 이 후자와 대응될 만한 말에는 xulda-(붙이다, W.Mo)·「kuḷir(앉다, Dr-Ta)·kuḷir(앉다, Dr-ka) -티(강세접사) -어(부사형)」· xurtiv-(앉다, Gily-G) 등과 대응될 것이나, 직접으로는 여기의 뜻이 '말을 타고 달리다'의 뜻이 아니고 '말 등에 앉다'의 뜻일 것이어서 xurtiv-와는 쉽게 대응되나 동계어어이니 드라비다 공통기어- *kuḷir(앉다)과 직접 대응될 것이다. 즉 *kuḷir-t'i(강세접사) -ə(부사형)>kəli-t'ə>kelt'ə(걸터)의 변화를 거친 것으로 보인다.

따라서 고려어 轄打(乘馬)는 '걸터'의 근사치표기일 것이며, 그 어원은 「*kuḷir(앉다. Dr-Ta, Ka) -티(강세접사) -어(부사형)」의 합성어로 추정된다.

참고

이 말은 '걸치다'와는 무관하다.

100. 皮曰渴翅

이 항목도 『조선관역어』에선 憂尺[kyač'i]로 나타나고 이조어-
'갗(皮)'과 같은 계통의 말일 것인데, 渴은 집운이 丘葛切[k'aʔ]이고
동운·기타가 '갈'이며, '翅'는 집운이 施智切[ši]이고 동운·기타가
'시'여서 渴翅는 '갈시'로 읽을 수 있을 것이다.

그런데 이것과 비교될 만한 것은 kasuk(껍질·가죽, O.Turk)·xasïk
(id, O.turk-G)·ihači(소가죽, Ma) 등이 있으나, 직접으로는 kasuk·xasïk
의 어근- *kas(가죽. cf. -ïk/-uk '명사화접사')와 대응될 것이다. 즉 *kas
-i(조음소) > kači > kač'i(가치)의 변화가 가능하고, kalsi(갈시)는 *kalsi >
kasi(-ls>-s .'ㄹ변측')의 변화를 흔히 일으킨다는 사실은 한국어- 청
자의 입장에서는 '갈시'나 '가시'는 거의 같은 음상으로 청취된다는
것을 의미한다.

따라서 고려어- 渴翅(皮)는 '가치(皮)'의 대충 표기일 것이며, 이것
은 어원은 kasuk/xasïk(갗·皮, O.Turk)의 어근- *kas으로 추정된다.

101. 毛曰毛

이 항목은 '털·터럭'이라는 이조 초기어가 있었으나 한자어로 다
루고 있다. 이것과 같은 말이 『삼국사기』지리지의 「高敞縣本百濟毛
良夫里縣」에서 '高∞毛'의 대응으로 나타나는데, 이것은 '毛'을 뜻하
는 말이 degere(높은, W.Mo)의 발달형- *t'əl(cf. degere > t'ərə > t'əl, '털')
과 같다는 것을 의미한다.

그런데 이것과 비교될 만한 어휘는 tupr(깃, Gily-G)·tīr(머리털,
Dr-kol)·tū(털, O.Truk)·tülē-(털을 갈다, O.Turk)·tülüg(털이 많은, O.Turk)·

yāl(말-갈기, O.Turk)·del(갈기·억센 털, W.Mo)·delum(갈기, Ma) 등이 있으나 직접으로는 의미에 초점을 맞추어서 tü와 대응될 것이다. 즉 *tü>ťə>ťəl(털. cf. 장모음의 '단모음+1'화 현상)의 변화를 거친 것으로 보인다. 그러나 tü(털)-le(동사화접사)에서 *tüle ťərə>təl(털. cf. 동사어간→명사. 예: 신다→신)의 변화를 거친 것으로 볼 수도 있다. 어떻든 毛를 뜻하는 고려어는 이조 초기어와 같은 '털'이었을 것이다.

102. 角曰角

이 항목도 한자어로 다루었으나 이조 초기어가 '쓸'[p'ɯl]'이었을 뿐만 아니라『삼국사기』에 의하면「大角干或云大舒發翰」·「伊伐湌=于伐湌<舒發翰<職官上>」에서 角=舒發>于伐(=伊=彼 ∞ u '彼, Dr-ka')의 등식을 얻을 수 있으며, 이것은 süvri(*뿔·뾰족한, O.Turk)·suburğān(답파 '塔婆', O.Turk)·eber(뿔, W.Mo) 등과 대응될 것이나, 직접으로는 *süvri(舒發)>sibur>ibur(伊伐)>ubur(于伐)/ebur>p'ur(쓸=뿔)의 변화를 거친 것으로 보인다. 특히 개경이 옛고구려, 전기백제지역이므로 角을 뜻하는 고려어는 몽고어- ebr[əbr]이거나 이조 초기어와 같은 ṕul(쓸=뿔)의 형태로 쓰인 것으로 추정된다.

103. 龍曰稱

이 항목도 이조어와는 다른 사어로 보인다.『조선관역어』에는 米立[mili]로,『고려사』의「龍駒縣一云滅烏」로 미루어 고려어가 *멸 > 밀'이었음을 알 수 있고,『동국여지승람』의「彌智山在砥平縣西二十里卽龍門山」에서도 *밀-디 > 미-디'의 변화를 고려하면 '밀'이란 말이 쓰인 것은 확실하다. 한편, 동서의 「龍駒…(高麗)明宗置監無後陞爲令處仁縣」<龍仁 건치>에서 ‘龍∞處’의 대비와 『삼국사기』 지리지의 「車城縣本高句麗上(一作車)忽縣景德王改名今龍城縣」에서 ‘龍∞上∞車’의 대비에 deger(위, W.Mo. cf. *deger＞tēr[tər])과 terǧe(수레, W.Mo. cf. terǧe＞tere＞tēr[tər])과 –tur(처격토, W.Mo. cf. *tur＞tər)과 대응시킬 수 있을 것이면, 「南原小京本百濟古龍郡」의 ‘原∞龍’의 대비와 『승람』 한성 산천조의 「加乙頭又名龍頭峯」에서 ‘龍∞加乙’의 대비로 미루어 보아서 龍을 ‘덜:~들:’이란 말이 흔히 쓰인 것이 확실하다.

그러나 위의 ‘龍 ∞ 處’의 處의 새김을 처격토와 대응시킨 것은 문제가 될 수 있다. 그렇다고 터키어- yer(곧 ‘處’의 소급형- *der)이나 드라비다어의 turai(處. cf. *turai＞ture＞tər)와 대응시키자니 고려시대어에 걸맞지 않는다. 여기서 稱과 가깝게 處를 음독한 것으로 보면 ‘쳐＞치’가 되는데, 稱은 집운이 岊承切[č yəŋ]이고 동운·기타가 ‘칭’이어서 고려어표기- 稱은 ‘칭’으로 읽을 수 있을 것이다.

그런데, 이 말과 비교할 만한 것에는 ten(작은 용모양, Ma)·螭(집운: 抽知切)(뿔 없는 용) 등이 있으나 먼저 螭[č’i](cf. 현대국속음-‘리’)와 비교될 수 있는 한자어로 볼 것 같으면 *č’i(「上」치)＞č yə(「處」쳐)/č’i 龍＞č’iyoŋ＞č’yəŋ＞č’iŋ(稱)의 변화를 거친 것으로 볼 수 있다. 따라서 고려어- 稱(龍)은 ‘칭’의 표기일 것이며 그 어원은 「螭[č’i](뿔이 없는 용)-龍」의 준말로 추정되는 한자어로 볼 수 있다. 아마 「처용가」의 ‘처용’도 같은 뿌리일 것이다.

그리고 “*덜~들’은 eʒder(용, Turk. cf. eʒder ‘id, Iran’)·*tar(＞tacu. 용, Jap) 등과 대응될 것이며(*eʒder＞eyder＞ēder＞tēr[tər]), ‘*밀~미리’는 muduri(용, Ma)·muhūlu(뿔이 없는 용, Ma)·mituci(교룡 ‘蛟龍’, Jap)·milk/milk(물속의 괴물, Gily)와 비교될 수 있을 것인데, 직접으

로는 muhūlu와 대응될 것이다(*muhūlu > mūlu > mĩru > miri > mĩl).

104. 漁曰水脫 剔羔(→曰)切

이 항목도 이조어나 방언에서 찾아볼 수 없을 뿐만 아니라 옛문헌에서도 그 비슷한 말조차 보이지 않는다. 그러므로『계림유사』를 연구하는 이들 가운데는 漁曰水脫의 魚가 獺의 오자로 보고 '수달'의 표기로 보기도 하나 자형이 서로 너무 달라서 오자로 보기 어렵다.

그런데 275. 銀瓶曰蘇乳처럼 '은병'을 묻는 답이 '병'을 뜻하는 蘇乳(cf. 소용/쇠용)이었듯이, 건어(乾魚)와 같은 고기도 고기의 일종이니 그런 말과 관계가 있는 사어가 아닐까 한다. 마침 가야지배층어인 드라비다어에 sōgudi(건어, Dr-ka)가 있어서 비교해 볼 수 있지 않을까 한다. 즉 *sōguḍi > sūdyə > sūdə (수: 더)의 변화를 거친 깃의 표기체가 '水脫'이 아닐까 한다.

水는 집운이 數軌切[šwei]이고 동운이 '쉬'이며 기타 운서는 '슈'이고 脫은 집운이 他括切[t'woʔ]·吐外切[t'wei]이고, 동운이 '퇄·퇴'이며, 기타-운서가 '탈'이어서 水脫은 '슈탈'로 읽을 수 있고, 국속한 자음에 '더'가 없어서 고려어- '*수: 더'(乾魚)의 근사치표기한 것이 水脫인 것으로 추정된다.

그리고 주의 剔羔切(→剔曰切<민국본>)은 이음동의어거나 후세에 사신들이 우리나라에 다녀가서 말이 바뀐 것을 반영한 것으로 보이기 때문에 국속음과 중국음으로 읽으면 剔曰切은 '촬'이나 [t'weʔ]로 읽을 수 있을 것인데 이것은 가야어와 동계어인 cellal(魚, Dr-Ta)이거나 cep/ceh(민물고기, Ainu)과 대응되는 말의 근사치표기가 될 것이다(*cellal > č'əral > č'oal > čwal '촬' : *t'weʔ > čeh > čeh).

105. 鼈曰團

이 항목은 얼른 보기에는 중국속어의 團魚(자라←*둥근 고기)의 차용이 아닐까 하는 생각이 든다. 團은 집운이 徒官切[tʼuan]이고 동운이 '똰'이며 기타 운서가 '단'이어서 고려국속음도 '단'일 것이다.

그런데 이것과 비교될 만한 말에는 tam bu(거북의 등껍질, Ainu)와 tāmbēlu(거북, Dr-Ta)/tām ēlu(id, Dr-te) 등이 있는데, 직접으로 tāmbēlu > tām ēlu > tām er> tām '담'의 변화를 거친 것으로 보인다.

따라서 고려어- 團(자라)은 담: (거북)의 근사치표기일 것이며 그 어원은 *tām bēlu(거북, Dr-Ta)로 추정된다.

106. 蟹曰慨

이 항목은 일견에 이조어 ':게'의 표기로 보인다. 慨는 집운이 口漑切[kăi]이고 동운이 '캐'이고 기타·운서가 모두 '개'이니 고려 국속음도 이조음과 같은 '개'로 읽을 수 있을 것이다.

그런데 표준어- '개'는 방언에서 흔히 '궤'라 하고 또 '거이·그이'라고도 하여, 이것과 비교될만한 말에는 keyun(갑각류-게·새우·조개, Goldi)·kupi(게, Dr-kond)·katuri(id, Ma)·kani(id, Jap) 등이 있는데, 직접으로 kupi와 대응될 것이다. 즉 *kupi > kəhi > kəi(거이) > kē (:게) : *kupi > kəbi > kəwe > kwe(궤)의 변화를 거친 것으로 보인다.

따라서 고려어- 慨(蟹·게)는 ':게"의 근사치표기일 것이며 이것의 어원은 *kupi(게, Dr-kond)로 추정된다.

107. 鰒曰必

이 항목의 鰒[복]자의 뜻은 '전복'이지마는, 그 음이 '복'인데서 일본에서는 河豚/鮧(복고기)을 뜻하기도 하므로 宓[복]의 오자로 보기도 하나, '필'의 음에 가까운 ippi(전복, Dr-Ta)가 있어서 *ippi > ip′i > p′ī > p′il(cf. 장모음→단모음+1)의 변화이거나 ippi와 p′il(필)의 공통기어- *ippil > ip′il > p′il의 변화를 거친 것으로 볼 수 있다.

따라서 고려어- 必[전복]은 '필(전복)'의 표기일 것이며, 그 어원은 ippi(전복, Dr-Ta)이거나 고려어- '필'과 ippi의 공통기어 *ippil(전복)로 추정된다.

> 참고
>
> 전복을 '싱포'<자회 상 20>라고도 하고, '견복 > 전복'은 cimpi(진주 조개, Dr-Ka. cf. *cimpi > cimp-ok '어형보강소' > cyəmbok '졈복')과 대응되는 말이다.

108. 螺曰蓋慨(→煮慨)

이 항목은 이미 사어가 된 말이거나 오자가 있을 것이다. 螺를 고어에선 '쇼라'<역어유해 下38> : 古乙方(田螺)<신편마의방우의방>·'고동'(海螺)<한청문감 446a>·'고라'(螺)<박통사언해 중간 下42>·'골와라'(소라)<석보상절 19-14>·골와이(우렁이·大螺)<구급간이방 3-69>·우렁이(田螺)<물명고 2介>라고 하였고, 현대어 속에선 '우렁이·고둥(고동)·골방이·소라'가 많이 쓰이고 특이한 형태는 '꼴브리'와 '구제기/구제이'<제주도>가 있다.

그런데, '쇼라 > 소라'는 cu̯ral(선회하다, Dr-Ta. cf. *cu̯ral > šoral > syora '쇼라' > sora '소라')와, '골와라·골와이·꼴브리·골방이·고라' 등은 「골(溝·江)-puru(*연체동물-벌레·달팽이, P.Dr)」<강길운 1959>의 합성어와, '고동·고둥'은 「골(溝·江)-돌(週)-옹(명사화접사). cf. kol-tor-oŋ > kotōŋ '고동:')과 '우렁이'는 puru(달팽이, P.Dr. cf. puru > huru > uru-əŋi '어형보강소') > urəŋi '우렁이'과 각각 대응될 것이다. 다만 제주도 방언의 '구제기·구제이'는 그 어원이 확실하지는 않으나 「*구블(轉)-쟁이(명사화접사)」(cf. kubur-čäŋi > kūrčeŋi > kūčeŋi '구제이'/kūčegi '구제기')의 합성어가 아닐까 한다.

그런데 옛문헌에서 螺를 '쟈개'라고 한 것이 보인다. 「蚍. 註 螺屬今俗呼海蚍쟈개」<사정통해 下29>·「𧍩 註 쟈개파俗呼海蚍亦作貝」<자회 上20>·貝 註 쟈개패卽𧍩子<자회 中31>들이 그것인데, 蓋愾·荟愾<순치판>의 '蓋·荟'는 煮와 그 자형이 좀 흘려 쓰면 매우 닮은 꼴이라고 할 수 있어서 여기서는 마에마(前間恭作 1925)처럼 '쟈개'의 표기로 보고자 한다. 煮는 집운이 掌與節[ču]이나 동운이 '져'이며 기타운서는 '쟈'이고, 愾는 집운이 口漑切[kʼai]이나 동운·기타가 '개'여서 煮愾는 '자개'로 읽을 수 있다.

그런데 '쟈개'는 「*cimpi(진주조개→전복, Dr-ka)-조개(貝)」의 합성어와 대응될 것이다. 즉 *cimpi-cogä > c̄imcogä > cimugä > cyəmgä > cyagä '쟈개'의 변화를 거친 것으로 보인다.

따라서 고려어- 煮愾(螺)는 '쟈개'의 표기일 것이고 그 어원은 「*cimpi(전복, Dr-ka)-조개(貝)」의 합성어로 추정된다.

109. 蛇曰蛇

이 항목도 한자어 차용어로 다루었으나, 이조 초기어는 '비염·ㅂ얌'으로 나타나고, 지명에서 慰禮忽 ∞ 蛇山(稷山)의 대비가 보이는데 이것은 ulle(慰禮·ulus '나라, W. Mo') ∞ yïlā(n)(蛇, Turk)의 대비여서 여기서 '*유라~울라'(蛇)가 사국시대(← 삼국시대)에 쓰인 것을 알 수 있고, '비암·ㅂ얌 > 뱀:'은 pāmpu(뱀, Dr-Ta)·pāvu(뱀, Dr-Ka)·hebi(뱀, Jap) 등과 대응될 것이고(cf. *pāmpu > pāmu > paam > payam / pʌyam 'ㅂ얌' > pEyam '비얌' > păm '뱀'), 누을-메기(=능구렁이)<함남>의 '메기'는 moğai(뱀, W.Mo. cf. *moğai > mogi > m ögi > m egi '메기' : 누르-'黃' > 눌:- > 누을- '배가 황갈색')와 대응되며, '구렁이'는 yïān의 소급형- *gïlān(뱀, O.Turk)·xor-xoi(구렁이, Mo-Bury)·kulin(뱀, Tung<카스트렌>)·kïlaŋa > kïllant(뱀, Gily-G. cf. ğağuli(黃銅, W.Mo) 등의 알타이 공통기어- *kulān (구렁이, cf. ğağuli > koli > kuli- 등이 '어형보강소' > kurəŋi '구렁이') 과 대응될 것이다.

110. 蠅曰蠅

이 항목도 한자차용어로 다루고 있으나 이조 초기어에 '프리'(>파리)가 보인다.

그런데 '프리'는 pari(나는 것, Dr-ka)·uyaz (<*puyaz, 파리, O.Turk)·hae / hahe(<pari. 파리, Jap) 등과 비교될 수 있을 것이다. 즉, *pari > pʼʌri(프리) > pʼari(파리)의 변화를 거치고 그 본디 뜻인 '나는 것'에서 제유법(일반 ↤ 특수)으로 특수한 이름인 '파리'의 뜻으로 전의된 것으로 추정된다.

> **참고**
>
> uyaz의 소급형- *puyaz가 *puyaz > pÃz-i(조음소) > pʌri(파리)의 변
> 화일 개연성도 크다.

111. 螠曰螻(→螻蟻〈민국본〉)

이 항목도 한자차용어로 본 것이나, 이조어에 '개야미·가야미'가
보인다. 그리고 螻蟻는 일반 사전에는 '땅강아지와 개미'의 뜻이라
고 하였으나 『두시언해』에는 螻蟻輩 解 개야미 무른 〈두시 2-33〉로
나타나므로 한자차용어로 다루어도 될 것이다.

그런데 '개미'는 kaïnčğa(개:미, O.Turk)의 소급형- 「*karan(검은)-
bïčgak(가위)」와 대응될 것이다.

즉 *karan-bïčgak > karin-bïjik > kayə-m ïyi > kayami(가야미) >
käyam I(개야미) > kāmi(개:미)의 변화를 거친 것으로 보인다.

112. 蝨曰裾(→裾〈민국본〉)

이 항목의 裾는 집운이 斤於切[kiu]이고 동운·기타가 '거'이니 고
려국속음도 '거'였을 것인데, 이와 대응될 만한 말은 터키어의
kehle(이) 뿐이어서 이것의 발달형일 개연성도 있으나(cf. *kehle > kərə
> kə '거:'), 어느 문헌이고 방언에 '거:'와 유사한 말이 보이지 않을 뿐
만 아니라, 민국본엔 裾(옷가닥 니. 乃倚切[ni]〈집운〉)의 오자로 보이는
'裾'모양이 보이기 때문에 (裾는 강희자전에도 없는 글자이고 그것과 가장
비슷한 한자는 '裾'임) 고려어- '거:'였을 것 같지 않다.

따라서 고려어- 祢(이·蝨)는 '니'의 표기일 것이며, 이 것과 비교될 만한 것에는 īr(이·서캐, Dr-Ta)·ice(이를 잡다, Dr-Malt)·irke(가축의 이, W.Mo)·nisal(이를 잡다, W. Mo. cf. sal- '분리되다·-으로 부터 자유로워지다, W. Mo') 등이 있으나, 직접으로는 nisal의 어근- *ni(이)나 īr과 대응될 것이다. 즉 *ni > i(이) ; *īr > ī > ni (니, cf. i ∞ ni 예: yaz '여름. Turk'∞ 녀름 '여름', ire- '도착하다, W.Mo' ∞ 니르- '이르다')의 변화를 거친 것으로 추정된다.

113. 蛋曰批勤(→勒 〈순치판〉)

이 항목의 고금도서본의 '勤'은 순치판의 勒의 오자로 보면, 이조어- '벼록·벼룩'의 근사치표기로 볼 수 있어서 분명한 오자이다. 批는 집운이 篇迷切[p'i]이고 동운이 '피·삐·曆'이며 기타 운서가 피·비·별'이고 勒은 집운이 歷德切[lei²]이고 동운 기타가 '륵'이어서 批勒은 '비륵'의 표기로 볼 수 있을 것이다.

그런데 이 말과 비교될 만한 것에는 bürgē(벼룩, O.Turk)·pire (id, Turk) 등이 있을 것이며 pire는 bürgē에 소급하므로 직접으로 bürgē와 대응될 것이다. 즉 *bürgē > pirïk(批勒) > pyəeïk > pyəruk(벼룩) / pyərok(벼룩)의 변화를 거친 것으로 보인다.

따라서 고려어- 批勒(벼룩)은 '비륵'(>벼룩)의 표기일 것이며, 이것의 어원은 *bürgē(벼룩, O.Truk)로 추정된다.

114. 幾曰側根旎(→蟣曰割稂祢 〈명대본〉) 旎字字典無 音釋無考

이 항목의 幾는 割稂祢의 祢[ni]로 미루어 보아서 蟣의 오자가 분

명하고, 따라서 側根旇의 旇도 祇의 오자가 분명한데 문제는 고금도
서본과 순치판본의 側根[젹은 '小']과 명대본의 割穮[가랑]의 어느
쪽의 원본에 가까운지 판단이 서지 않는다. 현대방언에서 경북·충
북 등지에서 '가랑니'라는 말이 쓰이고 있으나, 어디서도 '젹은니 >
작은이'라는 말은 쓰이지 않고, 일반적으로 '셕하'계의 '서캐'가 쓰이
고 있어서 원본의 형태는 명대본의 割穮祇일 것으로 일단 추정해 둔
다. 割은 뒤의 292. 刀子割[갈]에서 '갈'로 쓰이고 집운이 居曷切[kaʾ]
이고 동운이 '갏'이며 기타 운서에선 '할'이나 가장 보수적인 일본한
자음이 *kal > kacu이고, 穮은 집운이 盧當切[laŋ]이고 동운·기타가
'랑'이어서 割穮은 '갈랑 > 가랑'(cf. ㄹㄹ > ㄹ '반입음 또는 동음생략')으
로 읽을 수 있을 것이다.

　그런데, '가랑'(=가장 작은)과 비교될 만한 것에는 karai(가늘게 하다.
Dr-Ta. cf. 가랑비)·kalīl(가장 작은, Truk. cf. 가랑니) 등이 있는데, 이중
에서 어느 것과도 대응시킬 수 있으나, 여기서는 의미가 꼭 들어맞
는 「kalīl-앙(명사화접사)」의 합성어와 직접 대응시킨다. 즉 *kalīl-aŋ >
karïaŋ > karaŋ (가랑)의 변화가 가능하다.

　따라서 고려어- 割穮-祇(서캐)는 '가랑니'의 표기일 것이며, 그 어
원은 「*kalīl(가장 작은, Turk)-앙(명사화접사)-니(>이. 蝨)」의 합성어로
추정된다.

참고

> 側根의 側은 동운이 '즉'이고 기타 운서가 '측~즉'이며, 根은 동운이
> '근'이고 기타 운서가 '근~근'이어서 側根은 '즉근>즈근'으로 읽을
> 수 있고 이것은 이조어- ':져 근'(>작은. 小)의 근사치표기로 볼 수
> 있다. (':젹다'가 장음절이기 때문에 '여:/어: > 으:'로 들리는 경우가
> 많다. 예: 없: 다 > 읍: 다).

115. 蟇曰蛇鋪 蛇字字典無音無釋考

이 항목은 이미 사어가 된 말일 것이다. 蟇(=蟆)의 본디 뜻은 ‘머구리=개구리’인데, ‘두꺼비’의 뜻으로도 쓰인다. 蛇은 동운·기타가 ‘걸’이고 『훈몽자회』상23에 ‘蛇 벼록걸’로 로 나타나고 일본한자음이 *kol>kocu이며, 鋪는 집운이 滂模切[p′u]이고 동운·기타가 ‘푸~포’여서 蛇鋪‘로 읽을 수 있다.

그런데 ‘개구리’를 뜻하면서 그 음상이 ‘걸포’에 가까운 비교어휘를 찾아보면 keppe(개구리, Dr-ka)·kurbağa(개구리, Turk) 등이 있는데, 직접으로 kubağa와 대응될 것이다. 즉 *kurbağa>kəlbā>kəlbō(걸보:)>kəlṗo(걸포)의 변화를 거친 것으로 보인다.

따라서 고려어- 蛇鋪(머구리=개구리)는 “*걸포(개구리)’의 표기일 것이며, 그 어원은*kurbağa(개구리, Turk)로 추정된다.

참고

이 어항의 蟇자가 명대본엔 臭蟲으로 나타나므로 지태하 교수는 蛇鋪를 ‘갈보’(=빈대<중부방언>)의 근사치-표기로 보았는데, 이는 상당히 일리가 있다. 우선 위의 두 어항에 ‘이(蝨)’·‘서캐(蟣)’가 있어서 그 다음에 몸에 기생하는 ‘빈대’를 뜻하는 말이 올 만하고, 직접 빈대를 뜻하는 음상이 ‘갈보’를 닮은 비교어휘는 없으나 사람의 피를 빨아 먹는다고 비유된 ‘창녀’를 kahpe(창녀, Turk) xuyali(창녀, W,Mo)·kâr-hāne(창녀-집, Turk) 등으로 말하고 있어서 특히 *kār(창녀)과 여기에 ‘보’(사람을 뜻하는 접미사. 예: 뚱-보)가 첨가된 말과 직접 대응된다. 그러므로 ‘빈대’를 ‘갈보’에 비유하다가 굳어진 것으로 볼 수 있다. 다만 그런 말이 고려시대에 벌써 쓰이었다는 확증이 없어서 일단 여기서는 오랜 판본에 따라서 ‘개구리(蟆)’를 뜻하는 것으로 보아둔다.

116. 人曰人

이 항목도 한자어로 보아서는 안 될 것이 한자어로 되어 있다. '人'을 뜻하는 말에는 '사룸(>사람)·-이·-분·-보<접미사>'가 쓰이고 있어서 이 항목은 '사룸'의 소급형이 놓일 자리이다.

그런데 이 '사룸'과 직접 대응되는 비교어휘는 보이지 않아서 우리 고유어로 믿어지나, 어쩌면 「sal-(움직이다·심장이 뛰다→살다 '生'. O.Turk) -음(명사화접사)」의 합성어가 *sal-ïm > sarʌm(사람)의 변화를 거치고 그 본디 뜻인 '살아 있는 것' 즉 '生物'의 뜻에서 제유법으로 외연이 축소되어서 '人'의 뜻으로 쓰인 것으로 보는 것이 상식처럼 되어 있으나 생물에서 사람의 뜻으로 전의된 것으로 본 것은 논리에 너무 비약이 크다. 차라리 '거주하는 것'의 뜻이라면 사람다운 생활을 하는 것에서 '사람'의 뜻으로 전의된 개연성도 커 보인다. 따라서 「saǧuri(거주, W.Mo)/ *saǧurili-(>saǧuriši-. 거주하다, W.Mo)-m(명사화접사)」의 합성어와 대응시켜 볼 만하다. 즉 saǧurili-m > saurim > saurïm > sarïm(*사름) > sarʌm(사룸) >saram(사람)의 변화를 거치고 '거주하는 생활을 하는 것'에서 '人'의 뜻으로 전의된 것으로 볼 수 있을 것이다.

117. 主曰主(→主人)

이 항목은 이조 초기어에 '主人'이 많이 나타나나 '主'자로 나타나지는 않고, ':님자(>임자)'의 형태도 많이 보이므로 '主人'의 오기로 일단 보아둔다.

그리고 '님자'와 대응될 만한 것에는 nerri(최고의·정상, Dr-Ta)의 소급형- *nerrim과 ji(사람접미사)의 합성어로서 *nerrim-ji > nirimjyə > nīmjə > nǐmja(:님자) / nǐmjʌ(:님ᅎ) > īmja(:임자)의 변화를 거친 것으로 보인다.

118. 客曰孫命(→孫念)

이 항목은 얼른 보아도 이조 초기어의 '손님'의 표기로 보인다. 孫은 집운이 蘇昆切[suən]이고, 동운·기타가 모두 '손'이고 命은 念의 오자로서 집운이 奴店切[niem]이고 동운·기타가 '념'이나 念의 형성자인 脧·稔·餂은 국속음이 '임'이고『훈몽자회』에는 稔이 '님~념'으로 나타나니 念의 고려음을 '님~념'으로 읽을 수 있다.

그런데, '손(客)'과 비교될 만한 것에는 son(친구, Turk)·jočin(손님, W. Mo) 등이 있어서 직접으로는 son(친구)의 뜻이 '손님'의 뜻으로 전의된 것으로 보이며 여기에 '님'의 표기로 念[*님~념]을 첨가한 것으로 보인다.

따라서 고려어- 孫念(← 孫命. 客)은 '손님'의 근사치표기일 것이며, 그 어원은 「son(친구, Turk)→*손(客)-님(존칭접미사)」의 합성어로 추정된다.

119. 官曰員理(→員臨)

이 항목은 守令(목사·부사·군수 따위 지방관)을 뜻하는 이조어- '원'의 표기와 같은 말일 것이다. 員은 집운이 于權切[iuən]이고 동운·기타가 '원'이어서 고려국속음도 '원'이었을 것이다.

> 員은 '사람의 수나 일반관리'를 뜻할 뿐이지 '수령'의 뜻은 없으니
> 사전류에 한자어로 본 것은 잘못이다. 그러나 '일반→특수'의 제유법
> 으로 '수령'의 전의는 가능하나 우리말 안에서만 통하는 뜻이다.

그런데, 이 말과 비교될 만한 다른 말은 hafan(관원, Ma. cf. 花判<찬
기파랑가>)를 들 수 있다. 즉 hafan의 소급형- *hwaban(花判) > wawan >
wiwan > iwən > wən '원'의 변화를 거친 고유어로 볼 수도 있을 것
이다. 그리고 '理'는 臨[림]의 오자일 것이다. 따라서 고려어- 員(官,
수령. 官은 일반 관리가 아니고 통치자나 통치기관을 뜻함)은 '원'(守令)의
표기일 것이며 그 어원은 한자어- 員의 뜻이 우리나라에서 전의되
어서 '수령'의 뜻으로 쓰이었거나 신라어- 花判(관원)에서 전의된
것으로 추정되며, '理' 또는 '臨'은 '님'(존칭접미사)의 근사치표기일
것이다.

120. 士曰進 寺儘反(→進)

이 항목은 바로 위의 항목에 官曰員臨이 있고 바로 밑에 吏曰主事
가 있으며 그 아래로 차례차례 122. 商曰行身・123. 工匠曰把指・124.
農曰宰把指 등으로 이어지는 것으로 보아서 '士'는 '션비亽'・'됴숫亽'
라고 하였다고 선비나 도사(道士)처럼 학식이 있고 벼슬하지 않은 사
람만을 가리키는 것이 아니고, 여기선 원님과 아전 사이의 관원 즉
'나스리'(>나:리. 進賜. 당하관의 존칭)를 뜻하는 말일 것이다. 그렇다면
進은 고려측 역관이 무의식적으로 향찰로 적은 것으로 보인다. 進은

'나슬진'<자회 下26>이라고 새겼으니 '나슬,~나스리'로 읽을 수 있다. 그러나, 『계림유사』전체를 볼 때 모두 표음표기 이고 寺儘切[čin]으로 미루어 소과에 급제한 進士도 서민들은 '나:리'라고 하였고 고려 때도 과거제도에 進士科가 있었으니, 이 항목은 進士의 '士'가 탈자된 것으로 보인다.

따라서 고려어- 進士(士. cf. 士는 鉏里切[si]<집운> : 스<동운·기타>는 "*진스~진서'(士. 나: 리))의 표기로 보인다. 그러나 이 추정은 고려 때에 '나스리(=나: 리)'의 향찰-進賜를 음독하여 "*진스~진서'라고 불렀을 것이라는 단서가 붙는다. 그렇지 않다면 '士曰進士'의 '士'가 탈락한 한자어로 추정된다.

그런데 '나스리 > 나:리'는 nāzir(장관·관찰사·파수꾼, Turk)과 직접 대응될 것이다. 즉 *nāzir > nazïl(나슬) > nazïr-i(나스리) >nāri(나:리)의 변화를 거친 것으로 보인다.

121. 吏曰主事

이 항목은 한자어 관직명이 틀림없다. 主는 腫庾切[čyu]이고, 동운·기타가 '쥬'이며, 事는 집운이 仕吏切[ši]이고 동운이 '쏫'이고 기타 운서가 '스'여서 '主事'의 고려음은 '쥬서~쥬스'로 읽을 수 있다. 그리고 主事는 본디는 '사무를 주장(主掌)하는 고급관리'였으나 고려 시대는 아전(衙前)의 뜻으로 현대어에선 '남을 높여 부르는 말'의 뜻으로도 쓰인다.

따라서 고려어- 主事(吏)는 '쥬서~쥬스'(아전)로 읽히는 한자어로 추정된다.

122. 商曰行身

이 항목은 한자어- '行商'의 유사한 범이 보일 뿐이지 우리 방언이나 주변어에서 비교될 만한 것을 찾을 수 없다.

行은 『훈몽자회』中8에 '져제항'이란 뜻이 있고 집운이 何庚切[xyəŋ]·寒剛切[xaŋ]이고 동운이 '행~헹'이며 기타 운서는 '힝~항'이고 身은 집운이 升人切[šin]이고 동운·기타가 '신'이어서 行身의 고려음은 '행신(>힝신)'일 것이다. (cf. 'ㅇ·ㅣ'는 13세기 이후의 파생한 음임).

그런데 商은 집운이 尸羊切[šyaŋ]이고 동운·기타가 '샹'인데 황해도에서 모음- '여'가 지방에 따라서 '이'로 변하는 경향이 있으니(예: 벼랑>비낭<연안·옹진·신계>) '샹>셩>싱>신'(身)의 변화로 볼 수 있다면 行身은 行商의 이표기일 수도 있다. 行商의 본디 뜻은 '도매상'에서 '도부-장수'의 뜻으로 전의된 말이어서 어찌 보나 '장수'의 일종이니 의미상에서도 일치한다. 따라서 고려어 行身(장수)은 '행상'의 대충표기로 볼 수 있을 것이다. 그러나 行身의 行자에 '장사'의 뜻이 있고, 身은 人을 뜻할 수 있어서 '商人'을 뜻하는 고려어식 한자 조어일 개연성도 없지 않다.

123. 工匠曰把指

이 항목은 이조어- '바지(匠)>바치'와 같은 말일 것이다. 把는 집운이 補下切[pa]이고 동운이 '바·빠'이며 기타 운서는 '파'이고, 指는 집운이 軫視切[ři]이고 동운·기타가 '지'여서 把指는 '바지~파지'로 읽을 수 있다.

그런데 이것에 걸맞는 비교어휘는 pāṭu(노동일, Dr-ka)·bejer-(기술-일을 하다, Turk)·「fāil(일하는 사람, Turk)-ji(사람접미사)」· bazǧa:n(대장장이의 메 '鎚', O.truk) 등이 있는데, 직접으로 bazǧa:n과 대응될 것이다. 즉 *bazǧān > bazā > pazi > paji(바지)의 변화를 거치고 그 본디 뜻인 '대장장이의 메'에서 그것을 쓰는 사람 즉 '대장장이'의 뜻으로 전이된 것으로 보인다. 전의의 계기는 paji의 발음절 -ji가 '사람접미사'로 흔히 쓰인 것 때문일 것이다.

따라서 고려어- 把指(工匠)는 '바지'(대장장이)의 표기일 것이며, 그 어원은 bazǧān(대장장이의 메→*대장장이)으로 추정된다.

124. 農曰宰把指

이 항목은 지금은 사어가 된 것으로서 '농사'를 뜻하는 말일 것이다. 宰는 집운이 子亥切[cai]이고 동운·기타가 '직'이며, 把指는 앞항에서 '바지'로 읽었으니 宰把指는 '재바지'로 읽을 수 있을 것이다.

그런데, 이것에 걸맞는 비교어휘는 sāgavaḷi(농사·경작, Dr-ka)·「tari-(밭을 갈다, W.Mo)-pāṭu(노동일, Dr-ka)」·「ziraat(농사, Turk)-pāṭu(노동일, Dr-Ka)」 등이 있는데, 직접으로는 sāgavaḷi와 대응될 것이다. 즉 *sāgavaḷi >sāgibaši > sāibaji > cābaji(재: 바지)의 변화를 거친 것으로 보인다.

따라서 고려어- 宰把指(농사)는 '*재:바지'의 표기인 것이며, 그 어원은 *sāgavaḷi(농사, Dr-ka)로 추정된다.

125. 兵曰軍

이 항목은 한자어로 본 것 같으나, 어쩌면 120. 士曰進처럼 고려측 역관이 무의식중에 향찰표기를 한 것일 개연성도 있다. 옛지명에서 흔히 軍을 '굴:'로 새겼기 때문이다.(예: 軍那縣本屈奈<삼국사기 지리4> : 軍威縣本奴同覓縣<삼국사기 지리1. cf. kul '노예, Truk').

그리고 兵을 軍에 대비한 점으로 보아서 여기의 兵은 병사나 병기를 뜻하는 것이 아니고 '군ᄉ'(軍事)를 뜻할 것이다.

그런데 이것과 걸맞는 비교어휘로는 kuren(군영, Ma)·küriye(군영, W.Mo)·küri-le-(대오 '隊伍'를 짓다. W.Mo)·kur'a(징병, Turk) 등이 있는데, 여기서 알타이 공통기어- *küri(軍)와 대응될 것이다. 즉 *küri > kuri > kūl(굴:)의 변화를 거칠 것으로 추정된다.

126. 僧曰福田

이 항목도 한자어의 차용이 분명하다. 이 말의 본디 뜻은 선행의 결과로서 복덕이 생기는 것을 논에 씨를 뿌려서 수확을 얻는 것에 비유한 말인데, 이것이 중에게 공양하면 복을 받기 때문에 '중'의 뜻으로 전의된 것이다. 불교에선 '부처·불법·중'에 대한 공양을 뜻한다.

그런데 고려 때에 福田을 어찌 발음하였는지 살펴보기로 한다. 福은 집운이 方大切[fu']이고 동운·기타가 '복'이며, 田은 집운이 亭年切[t'yen]이고 동운은 '뗜'이고 기타 운서는 '뎐'이어서 고려어- 福田은 '복뎐'으로 읽힌 것으로 추정된다. 『삼국사기』신라본기에「張保皐-作弓福」에 福을 '복'으로 읽은 것을 확인할 수 있다.

127. 尼曰阿尼(→阿馬)

이 항목은 여자 -중 즉 '아마'의 오기가 틀림없을 것이다. 尼曰阿馬의 馬를 약간 흘려 쓴 것을 尼로 오독한 것으로 보인다. 불교용어에서 여자 -중(=비구니)을 '아니'라고 한 흔적을 찾을 수 없고, 마에마 씨는 신라에 「阿尼典」이란 관청이 있었다는 사실을 지적하고 있으나, 그 관청의 阿尼는 어미(母)를 의미할 뿐이지 비구니를 뜻하지는 않는다.

그런데, 이 阿馬(尼)는 ambă(어머니, 범어)에 소급한다(amba > amma > ama '아마')는 것이 정설이나, 이것은 본디 불교용어는 아니고, bhikehuṇi(비구니, 여승, 범어)인데 자비로움이 어머니와 같다 하여 '어머니'를 뜻하는 말로 대신한 것이다. 처음에는 한역(漢譯) 불전(佛典)에서 阿摩[ama](여자)로 쓰기 시작한 것이나, 가야계어인 ammā(어머니, Dr-Ta). cf. ammā > ama '아마'에서 직접 차용하였을 개연성이 더 크다.

128. 遊子曰浮浪人

이 항목도 한자어로 보이는데, 浮는 동운이 '뿡'이며 기타 운서가 '부'이고 浪은 동운·기타가 '랑'이고 人은 동운, 기타가 '신' 이어서 고려한자음은 '부랑신'으로 읽을 수 있다.

그런데, 표제- 遊子로 보아서 우리나 일본인들의 用字로 보인다. 중국인은 遊자를 거의 안 쓰고 游자를 쓰는 만큼 『계림유사』의 고려어의 채록은 필자가 추정한 대로 우리의 역관들이 채록해서 손목에게 넘겼다는 하나의 방증이 된다. 어떻든 遊子의 뜻은 '떠돌아 다니는 사람'을 뜻하며, 浮浪人의 뜻이 또한 같다. 그런데, 현대어에선 '부랑자(浮浪者)'라고 하면, 한자대로의 뜻과는 달리 사전에서 '핀둥 핀둥 놀면서 난봉짓과 방탕한 생활을 하는 사람'을 뜻한다고 되어 있으나, 전국적으로는 '성질이 고약하여 싸움이나 걸고 다니는 사 람'을 뜻한다. 따라서 후자의 뜻의 '부랑자'는 한자어가 아니고, polam(사악, Dr-Ta)·「vur-(공격하다·치다, Turk)-앙(명사화접사)-者」 등 과 비교될 수 있는 말일 것이다.

129. 丐曰丐剝(→乞剝)

이 항목은 지금은 사어가 된 듯하다. 丐剝의 이조음은 '기박'(cf. 丐 빌개)이니 그와 유사한 우리말이나 우리 주변어는 없고, 좀 비슷한 '것바싀'(=거지, 월석 23-55b)·'것밧지'(=거지, 석상 24-52)와 현대어의 '거렁뱅이/걸뱅이' 등이 있어서 丐剝은 乞剝(cf. 乞 빌 걸)의 오기로 보 고자 한다. 乞은 집운이 欺訖切[k'əi]이고 동운이 '큫'이나 기타-운서 는 '걸'이고, 剝은 집운이 北角切[pau]이고 동운이 '폭·박'이고 기타- 운서가 '박'이어서 *乞剝의 고려음은 '걸박'일 것이다.

그런데 이것과 비교될 만한 것에는 kēḷvike(부탁·요구, Dr-ka. cf. kēḷ '구하다·빌다', Dr-ka)이 있다. 즉 *kēḷvike > kəlβyək > kəlβak-i(사람접 사) > kətβaji(것밧지) > kətβaʒɪ(것바싀)의 변화를 거친 것으로 보이는 데, 이 과정의 kəlβak를 乞剝로 근사치표기한 것으로 보인다.

따라서 고려어- 乞剝(丐=빌다·거지)는 *'걸바기'(거지)의 표기일 것 이며, 그 어원은 kēḷvike(부탁·요구. Dr-ka. cf. kēḷ '구하다·빌다, Dr-ka') 로 추정된다.

방언의 '걸뱅이·거렁뱅이'도 kēlvike에서의 발달형으로 볼 수 있다.
즉 *kēlvike > kəlbyage > kəlbäɲi(걸뱅이) > kəl-('乞'에 유추)-엉(어형
보강소)-bäɲi > kərəŋbäɲi(거렁뱅이)의 변화를 거친 것으로 보인다.

130. 倡(→娼)曰水作

이 항목도 지금은 사어가 되었지마는 『아언각비』의 水尺(官妓의 별
명)에 해당하는 말일 것이다. 그러나 '무수리'(官婢)나 '무자이(汲水者)
와는 다른 말이다. 그러므로 倡은 娼과 통하는 자이기는 하나 倡(cf.
132항)은 娼의 오자로 보아야 할 것이다.

여기서 水는 집운이 數軌切[šuei]이고 동운이 '쉬'이나 기타-운서
는 '슈'이고, 作은 집운이 則各切[ca']/子賀切[ca]이고 동운·기타가
'작/자'이어서 水作은 '슈적~슈자'로 읽을 수 있을 것이다.

그런데 이것은 sūḻe(창녀, Dr-ka)·cūḻai(id, Dr-Ta)와 대응되는 말이
다. 즉 sūḻe(<cūḻai) > syušə > syuɲə > syuɲja('者'에 유추 'jə > ja')의 변화를
거친 것으로 보인다.

따라서 고려어- 水作(창녀)는 '슈자'(창녀)의 표기일 것이며, 이것의
어원은 sūḻe(창녀, Dr-ka)로 추정된다.

'무수리(관비)'는 muhzir(집달리. 윗 뜻을 받아서 일하는 사람.
Turk)이거나 mešgale(종사하는 일, Turk) 등과 비교될 수 있을 것이
나 직접으로 전자와 대응될 것이다. (*muhzir > muzur-i '조음소' >
musuri '무수리'→'관가의 계집종'으로 전의). 그리고 '무자이'는 '水

尺'의 새김이며, 본디 뜻은 관비였으나 '水'자에 끌리어 '물 긷는 계집종'으로 다시 전의된 것으로 볼 수도 있고, 고려시대의 '먹자이(墨尺)'·'갈자이(刀尺)'·'나르자이(津尺)' 등의 '자이'로 미루어서 '물(水)-자이'(>무자이)의 합성어일 개연성이 더 크다.

131. 盜曰婆兒

이 항목도 어두에 탈자(脫字)가 없다면 이조 초에는 이미 사어가 된 말일 것인데, 어쩌면 현대어- '빼앗'-(<*쌔혀-앗-)과 관계가 있지 않을까 하는 생각도 든다.

여기의 婆는 집운이 蒲波切[p'uo]이고 동운이 '빠'이고 기타 운서가 '바·파'이며, 兒는 집운이 如支切[ʒï]이고 동운이 'ᅀᅵ'이며 기타 운서는 'ᅀ'여서 婆兒는 '바스~파스'로 읽을 수 있을 것이다.

그런데 이런 음에 가까운 비교어휘를 찾아보면 basir-la-(빼앗다, W. Mo-유)·vāru (훔치다, Dr-Ta)·bārcu > bācu (빼앗다, Dr-ka)·paṛi (빼앗다, Dr-Ta) 등이 있는데, 여기서 뜻이 꼭 들어맞는 vāru와 직접 대응될 것이다. 즉 *vāru > bāʒu > pāʒï (바:스)의 변화를 거친 것으로 보인다. 그러나 고구려나 전기백제의 지배층이 몽고계인 점을 감안하여 '빼았다'에서 '훔치다'로 전의된 것을 전제로 basir-la-와 대응시킬 수도 있을 것이다. 즉 basir (-la- '동사화접사') > paʒir- > paʒï (바스)의 변화를 거친 것으로도 볼 수 있다.

따라서 고려어- 婆兒(도둑·훔치다)는 '바스'의 표기일 것이며, 그 어원은 vāru (훔치다, Dr-Ta)나 basir-la-(빼앗다, W.Mo-유)로 추정된다.

『고려조어연구논문집』(2003. 진태하편) P.296에서 안병호 북경대 교수가 몽고어의 podʒar과 비교하고 있는데, 가능성이 있으나 그 말의 출처가 확실하지 않은 흠이 있다.

132. 倡人之子曰故作

이 항목의 '倡人之子'의 뜻부터 규정해야 하겠다. 여기의 倡은 '광대 챵'자로서 옛날에 '풍류인-연극·음악·노래·춤으로 생업을 삼는 사람'을 가리키는 말이어서 창녀까지를 포괄해 쓰다가 보니 倡이 娼과 통하는 글자가 되었으나, 그렇다고 종래의 연구처럼 '광대의 아들(倡人之子)'을 '고쟈'(=양성인이거나 기세된 남자)라고 본 것은 분명히 잘못된 것이다. 그러므로 "광대의 새끼는 광대(-된다)"라는 속담이 지금도 맞는 말인데(cf. 다음의 133항의 주에 '多倡人子爲之'), 여기의 '고쟈'가 '광대'와 유사한 말이 아닐까 한다.

그런데 마침 köjim(음악, W.Mo)·küːg(노래, O.Turk)·kügjim(풍류, W.Mo-유)가 있고, Kögjim은 「kög(노래) -ji-(동사화접사, W.Mo) -m(명사화접사)」의 합성어로서 '노래'라는 명사에서 새로운 명-'풍류·음악'을 뜻하게 된 것으로 보이는데, 거기의 -ji가 흔히 알타이어에서 '사람접미사'로 쓰이는 데서 말음 -m을 생략하고, kögji만으로 '음악인·풍류인'의 뜻으로 쓰게 되고, 그것이 *köji > kohjyə > kōjə > kōja (고쟈. cf. 이조 초기의 'ㅈ'은 [ts=c]였으므로 '쟈'는 cya÷ča/ja)의 변화를 거친 것으로 볼 수 있다.

그리고 故는 집운이 古慕切[ku]이고 동운·기타가 '고'이며, 作은 이미 앞의 130. 倡曰水作항에서 '작·자'로 본 바 있어서 故作은 '고자~고작'으로 읽을 수 있다.

따라서 고려어- 故作(광대의 자식)은 '고쟈'(=풍류인·음악인)의 근사 치표기일 것이며, 그 어원은 *kögjim(음악·풍류, W.Mo)으로 추정된다. 한편 이 어원을 「küːg(노래)-ji(사람접사)」의 합성어가 *küːg-ji > köhji > kojyə > kōjə > kōja(고쟈)로 변하고, 그 본디 뜻인 '음악인'에서 '풍류인'으로 의미가 확대된 것으로 보아도 무방하다.

> **참고**
>
> 여기의 "광대 새끼는 광대(-가 된다)"와 같은 표현은 "광대 새끼를 '고쟈'라고 일컫는다는 것이 아니어서, 이런 표현은 고려사회의 제도·관습까지 잘 아는 사람이 아니고는 할 수 없는 것이다. 따라서 여기서도『계림유사』는 고려인의 손으로 채록된 문헌임이 확인된다. 그리고 '고쟈'(宦)은 köse(양성인· 턱수염이 없는, Turk. cf. *köse > koso > kozi > kozyə ≒ kojə > koja'고쟈')와 대응된다.

133. 樂工曰亦故作 多倡人子爲之

이 항목은 앞 항목인 132. 倡人之曰故作의 고찰로, 樂工(음악인)을 '고쟈'라고 일컬은 사실이 들어 있다. 따라서 이 항목만으로 앞 항목을 겸할 수 있어서 세주의 '多倡人子爲之'는 뒷날에 첨기임이 분명하다. 그렇지 않다면 132항목은 불필요한 것이 되고 만다.

134. 稱我曰能 奴台切

이 항목은 '내'('나'의 주격)의 표기가 분명하다. 奴台切[nai]이고 能
은 보통은 '능'으로 읽지마는 동운은 물론이고 주해본『천자문』・『자
전석요』・『신옥편』 등에서도 '내'의 음이 보이기 때문이다.

그런데 '나(我)'와 비교될 만한 어휘로는 na(나, O. Jap)・na-('나'의 사
격형, W. Mo. cf. na-da/na-dur '여처격', na-dasa '탈격')・nān(나, Dr-Ta)・
na('나'의 사격형, Dr-koḍ)・nā-('나'의 사격형, Dr-kui・kuwi)・nā(내 '속격'
Dr-pe)・nʹax(자기는・자기에게, Gily) 등이 있는데, 드라비다어의 어근-
nā(나)와 직접 대응될 것이나, 몽고어의 사격형-na와 대응시킬 수
도 있을 것이다.

따라서 고려어- 能[내](我)는 '내'(我의 주격)의 표기일 것이고 그
어원은 드라비다어의 어근- nā(我)로 추정된다.

135. 問你汝誰何曰髏箇(→鏤箇)

이 항목은 진태하 교정본(2003)에 의하면 問汝曰你와 誰何曰髏箇
의 두 항목으로 나뉜다. 먼저 한 항목으로 보면 너는 누구냐고 네게
묻는 말이니 '누가'나 '누고'의 표기일 것인데, 髏는『강희자전』이
나 우리 자전에는 없는 글자이니 아마 鏤자의 오자일 것이다. 鏤는
집운이 郎豆切[lu]이고 婁-형성사와 동운・기타가 '루'이며 箇는 집
운이 居賀切[ko]이고 동운・기타가 '가'이며 가장 보수적인 일본한
자음이 [ko]여서 鏤箇는 두음법칙을 적용해서 '누가~누고'로 읽을
수 있다.

한편, 두 항목으로 나누는 것이 바로 앞의 134. 稱我曰能[내]항으

로 미루어서 옳은 것 같다. 그렇다면 우선 135-① 問汝曰你항의 你 는 집운이 乃里切[ni]이고 우리 운서·자전이 모두 '니'여서 你의 고 려음도 '니'로 읽을 수 있다.

그런데 이것과 걸맞는 비교어휘는 ni(너, Dr-ta·Ma. cf. niṇ, O.Dr-Ta· niṇ, Dr-ka)·ni (너, Gily)·nir (너, Dr-Ta) 등이 있을 것인데, 직접으로는 niṇ/nir > nī (니:)의 변화를 거친 것으로 보인다.

따라서 고려어- 你 (너·汝)는 '니:'의 표기일 것이며, 그 어원은 *nī n/nir (너, O.Dr) > nī (너, Dr-Ta)로 추정된다.

다음에 135-② 誰何曰鏤箇항은 이미 앞에서 말한 바와 같이 *鏤 箇(← 鏤箇)는 '누가~누고'로 읽을 수 있는데, 이것에 걸맞는 비교어 휘는 nu-nd(누구, Gily)·ne (무엇/Ainu)·nē (누구, Dr-kur)·neri/ne (누 구, Dr-Malt) 등이 있는데, 직접으로는 제1, 2인칭 대명사가 드라비 다어와 대응되므로 nē·neri/ne의 드라비다 공통기어- *neri(너)가 *neri > nei > nē > nu (누)-ka/ko (의문형 어미) 변화를 거친 것으로 보 인다. 그런데, 이 변화에서 'nē > nu'와 같이 원순음화한 것이 문제 가 될 수 있다. 음상상으로는 'ē > u'의 변화가 안 되는데, 제2인칭 대명사가 ni와 같이 전설모음이어서 그와 개구도 1도차밖에 없어 서 음색이 그와 거의 비슷한 ē를 피하여 u로 이화작용이 일어난 것 으로 보인다. 길약어의 nu-nd는 우리말과 동계여서 방언형이라고 할 수 있다.

따라서 고려어- *鏤箇(누구냐?)는 '*누가~누고'(누구냐?)의 어느 것 으로도 볼 수 있으나 「처용가」(고려가사)의 "누고 지어 셰니오"로 미 루어 보면 '누고'의 표기로 보고 싶으나, 箇의 국속음이 '가·개·기' 로 만이고 '고'로 나타나는 문헌이 없어서 여기서는 일단 '누가'의 표 기로 보아도 그 어원은 「*neri (너, P.Dr)-ka (의문형어미)」의 합성어로 추정된다.

136. 祖曰漢了秘(→漢丫秘)

이 항목은 이조어- '한아비'(=할아버지·하내비<방언>)와 같은 말일 것이다. 그러므로 了(료)는 丫(아)의 오자가 분명하다. 다음에 이어 나오는 137. 父曰子了秘·138. 母曰了彌·139. 伯叔亦皆曰了査秘· 140. 叔伯母皆曰了子秘 등의 '了'도 모두 '丫'의 오자이다.

여기의 漢은 이미 앞의 1. 天曰漢捺항에서 '한'으로 읽었고 丫는 집운이 於加切[a]이고 동운이 '하'이며 기타 운서가 '아'이고 秘는 집운이 兵媚切[pi]이고 동운·기타가 '비'여서, 漢丫秘의 고려국속음도 '하아비'였을 것이다.

그런데 이것과 걸맞는 비교어휘는 「kana(큰·크다, P. Dr. cf. kaṇa '성도가 크다, Dr-Ta')·kaya ('큰, Dr-Ma' : cf. *kana > hana > han '한'/haya > hā '하:')-appa(아버지, Dr-ka. cf. *appa > apa > abi '아비')」일 것이다.

따라서 고려어- 漢丫秘(한아비·祖 '할아버지')는 '한아비'의 표기인 것이며, 그 어원은 「*kana(큰, P.Dr)-appa(아비, Dr-ka)」의 합성어로 추정된다.

참고

'할아버지'의 접두사 '할:'은 kaṛi ('큰·위대한, Dr, Ta)·hari (존대접사, Dr-Go)와 대응되는 말일 것이다.

137. 父曰子了秘(→丫秘)

이 항목은 바로 앞의 136. 祖曰漢丫秘항에서 언급한 대로, 고려어-
丫秘는 '아비'의 표기일 것이고, 그 어원은 *appa(아버지, Dr-ka. cf.
appu 'id, Dr-Ta')로 추정된다. 다만 본문- 子丫秘의 '子'의 옛음이
cï~ci였을 것이므로 '짓아비(夫)'의 대체표기로 볼 수 있으나 그 뜻이
멀어서 그렇게 보기 어렵고, 바로 뒤의 138. 母曰丫彌항과 대가 되는
말이므로 여기의 '子'는 잘못 끼어든 것으로 보인다. 아마 '了'자를
쓴다는 것이 잘못으로 '子'를 쓰고 다시 了秘를 고쳐 썼는데 이때 잘
못 쓴 '子'를 지우는 것을 잊은 것으로 보인다.

138. 母曰了秘(→丫彌〈민국판〉)

이 항목은 바로 앞의 137. 父曰丫秘항으로 미루어 보아서 丫彌의
오자가 분명하다. 丫는 앞에서 '아'로 읽었고, 彌는 집운이 民卑切
[mi]이고 동운·기타가 '미'여서 丫彌는 '아미'로 읽을 수 있다.

그런데 전항에서 이와 대조적인 '아비'를 드라비다어와 대응시켰
으니 여기서도 ammā(어미, Dr-Ta)가 *ammā > ama > ami(아미)의 변화
를 거친 것으로 보인다. 이밖에도 ama(어미, O.Turk-G)과도 대응시킬
수 있음은 물론이고, 이조어의 '어미'는 ami > əmi의 발달이라기보다
는 전기백제·고구려 지배층의 영향이 큰 지역이므로 eme(어미, W. Mo.
cf. eme[əmə] > əmi '어미')와 대응될 개연성이 크다.

따라서 고려어- 丫彌(어미)는 '아미(母)'의 표기일 것이며, 그 어원
은 *ammā(어미, Dr-Ta)로 추정된다.

139. 伯叔亦皆曰了査秘(→丫査秘)

이 항목도 이조어– ‘아자비’ 계열의 말일 것인데, 丫는 ‘아’의 표기인 것이고, 査는 집운이 莊加切[ča]이고 동운에는 없고 우리 자전에는 모두 ‘사’이고 秘는 136·137항에서 ‘비’로 읽었으니 丫査秘는 ‘아사비’로 읽을 수 있다.

그런데 ‘아자비’와 걸맞는 비교어휘에는 accaṇ(아비, Dr-Ta. Ma)·acca/acci(어미, Dr-Ma)·acci(어미, Dr-ka) 등이 있는데, 직접으로는 accan과 acca/acci의 공통어근– acc(부모 뻘)과 ‘아비’의 합성어와 대응될 것이다. 즉 acc–abi > accabi(아자비)의 변화를 거친 것으로 보인다.

따라서 고려어– 丫査秘(아자비)는 ‘아자비’(伯叔父)의 근사치표기일 것이고, 그 어원은 「*acc(부모뻘, P.Dr)–아비(父)」의 합성어로 추정된다.

140. 叔伯母皆曰了子彌(→丫子彌)

이 항목은 바로 앞의 항목과 대가 되는 ‘아즈미’(=아주머니) 계열의 말일 것인데, 丫는 앞에서 ‘아’로 읽었고, 子는 71. 松曰鮓子南항에서 ‘즈’로 읽었으며, 彌도 앞의 138. 母曰丫彌에서 ‘미’로 읽었으니 丫子彌는 ‘아즈미’로 읽을 수 있다. 그리고 ‘아즈미’의 어원은 이미 바로 앞의 항목에서 드라비다 공통어근– *acc(부모뻘)를 재구하였는데, 그것에 ‘어미’를 합성한 것과 대응될 것이다. 즉 *acc–əmi > acïmi(아즈미)의 변화를 거친 것으로 보인다.

따라서 고려어– 丫子彌(아주머니)는 ‘아즈미’의 표기일 것이며, 그 어원은 「*acc(부모뻘, P.Dr)-어미(母)」의 합성어로 추정된다.

141. 兄曰長官

이 항목은 이조어나 현대어와는 거리가 먼 사이인데, 長은 집운이 仲良切[čʻyaŋ]이고 동운·기타가 '댱'이며, 官은 집운이 古丸切[kuan]이고 동운·기타가 '관'이어서 長官은 '댱관'으로 읽을 수 있다.

그런데 長은 접두사로서 지금도 맏(昆)의 뜻으로 쓰이고 있고(예: 장손·장손녀·장형) '아들'을 뜻하는 말이 '관'과 같은 음상을 가진 것으로는 kübegün(아들, W.Mo)이 있다. 즉 *kübegün > kuwəun > kwən (권)의 변화를 거칠 수 있는데, tyaŋ-kwən은 다시 모음조화로 *tyaŋ-kwən > tyaŋkwan (댱관)의 변화를 거칠 수 있다.

따라서 고려어- 長官 (兄)은 '댱관'(맏아들)의 표기일 것이며, 그 어원은 「*長(맏)-kübegün (아들, W.Mo)」의 합성어로 추정된다.

142. 嫂曰長漢吟

이 항목도 사어로 보이는데, 嫂는 '형수' 즉 '형의 아내'를 뜻하며 '아즈미 > 아주머니'라고 부른다. 여기의 長은 앞의 141. 兄曰長官항에 '댱'(=맏·昆)으로 읽었고, '漢'은 1. 天曰漢捺항에 '한'으로 읽은 바 있으며, 吟은 집운이 魚音切[iəm]이고 동운이 '음'이며 기타·운서는 모두 '음'이어서 長漢音은 '댱한음'으로 읽을 수 있다.

그런데 漢吟[한음]에 걸맞는 비교어휘로는 hanïm(숙녀·부인 - 남의 아내의 존칭, Turk)이 있다. 그러므로 「長(맏)-漢吟(부인)」의 합성어는 '형수'를 높인 말이라고 할 수 있다.

　　따라서 長漢吟(형수)는 '댱하늠'(형수의 존칭)의 표기일 것이며 그 어원은 「長(맏) - hanïm(부인, Turk)」의 합성어로 추정된다.

참고

'하님'(=계집종들이 서로 존대해 부르는 말)이 漢吟(부인)의 후신으로 보는 학자들이 많은데 부인을 뜻하는 말을 하인들이 쓸 수 있는 사회가 아니다. '하님'은 hādim(하인, Turk)과 비교하는 것이 나을 것이다. 즉 *hādim > hayim > hanim(cf. di>ni. 예: keđi '고양이, Turk' > koni-aŋi('고양이, kor')의 변화를 거친 것으로 보는 것이 의미론상으로 합리적이다.

143. 娣曰嬞妹(→娣曰奈奈)

　　이 항목은 오자와 글사의 뜻을 기미한 표기가 곁들어진 것으로 보이며, '누: 나'(姉=娣)의 옛말이 아닐까 한다. 뒤의 146. 妹曰丫慈항이 있는데, 그것과 대가 되는 항목이 따로 없고 (兄의 대가 되는 弟항목도 있다). 嬞자는 자전에 없는 글자이고 '누: 나'는 여성이니 '奈奈'에 女변을 일부러 첨가한 것으로 보인다.

　　그리고 첫음절이 'na-'로 시작되면서 '누: 나'의 뜻을 가진 말을 찾아보면 nanna(누: 나, Ainu-사하린)·nanak / nanaka(id, Gily-G)·nanaga-nt / nank(id, Gily) 등이 보이는데, 여기의 아이누어- nanna는 사할린의 길약어의 차용이 분명하다(cf. sapo/sa '누: 나, Ainu'). 이들 길약-공통어는 *nanaka(누: 나)로 재구되며, *nanaka > nanaha > nanā(奈奈) > nïnā > nūna(누나)의 변화를 거친 고유어로 보인다.

　　따라서 고려어- 嬞嬞(→*奈奈. 누: 나)는 "*나나:'(姉)의 표기일 것이고 (cf. 奈는 집운이 奴箇切[na]이고, 동운·기타가 '나'임), 그 어원은 nanaka

'누: 나, Gily'로 추정되며, 이것은 현대어- '누: 나'의 소급형이다.

144. 男子曰少喃 音眇南

이 항목은 '<나히'(男子)와 관계가 있는 말일 것이며, 沙는 師加切 [sa]이고 동운·기타가 '사'이며, 喃은 尼感切[nam]이고 동운·기타 가 '남'이어서 沙喃은 '사남'으로 읽을 수 있을 것이다.

그런데 이와 유사한 비교어휘를 찾아보면 caṇnam(남근, Dr-Ta)이 있다. 즉 *caṇnam > canam > sanam(사남)의 변화를 거치고 그 본디 뜻인 '남근·좆'에서 '남자'의 뜻으로 전의된 것이다. 그리고 여기의 sanam에서 *sanam > sana > san > sʌn(손)의 변화를 거친 것이다.

따라서 고려어- 沙喃(남자)는 '*사남'(=남자)의 표기일 것이며, 그 어원은 *caṇnam(남근→*남자, Dr-Ta)로 추정된다.

145. 弟曰了兒(→丫兒)

이 항목은 이조어- '아ᅀᅵ'(弟)의 소급형일 것이다. 丫는 이미 '아'로 읽어 왔고, 兒는 131. 盜曰婆兒항에서 'ᅀᅳ'로 읽은 바 있어서 丫兒는 '아ᅀᅳ'로 읽을 수 있을 것이다.

그런데 이것과 음상이 유사한 비교어휘는 ācu(작은 것, Dr-Ta)·āz (작은, O.Turk)·ask(아우, Gily) 등이 있는데, 직접으로 ā와 대응될 것이 다. 즉 *āz > azï(아ᅀᅳ)의 변화를 거치고, 그 본디 뜻인 '작은→작은 것' 에서 '아우'의 뜻으로 전의된 것으로 보인다.

따라서 고려어- 丫兒(아우)는 '아ᅀᅳ'의 표기일 것이고, 그 어원은 *āz(작은, O.Turk)로 추정된다.

> 참고
>
> ācu와 대응시켜도 무방하다(*ācu > ajï > aӡï '아ᅎ' : 작은 것→*아우).

146. 妹曰了慈(→丫慈)

이 항목도 전항과 같은 말일 것이다. 『훈몽자회』에서 妹를 '아ᅀᆞ-누의'라고 하였기 때문이다. 즉 '아우-누이'에서 '누이'를 생략한 약칭으로 보인다. 丫는 '아'이고 慈는 牆之切[c'ï]이고 동운이 '쯔'이며 기타 운서가 'ᅎ'여서 丫慈는 '아ᅎ'로 읽을 수 있다.

그런데 위에서 말한 바와 같이 '아우'의 뜻이니 āz(작은, O.Turk)와 대응되는 말이라고 믿어지나, 丫兒(남동생) 대신 丫慈오 다른 글자를 의도적으로 쓴 것으로 보면 차라리 '아ᅀᆞ누의'의 약칭이 아니라, 기원을 달리하는 ācu(작은 것, Dr-Ta)와 직접 대응시켜야 옳지 않을까 한다. 그렇게 보면, '작은 것'에서 직접 '누이동생'의 뜻으로 전의된 것이 된다.

따라서 고려어- 丫慈(누이동생)는 '*아ᅎ'의 표기일 것이며, 그 어원은 *ācu(작은 것, Dr-Ta)로 추정된다.

> 참고
>
> '누의 > 누이는 numpi(노이동생, Dr-Ta)와 대응된다.
> (*numpi > nubi '누비' > nuhi > nui '누이'/nuI '누의').

147. 女子曰漢吟

이 항목도 이미 사어가 된 말인데, 이미 142. 嫂曰長官항에서 漢吟을 hanïm(부인·숙녀, Turk)과 대응되는 것으로 보았다. 따라서 이 항목의 표제- 女子曰漢吟의 '女子'는 '女子尊稱'의 뜻으로 보아야 할 것이다.

따라서 고려어- 漢吟(숙녀)은 '한음'(숙녀)의 표기일 것이며, 그 어원은 hanïm(숙녀, Turk)으로 추정된다.

148. 自稱其夫曰沙會 〈순치판 소재〉

이 항목은 본고의 대본인 고금도서본엔 누락된 것으로 보인다. 이 말은 이조어- '사회'와 같은 것인데, 지금도 이조 초와 마찬가지로 며느리의 친정쪽에서 자기 딸의 남편이 된 사람을 일컫는 말이다. 그런데 표제어를 보면, 自稱其夫라고 하였으니 '자기 남편'을 사회라고 일컬은 것으로 되어 있어서 표제가 잘못된 것인지 의미에 조금 차이가 있는 것인지 확실하지 않다. 沙는 앞의 144. 男子曰沙喃항에서 '사'로 읽었고, 會는 집운이 黃外切[xwei]이고 동운이 '횃'이며 기타 운서가 '회'여서 沙會는 '사회'로 읽을 수 있다.

그런데 '사회'와 대응될 만한 비교어휘에는 seyis(사위, Turk)·sahip(주인·소유주, Turk) 등이 있는데, 매혼(買婚)시대에는 '딸의 주인'이 사위였으니까 직접으로는 sahip과 대응될 것이다. 즉 *sahip > sahiw > sahö(사회) > saü(사위)의 변화를 거친 것으로 보인다.

따라서 고려어- 沙會(사위)는 '사회'의 표기일 것이며, 이것의 어원은 *sahip(주인·소유주, Turk)으로 추정된다. 그러나 '사회'의 속뜻은

'딸의 주인, 즉 자기의 남편'의 뜻이지 지금처럼 '딸의 부모가 딸의 남편을 칭하는 말'은 아니었던 것 같다.

149. 妻亦曰漢吟〈순치판 소재〉

이 항목도 고금도서본에는 누락된 것으로 보인다. 표제에 '妻亦曰…'처럼 亦자를 첨가한 것으로 미루어 보아서 147. 女子曰漢吟항을 전제로 한 항목임을 알 수 있어서 이것과 짝이 되는 148. 自稱其夫曰沙會와 더불어 표제어로 추가한 것이다. 여기서도 漢吟은 '한음'으로 읽어야 할 것이다.

그런데 이것은 hanïm(숙녀·부인, Turk)와 대응되는 말이다. 따라서 漢吟(아내)은 '*한음'(=부인)의 표기일 것이며 그 어원은 *hanïm(부인·숙녀, Turk)으로 추정된다.

150. 自稱其妻曰細婢 亦曰陟臂(→ 陡臂→*徒臂)

이 항목은 148. 自稱其夫曰沙會항과 짝을 이루는 말인데, 細婢는 그 본디 뜻이 '하녀(下女)'이나 우리말에선 '아내가 남편에 대하여 스스로를 낮추어 가리키는 말'로 쓰이고 있어서, 꼭 한자어라고 하기에는 너무 비하되었고, 세주에 徒臂[*스비 > 스비]가 있어서 한자어가 아님을 시사하고 있다([주의] 陟臂가 뒷날의 사신이 첨가한 것이면, [čyəpi]의 표기여서 '妾-이'의 불확실한 표기로 볼 수 있음직하나, 본처가 자기를 '첩'이라고 칭하는 경우는 없다). 그러므로 이것을 취음어로 보고 zevje(아내, Turk)와 대응시키고자 한다. 즉 *zevje > sebye > sebi (≒ 細婢[syepi])의 변화를 거친 것으로 보인다.

따라서 고려어- 細婢(자기의 아내)는 '세비'(=아내)의 표기일 것이며, 그 어원은 *zevje(아내, Turk)로 추정된다.

151. 男子(=男之子)曰了姐(→丫姐) 亦曰同婆記

이 항목의 표제- 男子는 중국어의 뜻인 '사내 아이'의 뜻이지, 우리말처럼 '사나이(男)'를 뜻하지 않는다(여기서도 각 어항을 표시하는 한자표제어는 중국식 한자어임을 알 수 있어서 손목이 어휘- 항목을 적어서 고려의 역관에게 건넨 것을 역관이 우리 한자음으로 우리말을 적어 답한 것으로 보이는 한 예가 되겠다). 그리고 이것은 이조어 '아들'의 소급형일 것이다. 丫는 '아'로 일고, 姐은 집운이 當割切[ta³]이고 동운이 '딿'이며 기타, 운서가 '달'이어서 丫姐은 '아달'의 표기일 것이다.

그런데 이것과 비교될 만한 어휘를 찾아보면, 「atï : (혈족의 사내-아이, O.Turk)-을(어형보강소)」의 합성어가 있다. 즉 *atï: -il(어형보강소) > atʌl(아들. cf. a~ï>a~ʌ '모음조화') > atïl(아들)의 변화를 거친 것으로 보인다.

따라서 고려어- 丫姐(아들)은 '아들'(=사내 자식)의 근사치표기일 것이고, 그 어원은 「*atï :(혈족의 사내-아이, O.Turk)-을(어형보강소)」의 합성어로 추정된다.

한편 세주에서 '아들'을 同婆記라고 별칭한다고 하였는데, 현대어에서 '동배기'는 벼나 보리 같은 곡식 한 동씩 묶은 것을 모아서 가려 놓은 더미를 뜻하거나, 또래의 사내-아이의 뜻<함남 정평>으로 쓰이는데, 여기의 공통점은 '같은 것의 무리'일 것이며 이 항목에선 후자의 뜻으로 쓰인 것으로 보인다. 그리고 이 어원은 확실하지는 않으나 「同(같은)-baǧa(작은→*작은 것→*작은 남자)」의 합성어일 것이다. 즉 *toŋ-baǧa > toŋbagi (同婆記)의 변화를 거친 것으로 보인다.

　따라서 고려어- 同婆記(사내-아이)는 '동배기'(=또래의 사내아이)의 근사치표기일 것이며, 그 어원은 「*同(같은)-baǧa(작은→*작은 것→작은 아이, W. Mo)」의 합성어로 추정된다.

152. 女兒曰寶姐 亦曰古召曹兒(→古召 ·盲曹兒)
·亦曰古盲兒〈민국본〉

　이 항목은 사어로 보인다. 종래 寶姐를 '똘'의 소급형을 가정하고 寶姐[potal]의 오기로 보아 왔으나 이조 초기의 국어표기체- '똘'은 [stㅓ]의 표기가 아니고 [t'ㅓ]의 표기이다(cf. 강길운「훈민정음과 음운체계」1992. p.174~p.374). 寶는 집운이 補把切[pau]이고 동운이 '봉'이며 기타 운시는 '보'이고 姐는 將豫切[cie]이고 동운·기타가 '져'여서 寶姐는 '보져'로 읽을 수 있을 것이다.

　그런데 寶姐[보져](계집-아이)에 걸맞는 비교어휘는 paḍucu (딸, Dr-Ta)·bačaǧan(계집-아이·딸, W. Mo) 등과 비교될 수 있을 것이나, 직접으로는 bačaǧ무과 대응될 것이다. 즉 *bačaǧan > bačān > pačĭ > počyə (보져)의 변화를 거친 것으로 보인다.

　따라서 고려어- 寶姐(계집-아이)는 '보져'의 표기일 것이며, 그 어원은 *bačaǧan(계집-아이·딸, W. Mo)으로 추정된다.

　한편 세주의 亦曰古召曹兒는 두 개의 동의어 즉 古召[고소]와 盲曹兒[망조스]의 오기로 보이며, 여기의 古召는 kūsu(소녀, Dr-ka, cf. *kūsu > kosu (古 [ku>ko]) > koso (고소))와 대응되고, 盲曹兒는 「magaḷu (딸, Dr-Tu, cf. *magaḷu > magšo > maŋjo-兒)」의 합성어와 대응될 것이며, 명대본의 古盲兒는 후세의 첨기로서 komma (딸, Dr-NK. cf. *komma >

komo-ŋ(어형보강소))와 대응될 것인데 즉 현대어의 '고명-딸'의 '고명'과 같은 말일 것이다.

153. 父呼其子曰了加(→*丫加)

이 항목은 현대어의 '아가'와 같은 것으로 보인다. 了는 丫의 오자로서 '아'로 읽어왔고, 加는 집운이 居牙切[ka]이고 동운·기타도 '가'이어서 丫加는 '아가'로 읽을 수 있을 것이다.

그런데, 이것에 걸맞는 말은 「axarn(아이, Gily)-아(호격토)」의 합성어와 대응될 것이다. 즉 *axarn > akar-a(호격토) > akā(아가ː)의 변화를 거친 고유어일 것이다.

참고

여기의 '아기'를 兒孩[ㅇ히]의 발달로 보는 연구자도 있으나 어중에서 '히>기(>기)'의 발달은 거의 불가능하다.

따라서 고려어- 丫加(아가)는 '아가'(='아이'의 호격)의 표기일 것이며, 그 어원은 「*axarn(아이, Gily) > -a(호격토)」의 합성어로 추정된다.

154. 孫曰了寸了姐(→丫寸丫姐)

이 항목의 丫寸은 이조 초기어- '아촌'(=손아랫 사람임을 나타내는 말. 예: 姪아촌 아돌 딜, 유합 上20)의 소급형일 것이다.

丫는 이미 '아'로 읽어왔고, 寸은 집운이 村因切[cʼn]이고 동운·기타가 '촌'이며, 姐도 이미 151.男子曰丫姐항에서 '달'로 읽었으니 丫

寸丫姐은 '아촌아달'로 읽을 수 있을 것이다.

그런데 이것과 걸맞는 말을 찾아보면, '아촌'은 ācu(작은 것, Dr-Ta)·ači(손자·조카, W.Mo)·ati(손자·조카, O.Turk)·aček(손아랫사람, Gily-G)·ajigen(어린, Ma) 등이 있는데, 직접으로 알타이 공통기어- *ati(손자·조카)와 대응될 것이다. 즉 *ati-> ač'i-ïn(연체형어미) > ač'in(아촌) > ač'ʌn(아촌)의 변화를 거친 것으로 보인다. 그리고 '아들'은 이미 151. 항에서 「atï : (형족의 사내-아이, O.Turk)-il(어형보강소)」의 합성어로 본 바 있다.

따라서 고려어- 丫寸丫姐(손자)는 '*아촌아들'의 표기일 것이며, 그 어원은 「*ati(손자·조카, P. Altai)-ïn(연체형어미)-아들(=자식)」의 합성어로 추정된다.

155. 舅曰漢了秘(→ 漢丫秘)

이 항목의 舅는 '싀아비·장인·아자비'로 새기고 있으니 바로 손위의 친척을 뜻하나 '한아비'는 136. 祖曰漢丫秘항에서 고찰한 바와 같이 그 어원적 뜻이 '큰 아비·위대한 아비'이므로 할아비뻘 뿐만 아니라 아비뻘 되는 친척도 두루 가리킬 수 있는 말이어서 여기서는 아비뻘 되는 친인척을 가리키는 데 쓰이고 있다. 그리고 漢丫秘는 '한아비'로 읽을 수 있다.

따라서 고려어- 漢丫秘(장인·싀아비·아재비)는 '한아비'의 표기일 것이며, 그 어원은 「*kana(큰·크다, P. Dr. cf. kana 'id, Dr-Ta' : *kana > hana > han '한') - appa(아비, Dr-ka. cf. appa > api > abi '아비')」의 합성어로 추정된다.

156. 姑曰漢了彌(→漢*丫彌)

　이 항목은 앞의 155. 舅曰漢丫秘항의 짝이 되는 것인데, 姑의 뜻
은 '아즈미·할미·싀어미·고모' 등으로 새기고 있으니 바로 손위
즉 어미뻘의 친척을 가리키나, '한아미 > 한어미'는 앞의 항목에서
말한 바와 같이, 그 어원이 '큰 어미·위대한 어미'일 것이므로 어미
뻘은 물론이고 할미뻘이 되는 친척도 일컫는 말이다. 여기의 漢丫
彌는 「漢[한](大·偉大)-丫彌[아미](母)」로 분석될 수 있는데, 이조
초기에는 '어미'라고 하였을 뿐이지 '아미'라고는 하지 않았으며,
국속한자음에 '어'로 발음되는 한자가 없었다면 丫는 '어'를 나타내
는 대체표기로 볼 수 있을 것이나, '語·於' 등의 한자가 있으니 고
려어는 '아미'였다고 보아야 한다(cf. 138 母曰丫彌).

　따라서 고려어- 漢丫彌(싀어미·고모·아주머니)는 '한아미'(=싀어미·고
모)의 표기일 것이며, 그 어원은 「*kana(큰·크다, P. Dr. cf. kana 'id, Dr-
Ta' : *kana > hana > han '한') - ammā (어미, Dr-Ta. cf. ammā > ama > ami '아
미')」의 합성어로 추정된다.

157. 婦曰了寸(→丫氏 또는 丫市)

　이 항목은 이미 사어가 된 것으로 보인다. 婦는 '며느리'를 뜻하는
말인데, 丫는 '아'이고 寸은 154. 孫曰丫寸丫姐항에서 '촌'으로 읽었
으니 丫寸은 '아촌'으로 읽을 수 있으나, 이조 초에는 이런 말이 보이
지 않는다. 그러므로 이와 유사한 형태를 가진 말로 '아씨'밖에는 없
다. 따라서 寸은 氏[씨]의 오자로 보고자 한다. 즉 丫氏는 '아씨'로
읽을 수 있다.

그런데, 이것과 걸맞는 말은 āṭṭi(부인·아내, Dr-Ta)·acca/acci(어미, Dr-Ma)·acci(어미, Dr-a) 등이 있으나 직접으로는 āṭṭi와 대응될 것이다.

따라서 고려어- 丫氏(←丫村, 며느리)는 '*아씨'(젊은 부인)의 표기일 것이며, 그 어원은 *āṭṭi(부인·아내, Dr-Ta)로 추정된다.

158. 母子兄曰訓鬱

이 항목은 '한배의 형'을 뜻하는데, 이것도 이미 사어가 된 말이다. 訓은 집운이 吁運切[xyən]이고 동운이 '우'이며 기타 운서가 '후'이고, 鬱은 집운이 紆物切[iuʔ]이며 동운이 '훓'이고 기타 운서가 '울'이어서 訓鬱은 '훈울'로 읽을 수 있을 것이다.

그런데, 이것과 음성이 비슷하면서 뜻이 같은 비교어휘를 찾아보면 yekeken(~보다 큰, W.Mo)의 합성어를 訓과 대비하고, oǧul(아들, Turk)을 鬱에 대비해야 할 것이다. 즉 *yekeken-oǧul > əkēn-ūl > ïkïn -ūl > xun-ūl(訓鬱)의 변화를 거친 것으로 보인다.

따라서 고려어- 訓鬱(동기의 형)은 '훈울:'(id)의 표기일 것이며 그 어원은 「*yekeken(~보다 큰, W.Mo. cf. ixxen 'id, Mo')-oǧul(아들)」의 합성어로 추정된다.

159. 母子弟曰次鬱(→丫次鬱)

이 항목은 '한배의 아우'를 뜻하는데, 이것도 이미 사어가 된 말이며, 앞의 158. 母子兄曰訓鬱항과 대가 되는 말임을 알 수 있다. 따라서 鬱(=아들)이 공통이고 訓이 '大'를 나타내니 次는 '小'를 나타내는 말이 되어야 하겠는데, '츠(次)'음에 가까우면서 '小'를 뜻하는 말이 우리 주변어에는 없으니 오자나 탈자(脫字)가 있는 것으로 보아야 한다. 그런 비교어휘에 마침 ācu(작은 것, Dr-Ta)가 있어서 이 항목은 丫次[아츠]로 교정한다. 그 대가 되는 訓이 한자어가 아닌데 '次'를 한자어나 새김으로 읽어야 하기 때문이다.

따라서 고려어- 丫次鬱(← 次鬱)은 '아츠-울:'의 표기일 것이며, 그 어원은 「*ācu(작은 것, Dr-Ta)-oğul(아들, Turk)」의 합성어로 추정된다.

160. 姨妗亦皆曰了子彌(→丫子彌)

이 항목의 표제의 뜻은 '이모와 외숙모'이니 시쳇말로는 '아주머니'에 해당하고 이조어의 '아ㅈ미'의 소급형일 것이다. 丫는 '아'로 읽어왔고, 子는 71. 松曰鮓子南항에서 이미 止정 支운자로, 彌는 138. 母曰丫彌항에서 '미'로 각각 읽었으니 丫子彌는 '아지미'로 읽을 수 있을 것이다.

그런데, 이것과 비교될 만한 말에는 acci(어미, Dr-Ta)·accaṇ(아비, Dr-Ta) 등의 어근- acc=(부모뻘, Dr-Ta)와 '어미'(母)의 합성어가 있다. 즉 acc-əmi > acəmi(丫子彌) > acʌmi(아ㅈ미)의 변화를 거친 것으로 보인다.

따라서 고려어- 丫子彌(아주머니)는 '*아저미'(=이모·외숙모)의 대충 표기일 것이며, 이것의 어원은 「*acc=(부모뻘, Dr-Ta)-어미(母)」의 합성어로 추정된다.

161. 頭曰麻帝

이 항목의 이조어는 '마리·머리'인데 표준어에선 사어가 된 것으로 보인다.『훈몽자회』에 '上 마딕샹'<下34>이 보이는데 바로 이것과 관계가 있을 것이고, 옛가야 지역인 김천, 구미 방언 속에서 '산-꼭대기'를 '산-만데 / 산-만데이'라고 하는데, 여기의 '만데/만데이'는 maṇṭai(머리·해골, Dr-Ta)·maṇṭe(id, Dr-ka)와 대응되는 것이 확실하며, '-nt/nd<Dr>>-t/d<kor>'의 변화가 다음과 같이 흔하다.

예)   cuṇṭu '주둥이, Dr-Ta'∞쥬둥이
      dondaḍi '덩어리, Dr-ka'∞노다지
      mundatēŋǧi '무단히, Dr-Ta'∞무단히

그러므로 *maṇṭai > maṇḍe > made(麻帝) > madi > maji > mari(마리) > məri(머리)의 변화를 거친 것으로 보인다.

따라서 고려어- 麻帝(머리 '頭')는 '마데'(머리 '頭')의 표기일 것이고, 그 어원은 maṇṭai(머리 '頭', Dr-Ta)로 추정된다.

참고

麻帝를 '마리'의 소급형-'마디'의 표기로 보는 것은 잘못이다.

162. 髮曰麻帝核試

이 항목의 核은 집운이 柯開切[kai]/下革切[xä']/胡德切[xə']/胡骨切[xuə]이고 동운이 '혁·흘'이고 기타 운서가 '힉·홀'이며 試는 式吏

切[ši]이고 동운·기타가 '시'인데, 가장 보수적인 일본 한자음의 核의 성모가 모두 [k]이고 『삼국사기』나 『삼국유사』에 현대한자음의 초성 'ㅎ'의 한자음 대비에서 대개 'ㄱ'에 대응시키고 있다.

예) 杞溪縣本芼兮縣一云鷄雞<삼사> 八谿縣本草八兮縣<삼사>
     骨正一作忽爭<삼사>   召忽鳥 죠콜셤<용가58>
     高句麗郡縣多稱忽[골:]<승람-개성 연혁>
     葛草縣一云何老<삼사>   理洪一作恭<유사금>

그러므로 核試는 '곅시, 격시~골시'로 읽을 수 있을 것이다. 그리고 '머리·머리털'은 방언의 '머리ㄲ시'(cf. 숨박꼭질에서 "꼭꼭 숨어라 머리카락 보인다"는 말을 함남-정편에선 "머리ㄲ시 보인다"고 함)라는 말의 표기가 아닐까 한다. 마침 이 'ㄲ시'는 kïl(머리털, Turk. cf. *kïl > kïš-i '조음소' > k'ïsi 'ㄲ시')과 대응된다. 그리고 '머리털'을 방언에서 '머리칼'(cf. 사전에선 머리털의 낱개로 풀이함)·'머리ㄲ뎅이(~꺼딩이·~꺼디·~꺼지)'라고도 하는데, 여기의 '칼'은 kïl(머리털, Turk, cf. kïl > kəl[i > ə의 변화는 '머리' 'ə'에 동화] > kʌl > kal > k'al '칼')과 대응될 것이고, 'ㄲ뎅이·꺼딩이·꺼디·꺼지'는 ŋavřki(털, Gily)와 대응되는 고유어일 것이다. 이것은 방언의 '거:웃·거부지·불곳(음모 '陰毛')'과도 대응된다. 즉 *ŋavřki > kabïti(-rk>-t. 예: türk '돗자리, Gily' ∞ 돋 'id', korkř '띠, Gily' ∞ 고도-쇠, ïrk '밤, Gily-G' ∞ 어듭-'暗') > kəbïči(거부지) > kəwuč (거:웃) > kōč (곳) ; *ŋavřki > kabïti > kəti > k'əti(꺼디) > k ə́či(꺼지) : kəti-ŋi ('어형보강소' 꺼딩이) > k'ïteŋi(ㄲ뎅이)의 변화를 거친 것으로 보인다. 한편, '*ㄲ시'도 *ŋarřki > kabïti > kəti > k'ïsi(ㄲ시)의 변화를 거친 것으로도 볼 수 있다.

그런데, 核試의 독음(讀音)의 '겍시~격시'는 '거시'에 가깝고 '골시'는 'ㄹ'변측을 고려하면, '고시'에 가까운데 核의 현대음이 '핵'임을 감안하면 본항목은 '겍시(>격시>거시)'의 표음으로 보이고, 麻帝는 앞의 161. 頭曰麻帝항에서 '마데'로 읽었다. 그러므로 고려한자음-麻帝核試는 '마데겍시~마데격시'로 읽을 수 있다.

따라서 고려어- 麻帝核試(머리털)은 「마데(*頭)-끄시(=머리털)」의 근사치표기일 것이며, 그 어원은 「*maṇṭai(머리 '頭', Dr-Ta. cf. 161항)-kïl(머리털, Turk)」의 합성어로 추정된다.

163. 面曰捺翅 cf. 㮈翅〈순치판〉

이 항목은 이조어- '낯'의 소급형의 표기로 보인다. 따라서 순치판의 㮈은 奈의 속자로서 捺의 오기로 보인다. 捺는 乃曷切[na']이고 동운·기타가 '날'이며, 翅는 施智切[c'ï]이고 동운·기타가 '시'여서 捺翅는 '날시'로 읽을 수 있으나 앞의 100. 皮曰渴翅항에서 언급한 음역자의 습관적 표기로 보면 '나시→나치'로도 읽을 수 있을 것이다.

그런데, 이 말에 걸맞는 비교어휘를 찾아보면, nota(낯, Ainu)·netf(낯, Gily)·yüz(<nüz 낯, Turk)·niğur(낯, W. Mo) 등과 비교될 수 있을 것이나, 직접으로는 nata와 대응될 것이다. 즉 *nota>noto>noti>nəč'i(≒捺翅) n∧č'(낯)>nač(낯)의 변화를 거친 것으로 보인다.

따라서 고려어- 捺翅(낯)은 '너치'(=낯)의 근사치표기일 것이며, 그 어원은 *nota(낯, Ainu)로 추정된다. 그리고 동계어인 netf[nətf]로 미루어서 㮈翅는 '너치'의 표기가 확실하다.

164. 眉曰疎步

이 항목은 '눈썹의 섭'의 소급형일 것이다. 疎는 疏의 속자이며 집운이 山於切[ŝu]이고 동운·기타가 '소'이며, 步는 집운이 薄故切[puə]이고 동운이 '뽀'이고 기타 운서가 '보'여서 疎步는 '소보'로 읽을 수 있을 것이다.

그런데 '눈썹'은 「눈(眼)-ㅅ(사잇소리)-섭(털'毛')」의 합성어일 것이며, 그러므로 '섭'은 sof(털, Turk)와 대응될 것이다. 즉 *sof > sop > səp(섭)의 변화일 것이다. 그런데, 우리말에서의 차용으로 믿어지는 solmi-n(눈썹, Ma)이 있어서 우리말과 solmi의 공통기어- *solbi(눈썹)이 *solbi > sobï(≒疎步) > səbï > səp(섭)의 변화를 거친 것으로도 볼 수 있다.

따라서 고려어- 疎步(눈썹)은 "*숍~소브(眉)'거나 "*섭~서브(眉)'의 근사치표기일 것이며, 그 어원은 우리말의 소급형- *solbi(눈썹)이거나, '눈∧숍=눈의 털의 약체- 숍'은 sof(털, Turk)로 추정된다.

165. 眼曰嫩

이 항목은 이조어와 같은 '눈'의 표기로 보인다. 嫩은 집운이 奴因切[nuən]이고 동운·기타가 '눈'이어서 嫩은 '눈'으로 읽을 수 있다.

그런데, 이 말은 nuɲi(응시하다, Dr-Ta)·num(둥근 것, Ainu)·uyun (<*unun. 눈 pl. Turk)·nidün (눈, W.Mo)·nyunü-/nyuni-/nünü-(보다, Gily-G) 등과 비교될 수 있을 것인데, 직접으로는 nuɲi나 nidün와 대응될 것이다. 즉 *nuɲi > nun(눈) : nidün > niyun > nyun > nun(눈)의 변화를 거친 것으로 보인다. 전자는 '응시하다→눈'의 전의를 전제로 하였고,

후자는 [-idü- > -iyu > -yu- > -u]의 변화에서 u가 장모음이라면 변화가 가능하고 '눈'(거성)이 장음절이 아니어서 좀 문제가 있다. 그러므로 여기서는 전자와 직접 대응시켜 둔다.

따라서 고려어- 嫩(眼·눈)은 '눈'의 표기일 것이며, 그 어원은 *nuɲi(응시하다, Dr-Ta)에서 '눈'의 뜻으로 전의된 것으로 추정된다.

166. 耳曰愧

이 항목은 이조어- '귀'의 소급형일 것이다. 愧는 집운이 基位切[k'uei]이고, 동운이 '귀'이며 기타 운서가 '괴'이지만 가장 보수적인 일본 한자음이 [ki]이어서 愧의 고려음은 '귀'일 것이다.

그런데 비교어휘가 kuṟai(귀, Dr-Ta)·kivi(귀, Dr-ka)·kulkak(귀, O. Turk)·kulak(id, Turk)·gûš(<*kül. id, Turk) 등과 비교될 수 있는데, 직접으로는 통일신라의 지배층어가 터키계의 *kul이므로 kulkak와 대응될 것이다. 즉 *kulkak>kul-ak(-ak '어형보강소') > kul-i(조음소) > kü(귀)[cf. gûš의 소급형-kûl과 비교해도 마찬가지임]. 그러나 음운론상으로는 kivi와 더 잘 대응이 된다(*kivi > kiwi > kwi > kü '귀').

따라서 고려어- 愧(귀·耳)는 '귀'의 표기이거나 '귀'의 근사치표기일 것이며, 그 어원은 지명의 비교상으로는 터키계와 대응될 것이나(*kulkak > kulak > kul-i '조음소' : -ak '어형보강소' > kuri > kü '귀'), 음운론상으로는 드라비다어의 kivi와 더 잘 대응된다.(*kivi > kiwi > kwi > kü '귀').

167. 口曰邑

이 항목도 이조어-'입(口)'의 소급형일 것이다. 邑은 집운이 乙及切[iəʔ]이고 동운이 '흡'이고 기타 운서가 '읍'이며, 가장 보수적인 일본 한자음이 [ip](イフ)여서 邑의 고려음은 '입'으로 읽어야 할 것 같다.

그런데, 이것에 걸맞는 비교어휘는 apa(집 입구, Ainu)·ipe(먹다, Ainu)·iv-(먹다, Gily-G) 등이 있는데, 직접으로는 ipe와 대응될 것이다. 즉 *ipe > ip(입)의 변화를 거치고, 그 본디 뜻인 '먹다'에 '먹는 곳→입'의 뜻으로 전의된 것으로 보인다. 물론 '집의 입구'를 뜻하는 apa에서 *apa > ipa > ipə > ip (입)의 변화를 생각할 수도 있을 것이다.

따라서 고려어- 邑(입·口)는 '입'의 근사치표기일 것이고, 그 어원은 *ipe (먹다, Ainu)로 추정된다.

168. 齒曰你

이 항목도 이조어-'니'(齒)와 같은 말일 것이다. 你는 집운이 乃里切[ni]이고 우리 자전은 모두 '니'여서 你는 '니'로 읽을 수 있을 것이다.

그런데, 이것에 걸맞는 비교어휘는 nïgzr (이, Gily-G, cf. nïĝs 'id, Gily-R')·nimak (이, Ainu)·nedi (잇몸, Dr-ka) 등이 있는데, 직접으로는 nimak 대응될 것이다. 즉 nimak을 「ni(이)-mak(속)」의 합성어로 오분석하고 '이-속→이'의 전의가 있었거나, 「ni(이)-mak(명사형어미 또는 부정법(不定法)어미, Turk)」처럼 통속 어원으로 해석하고 ni(이)를 분리한 것으로 보인다.

따라서 고려어- 你(이·齒)는 '니'의 표기일 것이며, 그 어원은 nimak (이, Ainu)를 ni-mak으로 오분석한 것으로 추정된다.

> **참고**
>
> nïgzr / nïğs와 대응시켜 고유어로 봄직도 하지마는 그 어근 nï가 ni 로 변할 만한 환경이 아니므로 옳지 못한 비교가 된다.

169. 舌曰蝎

이 항목은 단일어로서는 사어가 된 것으로 보인다. 蝎는 집운이 何葛切[xaʔ]이고 동운이 '헳'이고 기타 운서가 '갈'이며, 일본 한자 음이 kal>kacu(カツ)여서 葛의 고려음은 '갈~걸'로 읽을 수 있을 것 이다.

그런데, 이것은 그 음상으로 보아서 kele(혀, W.Mo)와 대응될 것이 다. 즉 *kele[kələ] > kəl(걸)의 변화를 거친 것으로 보인다. 이조어의 '긑-(=말하다)'도 그 어원은 kele(혀)를 동사화한 것으로 보인다.

따라서 고려어- 蝎(혀·舌)는 *'걸(>긑)'의 표기일 것이며, 그 어원은 *kele(혀, W.Mo)로 추정된다.

170. 面美曰捺翅朝勳. cf. 桛翅朝勳

이 항목은 얼른 보기에도 '늧이 둏은'의 소급형 표기일 것이다. 다 음 항목에 171. 面醜曰捺翅沒朝勳이 있어서 이것의 대가 되는데, 과 연 '얼굴이 아름답다·잘생겼다'는 표제의 우리말이 고려시대라고 달라서 '낯이 좋다'였을까 의심스럽다. '낯이 좋다'는 현대어에선 '얼

굴이 건강해 보인다'의 뜻이다. 어떻든 捼翅은 이미 163.항에서 '날
시→너시'로 읽을 수 있었고, 이것은 고려어- '너치'(=맟 ·面)의 근사치
표기로 보았다. 다음에 朝는 집운이 馳遙切[čau]이고 동운이 '됴'이
며 기타 운서가 '됴'이고, 勳은 許云切[hiuən]이며, 동운·기타가 '훈'
이어서 朝勳은 '됴훈'으로 읽을 수 있을 것이다.

그런데, 이것과 걸맞는 비교어휘는 tayyïp(좋은, Turk)인데, 이것이
*tayyïp > täyuh > töyoh > tyoh(됴)의 변화를 거친 것으로 보인다.

따라서 고려어- 捼翅朝勳(낯이 아름답다)는 "*너치 됴은'의 근사치
표기일 것이며, 그 어원은 「*nota (얼굴, Ainu) - tayyïp (좋은, Turk)」의
합성어로 추정된다.

171. 面醜曰捼翅沒朝勳. cf. 桵翅沒朝勳 ＜순치판＞

이 항목은 바로 앞의 170.面美曰捼翅朝勳항의 대가 되는 부정어인
데, 이조어나 현대어 같으면 "몯됴은"이 아니고 "아니 됴은"으로 표
현해야 할 잘못된 부정문일 뿐만 아니라 바로 앞의 항목에서도 말한
바와 같이 이 표현은 "얼굴이 건강해 보이지 않는다"는 뜻이지 "얼
굴이 추하다, 못생겼다"는 뜻은 아니다. 그리고 沒은 집운이 莫勃切
[muə²]이고 동운·기타가 '몰'이지만, 『계림유사』에서 대부분은 '물'
에 대체표기하고, '몯(>못)'과 '뭇-(束)'의 표기에 쓰이였다(cf. 29.二十
日成沒항).

그런데, 여기의 부정사(不定辭) '몯'은 '불가능하다·되지 않는다·
금지한다'의 뜻이어서 동사와 호응하는 것이 원칙인데 간혹 장형 부
정문에서 '아니'의 뜻으로 쓰이는 일이 있다. 예를 들면, "그 비행기
는 빠르지 않다→~빠르지 못하다"처럼 쓰이기도 하나 이것은 어디까

지나 오용이다. 즉 여기처럼 형용사에 얹힌 '몯>못'은 오용이다. 그러므로 여기의 沒朝勳의 沒은 安이나 阿尼로 적었어야 할 것이다.

그런데, '몯>못'(不定辭·부정부사)은 matu(못, Dr-Ta)와 대응될 것이다. 즉 *matu>motu>mot(몯→못)의 변화를 거친 것으로 보인다.

따라서 고려어ー 捺翅沒朝勳(面醜)은 "*너치 몯 둏은"의 표기일 것이며, 여기의 '몯(沒)'의 어원은 matu(몯>못, Dr-Ta)로 추정된다.

172. 心曰心 音尋

이 항목은 한자어 차용으로 되어 있으나, 이조어가 'ᄆᆞ솜>ᄆᆞ음'이고 현대어는 '마음'이다. 『조선관역어』에는 心墨怎[mɯ-cəm]으로 표기되어 있으나 이것은 'ᄆᆞ솜'의 유사음이 분명하다.

그런데, 'ᄆᆞ솜 > ᄆᆞ음 >마음(心)'에 걸맞는 비교어휘는 majilen(마음, Ma)·mārvam(가슴, Dr-Ta)·mārvvu(가슴, Dr-Ma) 등과 비교될 수 있는데, maji-len은 우리말의 차용으로 보이므로 mārvam과 대응될 것이다. 즉 *mārvam>māram>maʒam>mʌʒʌm(ᄆᆞ솜)>maʌm(ᄆᆞ음)>maïm(마음)의 변화를 거치고 그 본디 뜻이 '가슴'이란 말과 동의충돌하면서 환유법(외연→내포)에 의해서 '마음'의 뜻으로 전의된 것으로 추정된다.

173. 身曰門

이 항목은 '몸'과 관계가 있는 것으로 보인다. 門은 집운이 謨奔切[mən]이고, 동운이 '몬'이고 기타 운서가 '문'이며, 일본한자음이 mon(モン)이어서 門의 고려음은 '몬>문'으로 읽을 수 있을 것이다.

그런데, 이것과 비교됨직한 어휘는 mēni(신체, Dr-Ta)·mēnu(id, Dr-Te)·beyen(id, W.Mo)·beye(id, Ma)·beden(id, Turk) 등이 있는데 직접으로는 mēni·mēnu의 드라비다 공통기어- mēnu(몸)와 대응될 것이다. 즉 *mēnu > mönu > momu(cf. nu > mu. 예: 누리 > 무뤼('雹') > mom(몸)의 변화를 거친 것으로 보인다.

따라서 고려어- 門(몸·身)은 '몸'의 근사치표기일 것이며, 그 어원은 *mēnu(몸, P.Dr)로 추정된다.

174. 胸曰軻(→軻心)

이 항목은 軻는 집운이 丘何切[kʼa]이고 동운이 '카'이고 기타 운서가 '가'이고, '가슴'을 뜻하는 우리 주변어로서 첫음절이 '가'에 가까운 말을 찾아보면, kerseng(가슴, W.Mo)·kasa(가슴, Turk)·katčam(마음, Ainu)·ŋašïf(가슴, Gily) 등이 있을 뿐이지 단음절어는 보이지 않으므로 '가슴'의 소급형의 둘째 음절의 표기가 탈자(脫字)된 것으로 보아야 할 것이고, 그렇다면 '가슴 > 가슴'의 둘째 음절에 가까운 한자는 心[sim]으로 보아도 될 것이고, 그것은 음운상으로는 katčam과 비교될 수 있을 것이다. 즉 *katčam > kačïm > kasïm(=軻心) > kasʌm(가슴) > kaʒʌm(가슴) / kasïm(가슴)의 변화를 거치고, 그 본디 뜻이 '마음'과 동의충돌로 인하여 환유법(내포→외연)으로 '가슴'의 뜻으로 전의된 것으로 보인다. 한편, 의미상으로 보면 kerseng·kasa·ŋašïf 등의 알타이 공통기어- *karsəng과 비교해 볼 수도 있을 것이다. 즉 *karsəng > kasəŋ > kasʌm(가슴, -ŋ > -m '명사화접사' 예: duğuilang '동그라미, W.Mo' ∞ 동그라미, jobalang '격정, W.Mo' ∞ 조바심 '격정→불안한 느낌') > kasïm(가슴)의 변화를 거친 것으로 보인다.

따라서 고려어— 軻(→軻心. 가슴)은 '가슴'의 표기일 것이며, 그 어원은 katčam(마음→가슴, Ainu) 또는 *karsəŋ(>kerseŋ · kasa. rktma, P.Altai)으로 추정된다.

175. 背曰腿馬木(→腿馬來) cf. 腿馬末〈순치본〉

이 항목도 사어가 된 것으로 보인다. 腿는 집운이 吐猥切[t'uai]이고 동운과 기타 운서가 모두 '퇴'이고, 馬는 집운이 母下切[ma]이고 동운·기타가 모두 '마'이며 木은 집운이 莫木切[muʔ]이고 동운과 기타 운서가 모두 '목'이어서 腿馬木의 고려한자음은 '퇴마목'일 것이다.

그런데 한자 표기— 腿[퇴]로 보아선 '등'과는 관계없는 것 같고, 우리 주변어 가운데서 그 제1음절의 음상이 다소나마 닮은 것은 darama(척주, Ma)·daram(척주, Mo. cf. 문어에 없는 것으로 보아서 이미 사어가 된 듯)와 cuval(등 덜미, Dr-Ta)이 있을 뿐인데, 여기서 *darama >t'irama >t'irama(티라마)의 변화가 가능하고 '척주→등(背)'의 전의도 가능하므로 이것과 대응되는 말로 보자면 순치판에 의해서 腿馬木을 腿羅末의 오기로 보아야 할 것이다.

한편, cuval은 의미면에선 darama보다 더 가까우나 음상(음운결합체)에서 좀 먼 감이 있다. 즉 cuval이 tuval에 소급할 수 있다면 tu>cu의 변화가 가능해야 할 터인데, 흔한 변화는 아니나 다음과 같은 예가 보인다(예: tuppu '침', Dr-Ta ∞ 춤>침, cutu '찌다. Dr-Ta' ∞ 삐->찌-). 그런데 표제어가 腿馬木이어서 *tuval>t'ubal>t'umal-i(조음소)>t'ümari(퇴마리)의 발달형과 대응시키자면 腿馬木의 木을 'ㄹ'로 시작되는 한자의 오자로 보아야 하는데, 마침 순치판에 來에 유사한 末자가 보이니 *腿馬來(등)는 '*퇴마래'로 읽을 수 있을 것이다. 따라

서 고려어- 腿馬來(등)는 '*퇴마리'의 대충표기로 볼 수 있고, 그 어원
은 *tuval(>cuval. 등덜미, Dr-Ta)로 추정되며, '등'을 묻는데 응답자가
'등덜미'를 뜻하는 말로 대답한 것으로 보인다. 한편 腿羅末의 오자
로 보는 경우, '퇴라말'은 '티라마'의 대충표기일 것이며, 그 어원은
darama(척주→등)로 추정되며, 이것도 '등'을 묻는데 응답자가 '척주'
를 뜻하는 말로 대답한 것으로 보인다.

176. 復曰擺

이 항목은 '비 > 배' 소급형일 것이다. 擺는 집운이 部買切[pai]이
고, 동운이 '배·패'이고 기타 운서가 '패'이며, 일본한자음이 [hai·
he]이므로 擺의 고려한자음은 '배'로 읽을 수 있을 것이다.

그런데, 이것과 비교됨직한 어휘는 pojje(배, Dr-ka)·vayiru(배, Dr-
Ta)·kebeli(배, Turk)·hefeli(배, Ma)·hara(배, Jap) 등이 있는데 직접으
로 *vayiru > bair > pai > pE(비) > pä(배)의 변화를 거친 것으로 보인
다. 그러므로 고려어- 擺(배·腹)는 '배'의 근사치표기일 것이며, 그
어원은 vayiru(배, Dr-Ta)로 추정된다.

177. 手曰遜

이 항목은 '손'의 표기로 보인다. 遜은 집운이 蘇因切[suən]이고
동운이 '손'이고 기타 운서도 '손'이고 일본식 한자음도 [son]이어서
遜의 고려한자음도 '손'일 것이다. 그런데 이것과 비교됨직한 어휘
는 찾아보기 힘들다. 다만 어쩌면 대응될지 모르는 것으로는 sunū
(제조·인공, Turk)·turn(손가락, Gily-G)·čenk(손발, Turk) 등을 들 수 있

는데 이 가운데서도 sunū가 가장 유력하다. 옛날에는 만드는 일은 반드시 손으로 이루어졌고 '성녕'(=제조, 이조어)과의 동의충돌로 말미암아 환유법(목적→수단)으로 '손'의 뜻으로 전의된 것으로 볼 수 있을 것이다.

그러므로 고려어- 遜(手)은 '손'의 표기로 보이는 고유어일 것이나, 어쩌면 sunū(제조 '製造'·인공 '人工', Turk)와 대응될지도 모른다.

178. 足曰潑

이 항목은 '발'의 표기로 보인다. 潑은 집운이 普活切[pʼua~pʼuaʔ]이고 동운이 '뿛'이며 기타 운서가 '블'이고 일본 한자음이 [hacï]이므로 潑의 고려한자음은 '발'일 것이다.

그런데, 이것은 paraure(발·발등, Ainu)·falga(발, Olča)·palga(발, Goldi)·bar-(가다, O.Turk)·pa(발·다리, Turk) 등과 비교될 수 있을 것이나, 직접으로는 paraure와 대응될 것이다. 즉 *paraure > paror > paru > pal(발)의 변화를 거친 것으로 보인다. 따라서 '발'의 어원은 *paraure(발·발등, Ainu)로 추정된다. 따라서 고려어- 潑(足, 발)은 '발'의 표기일 것이며, 그 어원은 *paraure(발·발등, Ainu)로 추정된다.

179. 肥曰骨塩眞(→塩骨眞) 亦塩骨易成

이 항목은 이조어와 다른 말이다. 塩은 집운이 余廉切[iam]이고 동운과 기타 운서는 모두 '염'이어서 고려한자음도 '염'일 것이고 骨은 집운이 古忽切[kuəʔ]이고 동운과 기타 운서가 함께 '골'이며, 眞은 집운이 之人切[čiən]이고 동운과 기타 운서는 '진'이어서 塩骨眞의 고려한자음은 '염골진'일 것이다. 한편, 易은 집운이 夷益切[iəʔ]이고 동운과 기타 운서는 모두 '역·이'이며, 成은 집운이 時征切[cʼiŋ]이고 동운과 기타 운서가 모두 '셩'이어서 易成의 고려한자음은 '이셩'일 것이다. 그런데 이 말의 조선관역어는 이조어 '슬지디(肥)'의 소급형- 色尺大[šə-cʼi-ta]이고 이 항목의 고려어와 음상이 근사한 '염글다'는 '여물다(結實)'의 뜻으로 쓰이어서 음상은 같으나 뜻이 서로 다르다. 그러나 '살이 찌다'와 '여물다'의 뜻의 공통점은 '단단해지다'여서 본시는 '염글다'의 뜻도 '단단해지다'였을 개연성이 크다.

그런데 이것은 형태상으로 보아선 단일어인 jingkile-(가득해지다·착실해지다, W. Mo)와 대응됨직도 하나, *jingkile->yəŋkïl-로 변한 '영글'이 '염글'로 변할 음운환경이 못된다(이와 반대의 겨우는 가능함). 따라서 이것을 합리화 하려면 jingkile-의 소급형이 *jimkile-였거나 塩骨을 '영글'의 근사치표기로 보아야 할 것이다. 그런데, 「jimii-(단단해지다, W.Mo)-ğul(사동접사, W.Mo)」의 합성어에 ji(과거시제) 또는 '이시-'(사동접사, 이두 cf. -isu '사동접사, Dr-ka' : 덧붙임)가 첨가된 것과 직접 대응될 개연성이 크다. 즉 *jimii-ğul > yimigul > yəmgol-(염골)의 변화를 거치고 그 본디 뜻은 '단단해지게 하다'인데 여기에 ji(과거)-n(연체형어미)가 첨가되면 '단단해지게 한'의 뜻이 될 것이니 이 말의 외연을 '몸'에 국한하면 '살찌게 한'의 뜻으로 쓰일 수 있고, 사동접사를 덧붙여 jimii-ğul-isin이 되어도 그 뜻은 마찬가지로 '단단해지게 한' 즉 '살찌게 한'의 뜻이 되어서 肥(살찌게 하다)의 뜻과 일치한다.

따라서 고려어- 塩骨眞(肥)·塩骨易成(id)은 '*염골진·*열골이신'의 표기로 보이며, 그 본디 뜻은 '살찌게 한'이 될 것이다. 그리고 그 어원은 「*jimii(단단해지다, W. Mo)-ğul(사동접사, W. Mo)-ji(과거시제)/-isi

(사동접사)-n(과거연체형)」의 합성어로서 그 본디 뜻은 '단단해지게
한'인 것으로 추정된다.

> **참고**
>
> 이 jimii에 -ši(동사의 명사화 접사)가 첨가되어서 jimis(열매, W.Mo.
> cf. yemiš 'id, Turk')가 된 것으로 즉 *jimii-ši > jimiš > jimis의 변화
> 를 거친 것이다. 그리고 '염글다(結實)'도 jimii-ğul-과 대응되는 것
> 이 분명하니 고려어- 塩骨은 그 본디 뜻인 '단단하게 하다'에서 '여
> 물다(結實)'와 '살찌다(肥)'의 사동사의 뜻으로 두루 쓰인 것으로 보
> 인다.

180. 瘦曰安里塩骨眞

이 항목은 위의 항목에 부사- '아니'를 첨가한 것인데, 이조어만
해도 '여위다'가 쓰였던 말이다. 어떻든 安은 집운이 於寒切[an]이고
동운과 기타 운서가 모든 '안'이고, 里는 집운이 兩耳切[li]이고 동운
과 기타 운서가 모두 '리'여서 고려표기- 安里는 '안리'의 표음일 것
이다.

그런데 이 말은 신라어가 '*안디·안득'으로 나타나는데, 이것은 그
후신일 것이어서 anda-(잘못하다·틀리다, W. Mo)에 부사화 접사 '-ㄱ'
(cf. 더으다→더욱)가 첨가된 것이 *anda-k > andïk(안득) / andik > andi(안
디) > anji > anri(安理) > ani의 발달을 거친 것으로 보인다. 따라서 고
려어- 安理塩骨眞(아니 살찐)은 '안리염골진'의 표기일 것이며, 그 어
원은 「anda(잘못하다·틀리다)-k(부사화접사)-jimii-(단단해지다, W. Mo) -
ğul(사동접사)-ji(과거시제)-n(연체형)」의 합성어로서 그 본디 뜻은 '아
니 살찌게 한'인 것으로 추정된다.

181. 洗手曰遜時蛇

이 항목은 얼른 보아도 '숫 씻어'의 소급형의 표기인 것을 알 수 있고, 이조어는 '숫싯어'였다. 遜은 이미 177항에서 언급되었으니 그리로 미루고, 時는 집운이 市之切[šï]이고 동운이 '씨·시'이며 기타 운서가 '시'이고, 蛇는 집운이 時遮切[šia]이고 동운과 기타 운서가 모두 '샤'여서 고려한자음- 時蛇는 '시샤'의 표음일 것이다.

그런데 이것은 sus(목욕하다, Ainy)·čit-(씻느라고 비비고 짜다. Turk)·cice(씻다, Dr-Malt) 등과 비교될 수 있을 것이나, 직접으로 cice와 대응될 것이다. 즉 *cice > sise > sis(싯)의 변화를 거친 것으로 보인다. 따라서 고려어- 時蛇(洗, 씻다)는 '시샤'의 표음일 것이고, 그 어원은 *cice(씻다, Dr-Melt)로 추정된다.

182. 凡洗濯曰時蛇

이 항목은 앞의 181. 洗手曰遜時蛇항에서 판독한 바 있다.

183. 白米(→新米)曰漢菩薩

이 항목은 표제가 白米이고 다음 항목이 순치판에 의하면 田菩薩(*좁쌀)이고 하니 '니발 > 입쌀'의 소급형이어야 할 것인데 그렇지 않은 것 같다. 이미 漢을 1. 漢捺항에서 '한' 또는 '핸(>힌)'의 대충표기로 읽어야 할 것임을 확인한 바 있다. 그리고 菩는 집운이 薄亥切[pʼu]이고 동운에는 보이지 않으나 이조 초 문헌에 모두 '보'로 나타나고, 薩은 집운이 桑葛切[saʼ]이고 동운·기타가 모두 '살'이어서 고려표기- 漢

菩薩은 '핸보살'로 읽을 수 있다.

그런데 현대어의 '희다'는 이조어에서 '히다'로 나타나는데, 이것은 čagan / čegen(희다, W. Mo)와 대응될 것이다(*čagan > šagi > sai > sä > hä > hE '히' > hI '희'). 한편, '쌀'을 뜻하는 말은 기원적으로는 쌀의 원산지로 보이는 인도의 sâli(쌀, SKT '범어')에 소급될 것이다. 그것이 가야족이나 불교를 통해서 우리나라에 유입되고, 그것에서 다시 동사- sari(먹다, Gily)가 동계어인 길약어에서 쓰이게 된 것으로 보인다. 즉 *sâli > sâl > sʌl(뿔) > ssal(쌀)의 변화를 거친 것이다. '흰 쌀'의 뜻으로 보면 형용사 어간 아래의 사잇소리가 개입하는 법은 없으니 菩의 개입이 설명되지 않는다. 그러므로 田菩薩(좁쌀)의 경우로 미루어서 菩가 장음절 앞의 사잇소리 표지 'ㅂ'으로 보여시나 '햅쌀'(=그 해에 새로 난 쌀)이란 말이 있으니 그 접두사- '햅'의 끝소리- 'ㅂ'의 표지로 볼 수밖에 없다. 그러니 이 항목은 물음인 '白米'에 디해서 '햅쌀'(新米)로 오답한 것으로 보인다(cf. 이런 오답의 예가 몇 개 보인다. 예: 銀甁曰蘇乳, 鞍曰末鞍). 그렇게 치면 '햅'은 cevvi(새, Dr-Ta. *cevvi > sebi > hebi > häb '햅' > hEb '힙')이거나 körpe(신선한, Turk. körpe > kepe > hep > hEp '힙' > häp '햅')과 대응될 것이다. 따라서 고려어- 漢菩薩(흰쌀 → 햅쌀)은 '햅쌀'의 근사치 표음일 것이고, (cf. 'ㅂ'앞의 'ㄴ'생략은 田菩薩 항에서 볼 수 있고, 『삼국사기』지리지에서도 한자의 종성 'ㄴ'은 흔히 생략됨) 그 어원은 「cevvi(새, Dr-Ta) / körpe (신선한, Turk)-sâli (쌀, 범어)」의 합성어로 추정된다.

184. 粟曰田菩薩〈순치판〉 cf. 粟曰菩薩〈흠정본〉

이 항목은 '조뽈 > 좁뽈 > 좁쌀'의 소급형의 표기가 틀림없어 보인
다. 粟을 『조선관역어』에는 左色二[cə-šəl]이라 하였는데 '조'을 뜻
하는 田은 집운이 亭年切[t'ian]이고 동운이 '뎐'이고 기타 운서가
'뎐'이고, 전항에서 菩薩은 '보살(→ㅂ살)'로 읽었으니 고려어표기 田菩
薩은 '뎐보살'로 읽을 수 있다.

그런데 '조'와 비교될 수 있는 말은 darï(기장, 조, Turk)·je(조, Ma)
밖에 없는데 여기의 je[jə]는 '조'와 대응되는 것이 틀림없으나(*čo >
jə, 또는 *čə > čo/jə), '뎐'의 [tyən]과는 너무 음색이 차이가 커서 차라
리 darï에서 *darï > taï > tə > čə와 대응시키는 것이 더 나을 것이다.
즉 우리말에서 'če[čə] 〈turk〉 ∞ 져'(예: čelik ∞ 절 '箸', čemre '접다' ∞
접- > 접- čenk '수족' ∞ 정강이)의 대응이 가능하기 때문이다. 따라서
고려한자음- 田菩薩(좁쌀)은 '뎝살(> 졉살 > 접살 > 좁쌀)'로 읽을 수 있
으나, 고려어- '좁살'의 대충표음일 것이고, 그 어원은 「*darï(조,
Turk)-p(장음절 앞의 사잇소리)-sâli(쌀, 범어)」의 합성어로 추정된다.

185. 麥曰密. cf. 麥曰密頭目〈순치판〉

이 항목은 '麥밀 믹'〈자회 上12〉의 '밀'과 대응될 것이다. 그리고
순치판의 密頭目의 頭目은 필자의 추정으로는 민국판에 다음 항목
에 '묘曰火'가 있고 흠정본의 다음 항목의 표제가 大(→ 太)穀이어서
'콩'과 관련지어 大(→ 太)穀曰頭目(→ 頭耳)亦麻帝骨의 착오일 것이다.
어떻든 密은 집운이 莫筆切[miə']이고 동운·기타가 '밀'이어서 고려
어표기- 密은 '밀'로 읽을 수 있다.

그런데, ‘밀’과 비교할 만한 말로서는 mere(메밀, Ma)·maise(밀, Ma)·buǧdāy(밀, O.Turk)·buǧudai(밀, W.Mo) 등이 있는데, 직접으로는 알타이 공통기어- *buǧudāy와 대응될 것이다. 즉 *buǧudāy＞buirē＞müre＞mil̄(밀ː)의 변화를 거치고, mere나 maise(＜*maile)는 우리말의 차용일 것이다(*müre＞mere＞mil＞meil＞maise). 따라서 고려어- 密(麥, 밀)은 ‘밀’의 표기일 것이며, 그 어원은 알타이 공통기어- buǧudāy(밀)로 추정된다.

186. 頭目大穀曰麻帝骨→*太穀曰頭耳亦麻帝骨

이 항목의 표제의 太穀은 ‘콩’을 뜻하며, 그에 대한 고려어- 頭目(→耳)은 앞의 항목에서 말한 바와 같이, turi(콩, Ma)와 대응되는 고유어일 것이다. 그러므로 目자는 耳자의 오기로 보고자 한다. 즉 耳자의 고음이 [ʒi＞ri]이기 때문이다. 頭는 집운이 徒候切[t′ou]이고 동운이 ‘뚜’이고 기타 운서가 ‘두’이며, 耳는 집운이 忍止切[ʒi]이고 동운이 ‘싀’이며 기타 운서가 ‘이’여서 고려한자음- 頭耳는 ‘두싀’일 것이다. 여기의 *tuʒi(두싀)＞turi[t′uri]의 발달을 한 것이 만주어로 보인다. 따라서 고려어- 頭耳(콩)는 ‘두싀’의 표기일 것이며, 그 어원은 turi(콩, Ma)와 대응되는 고유어일 것이다. 그리고 ‘太콩 태’라고 읽는 것은 우리나라의 독특한 새김인데, 이것은 *tuʒi(콩)＞t′ui＞t′ü＞t′ö＞t′e＞t′ä(太)의 발달일 것이다.

이러한 생각이 정곡을 찌른 것이라면 이 항목의 표제- 太穀 하나만 보아도 『계림유사』에 수록된 어휘들이 고려인이 수집·기록한 것임을 알 수 있다. 왜냐하면 중국인은 ‘太’자를 ‘콩’의 뜻으로 쓰는 법이 없기 때문이다.

그리고 또 하나의 '콩'의 명칭인 麻帝骨에서 麻는 집운이 謨加切 [ma]이고 동운·기타가 모두 '마'이며, 帝는 집운이 丁計切[ti]이고 동운·기타가 모두 '데'이며 骨은 집운이 吉忽切[kuə']이고 동운·기타가 모두 '골'이어서 고려한자음- 麻帝骨은 '맏데골'로 읽을 수 있다.

그런데 이것과 대응될 만한 것은 「mandal(둥근 것, W. Mo)-köl(식량, W. Mo)」의 합성어일 것이다. 즉 *mandal-köl > madal-kol > madir-i (조음소)-kol > madyəi-kol > madye-kol (마데골)의 변화를 거치고 그 본디 뜻은 '둥근 곡식' 즉, '콩'을 뜻하게 된 것으로 보인다. 그러므로 서민은 '콩'을 '두ᇫ'라 하고, 지배층은 '마데골'이라고 한 것으로 보인다.

참고

'콩'이란 말은 따라서 외래어일 터이데, 우리 주변어에 비교할 만한 어휘가 보이지 않아 고유어로 보자니 '*두ᇫ(>투리)'가 있어서 그렇게도 보기 어렵다. 따라서 '조·피·기장'등의 잡곡을 뜻하는 konoğ/konuğ (기장·피·좁쌀, W. Mo)」이 있어서 고려지배층인 몽고족들이 *konoğ > konō > kōŋ (콩)의 발달형을 대충해 쓴 것이나 아닌지 추정해 본다.인다.

187. 酒曰酥孛

이 항목은 '술:'의 고형- *수블(酒)의 표기일 것이다. 酥는 집운이 孫祖切[su]이고 동운이 '소'이며 기타 운서는 '소/수'로 나타나고 孛은 이미 '블'로 누차 읽은 바 있으니 고려한자음 표기- 酥孛은 '수블'로 읽을 수 있다.

그런데 이 말과 비교될 만한 것으로는 subsu (만물술, W.Mo-유)·

suwsuš(술, O.Turk-G)·suvsuš(술, Turk) 등이 있는데, 직접으로는 subsu·suvsuš의 알타이 공통기어- *subul(술:)과 대응될 것이다. 따라서 고려어- 酥孛(술:)은 '*수불'의 표음일 것이며, 그 어원은 알타이 공통기어- subul(酒)로 추정된다.

188. 醋曰生根

이 항목의 표제는 '식초'의 뜻인데, 生根이란 말이 강신항 교수의 추정처럼 '쉰 것'일 가능성도 없지 않으나, 신 것은 초만이 아니어서 사어가 된 말일 것이다. 生은 집운이 師庚切[šəŋ]이고 동운이 '싱/셩'이며 기타 운서가 '싱'이고, 根은 집운이 古痕切[kən]이고 동운이 '근'이며 기타 운서는 '근/근'이어서 고려한자음- 生根은 '셩건~생건'으로 읽을 수 있을 것이다.

그런데, 이것과 대응될 만한 말은 sirkē(초, O.Turk)가 있는데, 이것이 *sirkē > syənkə(구강 폐쇄음-k 앞의 n 개입현상)의 변화를 거칠 수 있다. 따라서 고려어- 生根(식초)는 '셩거'의 근사치표기일 개연성이 크며, 그 어원은 sirkē(초, O.Turk)로 추정된다.

참고

sirkē에 형용사화접사- n이 첨가된 것을 다시 명사로 수용하면 '셩건'이 되어 추정한 다음 '셩건'과 일치하니 그렇게 볼 수도 있을 것이다.

189. 醬曰密祖

이 항목은 密이 집운에 莫筆切[miə²]로 나타나고 동운·기타가 '밀'이며, 祖는 집운이 總古切[cu]이고 동운·기타가 모두 '조'이어서 고려한자음- 密祖는 '밀조'로 읽을 수 있다. 그런데 이것은 '며조 > 메조 > 메주'와 대응된 것으로 보이나 그 본디 뜻이 이조어와 차이가 있어 보인다. 현재 우리가 쓰고 있는 '간장, 된장, 고추장'의 '장'은 한자어- 醬에서 유래하나 그것을 차용하기 전에도 그런 음식이 있을 것이니 '메주'의 기원적인 뜻이 '장'이었을 개연성이 크다. 일본어의 miso(된장)로 미루어 보거나, misun(된장, Ma)로 보아서 더욱 신빙성이 있는 추론이라고 할 수 있다. 이들 miso나 misun은 우리말 '며조'의 발달형일 것이다. 즉 *mico(>며조) > miso > Misu-n(명사화접사)의 변화를 거친 것으로 보인다. 따라서 고려어- 密祖(장, 醬)은 *미조'의 표기일 것이며 그 어원은 misu-n, miso와 대응되는 고유어로 추정된다.

참고

'메주'도 일종의 '누룩'이라고 할 수 있는데 우리말에서 차용된 것으로 보이는 madasu(누룩, Ma)가 있어서 '미조'도 더 소급하면 그 원형도 *madasu였을 개연성이 크다. 즉 *madasu > mayasu > miyasu > myaco > myəco(며조) > myəcu(며주) > mecu(메주)의 변화를 거친 것으로 볼 수 있을 것이다.

190. 鹽曰蘇甘

이 항목은 '소곰'의 소급형의 표기가 분명하고 『조선관역어』에는 所昏[soxuən]으로 근사치표기되었다. 蘇는 집운이 孫祖切[suə]이고 동운·기타가 모두 '소'이며, 甘은 집운이 沽三切[kam]이고 동운·기타가 모두 '감'이어서 고려한자음- 蘇甘은 '소감'으로 읽을 있다.

그런데 '소금'은 단일한 비교어휘를 발견할 수 없으나 소금이 흰 색이니 (čegen, 하얗다, W. Mo) -m(명사화접사)의 합성어와 비교해 볼 수 있을 것이다. 즉 čegen[čəgən] > čəgə-m > čogom > sogom(소곰, '조곰(小)'과의 동의충돌로 č>s로 변화)의 변화를 거치고, 그 어원적인 '흰 것'에서 '소금'의 뜻으로 전의된 것으로 보인다. 다음으로 비교된 만한 것으로는 sup(소금, Dr-ko!·Nk·Pa·Ga)·kārppu(짠 것, Dr-Ta)·kāruppu(막소금, Dr-Tu)·sippo(소금, Ainu) 등이 있어서, 이들의 복합된 이음첩어가 아닐까 한다. 즉, 드라비다어의 복합형태 sup-kārppu와 대응될 것이다. 이것이 sup-kārppu > sū-kābu > sōkama > sokam(蘇甘 '소감') > sokom(소곰) > sokïm(소금)의 변화를 거친 것으로 보인다. 이런 추정을 가능하게 하는 사실로는 다음과 같은 『삼국사기』 지리지의 예문이 있기 때문이다. 즉 고구려지명에 「海皐郡今鹽州」가 있는데 여기서 '소금'을 고구려 또는 신라에서 '해고'라고 하였는데, 이것은 kārppu의 변형인 kāruppu의 발달형일 것이다(kāruppu > kāripu > haihu > häxo > häko '해고'). 또 백제지명에 「鹽海郡本百濟古錄只縣」이 있는데 여기서 '소금'을 '고록'이라고 하였는데, 이것도 kāruppu의 발달형으로 볼 수 있다(*kāruppu > kārop > kōrop > kōrok '고록'[-p > -k > -k~k, 또는 -p > -k '내파음'의 교체현상]). 여기서 kāruppu의

발달형이 쓰인 것을 확인할 수 있고, 또 위에 鹽州를 『고려사』지리
지에서 「一云鼓塩城」이라고 하였는데 이것은 두음첨기(頭音添記)식
향찰이어서 이는 si(豉)로 시작되면서 소금을 뜻하는 말임을 시사한
것인데, 그런 말로는 siho(<*sipo. 소금, Jap)·sippo(소금, Ainu)가 있고,
모음의 결합적 변화를 전제로 하면 kāruppu와 동계인 드라비다어의
sup도 있어서 위의 추정형– *sup-kārppu는 실제로 고대에 쓰인 말
임을 알 수 있다. 따라서 고려어– 蘇甘(소금)은 '*소감'의 표기일 것이
며, 그 어원은 「*čegen(하얗다, W. Mo)–m(명사화접사)」의 합성어로 추
정되나 어쩌면 *sup(소금, Dr-Ko!·Nk·Pa·Ga)–Kārppu(짠 것, Dr-Ta)의
이음첩어로 볼 수도 있을 것이다.

191. 油曰畿 <入聲>林

이 항목은 '기름'의 소급형일 것이다. 畿는 집운이 渠希切[ki]이고,
동운이 '끠'이며 기타 운서가 '긔'이고, 林은 집운이 犂針切[lim]이고,
동운·기타가 '림'이어서, 고려한자음– 畿林은 '긔림'으로 읽을 수 있
을 것이다.

그런데 '기름(油)'과 비교될 만한 것으로는 kir(i)pu(유지 '油脂', Ainu)
가 있을 뿐이다. 즉, *kiripu > kirimu > kirïm(기름)의 변화를 거친 것
으로 보인다. 따라서 고려어– 畿林(기름)은 '기름'의 표기일 것이며
그 어원은 *kiripu(기름, Ainu)로 추정된다.

192. 魚肉皆曰姑記

이 항목은 '고기'의 소급형일 것이다. 姑는 집운이 攻乎切[ku]이고 동운·기타가 모두 '고'이며, 記는 居吏切[ki]이고 동운·기타가 모두 '긔'여서 고려한자음- 姑記로 읽을 수 있을 것이다.

그런데 이것과 비교될 만한 말은 koiki(짐승이나 물고기를 잡다, Ainu)·gürügele-(고기잡다, W.Mo)·gürügesü(길짐승, W. Mo-유)·gergu(길짐승, Ma) 등이 있으나, 직접으로는 koiki와 대응될 것이다. 즉 *koiki > koki(고기)의 변화를 거친 것을 명사로 수용한 것으로 보인다. 따라서 고려어- 姑記(어육 '魚肉')는 '고기'의 표기일 것이고, 그 어원은 *koiki(고기나 짐승을 잡다, Ainu)로 추정된다.

참고

gürüge-le-·gürüge-sü·gergu의 공통어근- *gürüge(짐승이나 고기)가 *gürüge > küge > köge > kogi(고기)의 변화를 거친 것으로 볼 수도 있을 것이다.

193. 飯曰朴擧

이 항목에 오자가 없다면 사어가 된 말일 것이고, 오자가 있다고 하면 擧와 유사한 꼴인 罞(그물 부)의 잘못으로 보고 '밥'과 대응시키려 해도 朴을 '바'로 읽어야 하는 어려움이 있다. 朴은 집운이 匹角切[p'ɔ']이고 동운이 '팍'이며 기타 운서가 '박'이고, 擧는 집운이 苟許切[kiə]이고 동운·기타가 '거'여서 고려한자음- 朴擧는 '박거'로 읽을 수 있다.

그런데, 이미 위에서 말한 바와 같이 이 항목의 말은 도저히 '밥'의 소급형으로 볼 수 없으므로 이미 사어가 된 것으로 보고 parukkai > porukku(밥, Dr-Ta)와 대응 시키고자 한다. 즉 *parukkai > palkkä > pakkə(박거)의 변화를 거친 것으로 보인다. 따라서 고려어- 朴擧(밥)은 '박거'의 표기일 것이고 그 어원은 parukkai(밥, Dr-Ta)로 추정된다.

참고

'밥'은 buvva(밥, Dr-ka)와 대응될 것이다.
(*buvva > pʌba > paba > pāb '밥')

---

194. 粥曰謨做

이 항목도 지금은 '죽(粥)'이라는 한자어가 쓰이고 있어서 사어가 된 말이 분명하다. 謨는 집운이 蒙晡切[mu]이고 동운은 '무'이며(『삼국사기』고구려본기 고국천왕의 휘가 「男武或云伊夷謨」라 하여 '謨'를 '무(武)'로 보았음) 기타 운서는 '모'이고, 做는 집운이 宗祚切[cu]이고 동운·기타가 모두 '주'여서 고려한자음- 謨祚는 '모주'~'무주'로 읽을 수 있을 것이다.

그런데 이 말은 meduku (죽, Dr-Te)·metukku (끓인 쌀, Dr-Ta)·budağa (밥·죽, W.Mo) 등과 대응될 것이나, 직접으로 meduku와 대응될 것이다. 즉 *meduku > mediku > medie > mucu(무주)의 변화를 거친 것으로 보인다. 따라서 고려어- 謨做(죽)은 '무주'의 표기일 것이며, 그 어원은 *meduku(죽, Dr-Te)로 추정된다.

195. 茶曰茶

이 항목은 한자어- 茶의 차용으로 보인다. 자전에서 새김을 '차'라
하고 음을 '다'라고 하는데, 여기의 '다'는 隋·唐시대 이전의 옛음이
고 '차'는 그 발달형이다.

196. 湯曰湯水.〈민국판〉 cf. 湯曰水〈순치판〉

이 항목은 흠정본에는 없는 항목이며, 이것도 한자어로 보자면 볼
수 있으나, 여기의 표제- 湯은 '국'의 높임말도 아니고, 그렇다고 '끓
는 물'의 뜻도 아니며, 그렇다고 제사상에서 국을 내려놓고 올리는
'숭늉'을 뜻하지도 않을 것이다. 왜냐하면 위의 뜻을 가진 말을 어느
방언에서도 '탕수'나 '당수'라고 하지 않기 때문이다. 허나 '당수밥·
당쉬밥'(=눌은밥)라는 말이 있어서 여기의 '당수·당쉬'를 湯水로 표
기한 것이 아닐까 한다. 제사 때 '갱(=국)'을 '탕(=숭늉)'으로 바꿀 때
쓰는 '탕'은 단순한 숭늉이 아니고 원래는 여기의 '당수·탕수'에 해
당하는 '눌은밥'이었을 개연성이 크다.

어떻든 '탕'은 집운이 他浪切[tʻaŋ]이며 동운이 '탕/땅'이고 기타
운서가 '탕'이고, 水의 집운은 數軌切[šuei]이며 동운이 '쉬'이고 기
타 운서가 '슈'여서 고려한자음- 湯水는 '탕쉬~당슈'로 읽을 수 있을

것이다.

그런데 이것과 비교될 만한 단일어는 없어서 일단 고유어로 보아 둔다. 그러나 이것은 복합어로 보고 ‘당’을 ‘눌은’에 ‘쉬’를 ‘끓인 쌀 (밥)’의 뜻으로 볼 수 있을 것 같다. 즉 ‘당’을 dağla-(눋게 하다, Turk. cf. dāğ ‘낙인≒태우는 것)·「tī(눋다, Dr-ka)-aŋ(명사화접사)」과, ‘쉬’를 coṟu(끓인 쌀, Dr-Ta)와 각각 대응시킬 수 있다. 즉 *tī-aŋ-coṟu > taŋ-suru > taŋ-suri > taŋ-sü(당쉬) > taŋ-su(당수)의 변화를 거친 것 으로 보인다. 따라서 고려어- 湯水(눌은 밥)은 *‘당쉬’의 표기일 것이 고 그 어원은 「*tī(눋다 Dr-Ta) > -aŋ(명사화접사)-coṟu(삶은 쌀, Dr-Ta)」 의 합성어로 추정된다.

197. 飲酒曰酥李麻蛇(→酥孛麻蛇) ⟨민국판. cf. 187항⟩

이 항목은 187.酒曰酥孛로 미루어 보아서 오자가 있는 것이 확실 하며 민국판이 옳은 표기이고, 이것은 ‘수불 마샤(>술: 마셔)’의 표음 일 것이다. 酥孛은 ‘수불’의 표기일 것이고, 麻는 집운이 謨加切[ma] 이며 동운·기타가 모두 ‘모’이고 蛇는 집운이 時遮切[šia]이며 동운· 기타가 모두 ‘샤’여서 고려한자음- 酥孛麻蛇는 ‘수불 마샤’의 표기일 것이다.

그런데 ‘수불(酒)’은 이미 알타이 공통기어- *subul(>suvŭs ‘술: , O.Turk-G’)과 대응되고, ‘마시다’는 mas-(빨다, Turk)·massï(빨아들임, Turk)·maṭul(마시다, Dr-Ta) 등과 비교될 수 있을 것이다. 즉 massï > masï > masi의 변화를 거친 것을 동사어간으로 삼은 것으로 보인다. 따라서 고려어- 酥孛麻蛇(술: 마셔)는 *‘수불 마샤’의 표기일 것이며, 그 어원은 「*subul (술: 알타이공통어)-massï (빨아들임, Turk)-a (부사형어미)」의 합성으로 추정된다.

197-2. 凡飮皆曰疏蛇

이 항목에 대해선 앞의 197.항에 언급한 바 있음.

198. 煖酒曰蘇孛打里(→ 酥孛打里)<cf. 187항)

이 항목은 현대어의 '술: 다리다'의 소급형일 것이다. 酥孛은 187
항에서 알타이 공통기어- *subul(술:)의 표기라고 한 바 있고, 打는
집운에 '다·타'의 소급형으로 보이는 음은 없고 거의 같은 시대의
운서인 『大書故』(송, 戴侗찬)에 都假切[ta]이며 동운이 '다'(6-19)이고
기타 운서가 '타'로 나타나고, 里는 집운이 兩耳切[li]이며 동운·기
타가 '리'여서 고려한자음- 打里는 '다리'로 읽을 수 있다.

그런데, '다리다(煎)'와 비교할 만한 것에는 taṛal(달아오르다, Dr-Ta)
이 있을 뿐이다. 즉 *taṛal > tara > tari(다리)의 변화를 거친 것으로 보
인다. 따라서 고려어- 酥孛打里(술: 다리다)는 "*수불 다리-'의 표기일
것이고, 그 어원은 「*subul(술: 알타이 공통기어)-taṛal(달아 오르다, Dr-
Ta)」의 합성으로 추정된다.

199. 凡安排皆曰打里

이 항목은 앞의 198항의 '打里'에서 언급한 대로 '煎'의 뜻으로 쓰
임은 물론이나, 여기서 표제가 安排인 점으로 보아서 '적당히 처리
하다·알맞게 가감하다'의 뜻으로도 쓰인 것같이 표기되어 있으나,

그러한 뜻으로는 벌써 '달호다(>다루다, 이조어. cf. idāre '취급, Turk')가 있어서 현대어의 '다리다(煎)'와 이조어- '달호다(安排·按排)'가 고려시대에는 함께 '다리다'였다가 '안배'의 뜻은 달리 '달호다'로 바뀌쓰게 된 것으로 보기 어렵다. 그러므로 이 항목의 표제가 打里와 어울리지 않는다. 억지로 말하면 '다리다'도 '물을 끓여 정당히 졸아들게 가감하다'의 뜻이라고 할 수 있어서 그런 표제를 붙인 것으로 보인다.

200. 勸客盡食曰打馬此

이 항목은 '다 마쳐'와 같은 반말투의 표현같이 보인다. 打는 198항에서 '다'로 읽었고, 馬는 86항에서 '마'로 읽었으며, 此는 집운이 淺氏切[$c\ddot{i}$]이며 동운·기타가 '츠'여서 고려한자음- 打馬此는 '다 마쳐'로 읽을 수 있을 것이다.

그런데 '다:(=남김없이)'는 tave(모두, Dr-ka)와 대응될 것이고(*tave >tahe>taha>tā '다:'), '마치다 > 뭋다(終了)'는 muṭi(마치다, Dr-Ta)나 büt-(마치다, O.Turk) 등과 비교될 수 있을 것이나 직접으로는 muṭi와 대응될 것이다(*muṭi > məčhi > məčh '뭋≒馬此' > mʌčh '뭋'). 따라서 고려어- 打馬此(다 마쳐)는 '다 머쳐'의 근사치표기일 것이며, 그 어원은 「*tave (모두, Dr-ka)-muṭi (마치다, Dr-Ta)-ə(-어 반말의 명령형어미)」가 馬(마)로 대충한 것이다. 12세기 초에는 '으'가 '아·오·어' 등에서 파생되지 않은 때여서 '으'는 여기서 대체로 '어'로 표음하였다.

201. 醉曰蘇孛速(→ 酥孛速. cf. 187항)

이 항목의 速은 사어로 보인다. 速은 집운이 蘇谷切[sə²]이고 동운·기타가 '속'이어서 고려한자음은 '속'일 것이다.

그런데, '취하다'의 뜻의 '속'은 sökku / sokku(도취되다, Dr-ka)와 대응될 것이다. 즉 *sokku > sok의 변화를 거친 것으로 보인다. 따라서 고려어- 酥孛速(취하다)는 '*수불속-'의 표기일 것이며, 그 어원은 「*subul(술:, 알타이 공통기어)-sokku(도취되다, Dr-ka)」의 합성어로서 그 본디 뜻은 '술에 도취되다' 즉 '취하다'이다.

202. 不善飮曰本道安理麻蛇

이 항목은 '본디 아니 마셔'의 소급형일 것인데, 本은 집운이 於塞切[puən]이며 동운·기타가 '본'이고 道는 집운이 杜晧切[tau]이고 동운이 '똘'이며 기타 운서가 '도'이고, 安理는 이미 180항에 安里(理와 동음)의 형태로 '안리(>아니)'로 읽었고, 麻蛇는 197항에서 '마샤'로 읽은 바 있어서, 고려한자음- 本道安理麻蛇(본디 아니 마셔)는 '본도 안리 마샤'로 읽을 수 있을 것이다.

그런데, '본디'는 이조어가 '본딕'이고, 이것은 「pūnṭ-(착수하다, Dr-Ta)-ai(명사화접사). cf. 명사→부사」의 합성어와 대응될 것이다. 즉 *pūnṭ-ai > pōntä > pontö(本道) / pontE(본딕) > ponti(본디)의 변화를 거친 것으로 보인다. 따라서 고려어- 本道安理麻蛇(본디 아니 마셔)는 '*본되 안리 마샤'의 표기일 것이며, 그 어원은 「*punṭai(착수·본디. Dr-Ta)-anda-(잘못하다·틀리다, W.Mo)-k(부사화접사, kor)-massï(빨아들임, Turk)-a(부사형어미, kor)」의 합성으로서 그 본디 뜻은 '처음부터 아니 마셔'가 될 것이다.

203. 熟水曰泥根沒. 熱水〈민국판〉

이 항목은 '닉은 믈〉익은 물'의 소급형일 것이다. 이것은 다음의
204항으로 미루어 보아서 '뜨거운 물'의 뜻일 터인데 '익은 물'이라
고 하였으니 당시의 개성 방언이 그러하였는지 궁금하다. 아마 표제
어가 熱水였는데 그 물음을 오독하고 답한 결과인 듯하다. 어떻든
泥는 집운이 乃計切[niəi]이고 동운이 '녜'이며 기타 운서는 '녜/니'
이고, 根은 古痕切[kən]이며 동운 '근'이고 기타운서가 '근/근'이며
沒은 집운이 莫勃切[muə']이며 동운·기타가 모두 '몰'이나 『계림유
사』전체의 쓰임으로 보아서 한 예를 빼고는 모두 '물~믈'(cf. 29항)로
읽히고 있어서 고려한자음‑ 泥根沒은 '니근물'로 읽을 수 있다.

그런데, '익다(熟)'와 비교될 만한 것에는 rikan(말랑말랑해지다, Ainu.
cf. -an '있다')·nig(속이 꼭 찬, W. Mo) 등이 있는데, 직접으로 rikan의
어근 *rik(말랑말랑함)과 대응될 것이다. 즉 *rik〉nik(닉)〉ik(익)의 변
화를 거치고, 그 본디 뜻인 '익은 상태'가 환유법(결과→원인)으로 '익
음(熟)'의 뜻으로 전의된 것을 다시 동사어간으로 수용한 것으로 보
인다. 따라서 고려어‑ 泥根沒(익은 물)은 '닉은 물'의 표기일 것이며,
여기의 '닉‑'의 어원은 rik (말랑말랑함→익은 '熟', Ainu)으로 추정된다.

> **참고**
>
> "과일이 익다"의 '익다'의 어원만은 따로 nig과 대응시켜도 무방
> 하다.

192 『鷄林類事』의 新解讀研究

204. 冷水曰時根沒

이 항목은 '식은 물'(→ 찬물 '冷水')의 표기로 보인다. 時는 집운이 市
之切[ši]이고 동운이 '씨'이며 기타 운서가 '시'이고, 根沒는 앞의 항
에서 '근물'로 읽었으니, 고려한자음- 時根沒은 '시근물'로 읽을 수
있을 것이다.

그런데 '식다(冷)'와 비교될 만한 것에는 šahūru-(식다·춥다, Ma)·
jikegüre-(식다, W. Mo. cf. -gü '부사화접사' : -re '부사 기원의 동사화접사')
·serigüče-(식다, W. Mo) 등이 있는데, 이 가운데서 직접으로는 *jike-
(=jikegüre)와 대응될 것이다. 즉 *jike > sike > sik(식-)[*jikegüre >
sikeür > sikir > siki > sik(식-)]의 변화를 거친 것으로 보인다. 따라서
고려어- 時根沒(찬물)은 "식은 물'의 표기일 것이며, 여기의 '식다
(冷)'의 어원은 *jike-(식다, W. Mo. cf. jikegüre-'id, W. Mo')로 추정된다.

205. 飽曰擺咱(七加反)

이 항목은 '빅 츳(=배가 부르다)'의 소급형으로 보인다. 擺는 집운이
部買切[pai]이고 동운은 '배'이며 기타 운서가 '패/파'이고, 咱는 주
에 七加反[č'a]이라 하고 집운에는 그런 글자가 없고 『中原音韻(元나
라 때)』이 玆沙切[ca]이고 咱의 형성자인 自자가 동운에선 '쯔'로 기
타 운서에선 'ᄌ'로 나타나니, 고려한자음- 罷咱는 "배차'로 읽을 수
있을 것이다.

그런데, '빅 > 배(腹)'는 176.항에서 '배'로 일고 vayiru(배·위, Dr-
Ta)와 대응시킨 바 있고, '츳다 > 차다(滿)'는 julu(차다 '滿', Ma)·cāl(가
득하다, Dr-Ta)·čad-(차다, W.Mo)·dugürü-(가득하다, W.Mo-유)·čar / ča

(차다, Gily-G) 등과 비교될 것이나 직접으로는 cāl과 대응될 것이다. 즉 *cāl > c'al(찰. cf. 咱 나찰<『신옥편』) > c'a(차)/c'ㅅ(츠)의 변화를 거친 것으로 보인다. 따라서 고려어- 罷咱(배 부르다)는 "*배 차'의 표기일 것이고, 그 어원은『vayiru(배, Dr-Ta)-cāl(가득하다, Dr-Ta)』의 합성어로 추정된다.

> 참고
>
> 『신옥편』에 咱자를 '나찰'이라고 한 것이 보이고『篇海』에서 子葛切[cal]로 보았고 비교어휘가 cāl인 데다가 동계어인 길약어에 čar 또는 ča로 나타나니, 우리말도 고려 이전에는 "*찰다(滿)'였을 개연성이 크다.

206. 飢曰罷咱安理

이 항목은 앞의 항목을 '아니'를 붙여 부정한 것인데, 과연 그런 표현이 쓰였는지 의아하다. 지금 같으면 '배 차지 아니하다'거나 '아니 배차다'여야 할 것이므로 여기의 표기의 어순으로 보아서 전자의 줄인 표현으로 보인다. 罷咱는 전항-205와 같고 여기에 安理[안리]는 180항이나 202항에서 '안리(>아니)'로 읽었으니. 따라서 고려어- 罷咱安理(주리다)는 '배 차(-지) 안리(-허다)'의 표기일 것이며, 그 어원은『vayiru(배, Dr-Ta)-cāl(가득차다, Dr-Ta)-anda-(틀리다, W.Mo)-k(부사화접사, Kor)』의 합성으로 추정된다.

207. 金曰那論議. cf. 那論義→*那論歲

이 항목은 '노란이'거나 '노란 쇠(那論歲)'의 소급형같이 생각되는
데, 那는 果섭箇운인데 집운은 乃箇切[na/nuo<중원음운>]이고 동운
은 '가'이며 기타 운서는 '가/개'이나『계림유사』의 쓰임은 본항인
207과 240·308·309의 모든 항목에서 '노'의 차음으로 쓰이었다. 그
리고 論은 집운이 盧困切[luən]이고 동운은 '론/륜'이 기타 운서는
'론'이고, 議·義는 집운이 宜寄切[ŋi>i<중원음운>]이고 동운이 '의'
이고 기타 운서는 '의'여서 고려한자음- 那論議는 '나론의 ~ 노론의'
로 읽을 수 있을 것이다.

그런데, '노랑(黃)'은 ruhure(오렌지 빛, Ainu-服部)와 대응될 것이다.
즉 *ruhure＞nūre＞nūrï(누: 르)＞norʌ(노ᄅ : 상징모음 '우＞오')＞norï
(노: 르)의 변화를 거친 것을 형용사의 어간으로 삼은 것으로서 여기
에 '앙(명사화접사)'을 붙인 것이 '노랑'이다. 어떻든 「노르-(黃. '누르-'
의 작은 말)-ㄴ(관형형어미)-이(명사화접사)」의 합성으로 보인다. 그러
나, '金'과 대가 되는 209. 銀曰漢歲(힌쇠)로 미루어 보아서 본항의 끝
자- 議·義는 歲(=쇠)의 오기로 보여진다. 따라서 고려어- 那論歲(金·
금)은 '노른쇠'의 대충표기일 것이며, 그 어원은 「*ruhure(오렌지 빛,
Ainu)-ㄴ(관형형어미)-쇠(금속 '金屬'. cf. 209항)」의 합성으로 추정된다.

208. 珠曰區戌. cf. 區戌<순치판>

이 항목은 '구슬'의 소급형의 표기일 것인데, 區는 집운이 虧于切
[kʼiu]이고 동운은 '쿨/쿠'이며 기타 운서는 '구'이고, 戌은 집운이 雪
律切[šuə']이고 동운·기타가 모두 '슐'이어서, 고려한자음- 區戌은

‘구슬’로 읽을 수 있다.

그런데, ‘구슬(珠)’과 비교될 만한 것으로는 gu(그슬, Ma)·gučeng (아름다운 구슬, Ma)·xaš(구슬, W.Mo)·kāš(구슬, O.Turk)·kullu(보석, Dr-Ma)·kusiro(팔찌, Jap) 등이 있는데, 직접으로는 kāš와 대응될 것이다. 즉, *kāš＞kǝsi＞kǐsi＞kusi-il(어형보강소)＞kusïl(구슬)의 변화를 거친 것으로 보인다. 따라서 고려어- 區戌(구슬)은 ‘구슬’의 근사치표기일 것이며, 그 어원은 「kāš(구슬, O.Turk·P.A.)」로 추정된다.

참고

순치판의 區戌는 kāš의 발달형- *kusi의 표기일 것이며 고려어는 ‘구시’였을 개연성도 있다.

209. 銀曰漢歲

이 항목은 ‘은’을 고려시대에는 ‘흰쇠’의 소급형으로 말해지고 있었다는 것을 알 수 있다. 漢은 이미 1·183항에서 ‘희다(白)’를 뜻할 때에는 ‘핸·해’로 읽었고, 歲는 집운이 須銳切[suei]이고 동운이 ‘쉐’이고, 기타 운서는 ‘세’여서 고려한자음- 漢歲는 ‘핸세~핸쉐’로 읽을 수 있다.

그런데 ‘쇠(=금속)’는 sere(쇠, Ma)와 직접 대응될 것이다. 즉 *sere [sǝrǝ]＞sǝri＞soi＞sö(쇠)의 변화를 거친 것으로 보인다. 따라서 고려어- 漢歲(은 銀)은 ‘핸쇠’의 표기일 것이며, 그 어원은 「*čagan(희다, W.Mo)-ㄴ(관형형어미)-sere(쇠 ‘鐵’, Ma)」의 합성어로 추정된다.

210. 銅曰銅

이 항목은 지금도 '구리'라는 말이 쓰이고 있으니, 고려 때에도 그 말이 쓰이고 있었을 것인데 여기에는 한자어로 나타나 있으니 잘못된 것이다. 더욱이 銅은 집운이 徒東切[t'uŋ]이어서 우리 한자음 '동'과도 그 발음이 다르다. 그러므로 '銅'자가 고려한자음 표기라면 모를까 12세기 초의 송나라 사람의 표기로 볼 수 없다. '구리'와 대응되는 말은 ğağuli(>guli, 구리, W. Mo)이며 *ğağuli > gauli > kori > kuri(구리)의 변화를 거친 것으로 보인다.

211. 鐵曰歲

이 항목은 앞의 209항에서 이미 말한 바와 같이, 歲는 '쇠'로 읽을 수 있고, 그것은 sere(쇠, Ma)와 대응되는 고려어의 근사치표기이다.

212. 絲曰實

이 항목은 '실'의 표기로 보인다. 實은 30항에서 이미 '실'로 읽은 바 있다(집운 - 食質切[śĭ]).

그런데 이것은 siri-(꿰매다, W.Mo)·sirem(줄, Ma)·sire-(실을켜다, Ma) 등과 비교될 수 있으나, 직접으로는 sirkeg와 대응될 것이다. 즉 *sirkeg > sireg > sirih > sirē >s iri / sire > sīl(실ː)의 변화를 거친 것으로 보인다. 따라서 고려어- 實(絲)는 '실ː'의 표기일 것이며, 그 어원은 *sirkeg (실, W. Mo)으로 추정된다.

213. 麻曰三

이 항목은 '삼'의 표기일 것이다. 三은 집운이 蘇甘切[sam]이고 동운·기타가 '삼'이어서 고려한자음- 三도 '삼'으로 읽을 수 있다.

그런데, 이것은 samsu(푸른 아마포, ma)·cavaḷi(천·헝겊, Dr-Ta)·čamča(샤쓰·속옷, W. Mo) 등과 비교될 수 있을 것이나, 직접으로는 cavali와 대응될 것이다. 즉 *cavali > samar > sama > sām(삼ː) : *cavali > samši > samsu의 변화를 거친 것으로서 '천·헝겊' 등과 동의충돌로 외연이 축소되어서 '천' 중의 '삼베'만을 지칭하게 되고 다시 그 자료인 '삼'으로 전의된 것으로 보인다. 따라서 고려어- 三(麻)은 *'삼'의 표기일 것이며, 그 어원은 *avaḷi (천·헝겊, Dr-Ta)로 추정된다.

214 羅曰速

이 항목은 이미 사어가 된 것으로 보이는데, 速은 이미 201항에서 '속'으로 읽은 바 있다(速은 집운이 蘇谷切[suʔ]).

그런데 '얇은 비단'을 뜻하는 비교어휘로서 어두음이 s로 시작되는 것은 suje(깁·비단, Ma) 뿐이니, 이것은 '속'과 suje의 공통기어- *sōk으로 소급하는 고유어일 것이다. 즉 *sōk > sogə > sojə > sujə (→ suje)와 같이 변한 것이 만주어로 생각된다. 따라서 고려어- 速(얇은 비단·깁)은 '속'의 표기일 것이며, 그것은 *suje (깁·비단, Ma)과 대응되는 고유어로 추정된다.

> 여기의 速을 涥[바다 블]의 오자였을 것 같으면 「錦山郡本百濟發羅
> 郡今羅州牧<『삼국사기』>의 '發羅'나 baraǧa(천·직물, W.Mo)과 대
> 응시킬 수도 있을 것이다. 즉 *baraǧa > parā(發羅) > pāl(涥)의 발달
> 을 거친 것으로 볼 수도 있다.

215. 錦曰錦

이 항목은 한자어의 사용으로 본 것인데, 이조어에 '비단'으로 나
타난다. 그런데 그 비단도 우리 사전에서 緋緞의 차용으로 보고 있
으나 중국어에 그런 말이 없다.

216. 綾曰菩薩

이 말도 지금은 '능단'(綾緞. 두꺼운 비단)이라고 하고, 이조어에선
'고로'(『훈몽자회』중 30)라고 나타나나, '*보살'(cf. 183, 184항)과 유사한
말은 보이지 않는다. 유창돈 교수가 苦蘆[고로]의 오자로 본 바 있
는데 그것이 바로 본 견해 같다. 만약 그렇지도 않다면, 218. 布曰背
항과 어원이 같은 이어(異語)인 '보소'(菩蔬)의 표기가 아닐까 한다(蔬
는 집운이 山於切[sə]이고, 동운·기타가 '소'임).

그런데 이 항목을 苦蘆의 오자로 보는 경우는 pokol(비단, Dr-kur)
이 고구려나 백제지배층의 어두 -p를 탈락시키는 언어 습관 때문에
그 지역에서 *pokol > okol > koro(고로)의 변화를 거친 것으로 보인
다. 또는 菩蔬의 오자로 보면 그것은 bōz(베, O.Turk)·büs(베.W.Mo)·

boso(베. Mo)의 알타이 공통기어- *bōz가 *bōz > bōs > poso(보소) : *bōz > bōz > pozo > poʒi > pö(뵈)의 변화를 거친 것으로 볼 수 있다. 그리고 본디 뜻인 '비단/베'가 '능단'의 뜻으로 각각 전의된 것으로 보인다. 따라서 고려어- 苦蘆(두꺼운 비단, 綾緞)은 '고로'의 표기일 것이고, 그 어원은 pokol(비단, Dr-kur)인데, 제유법(일반→특수)에 의해 '능단'의 뜻으로 전의된 것으로 보인다. 한편, 고려어- 苦蔬(두꺼운 비단)는 '고소'의 표기일 것이고, 그 어원은 bōz(베, P.A. O.Turk)인데, 그 본디 뜻인 '베'가 '능단'을 뜻하는 말이 없어서 '능단'의 뜻으로 대충 해 쓰이다가 형태도 달라진 것으로 보인다. 여기서 이조어- '고로'를 감안하여 전자의 표기로 보아둔다.

217. 絹曰及

이 항목은 '깁'의 소급형일 것으로 보인다. 及은 집운이 極入切 [kib]이고 동운은 '끕'이며, 기타 운서는 '급'이어서 고려한자음- 及은 '급'으로 읽을 수 있다.

그런데 '깁'과 비교할 만한 것에는 kiib(명주, W.Mo)·giuwansa(깁, W.Mo) 등과 비교될 수 있으나, 직접으로는 kibb과 대응될 것이다. 즉 *kiib > kip̄(깁:)의 변화를 거친 것을 '명주'와의 동의충돌로 명주를 바탕으로 한 '깁'의 뜻으로 전의된 것이다. 따라서 고려어- 及(깁)은 '깁'의 근사치표기('깁'을 표기할 수 있는 한자가 없어서 '급'자로 대충)일 것이고, 그 어원은 *kiib(명주, W.Mo)로 추정된다.

218. 布曰背

이 항목은 이조어- '뵈(>베)'의 표기로 보이는데, 背는 집운이 補妹切[puei]이고 동운이 '빅/쀡'이고 기타 운서가 '빅'여서 고려한자음-背는 '베'로 읽을 수 있을 것이다.

그런데 이조어- '뵈'와 비교될 만한 것에는 이미 216항에서 언급한 알타이 공통기어- *bōz와 대응될 것이다. 즉 *bōz > bōz > pozo > poʒi > pö(뵈)의 변화를 거친 것으로 보인다. 따라서 고려어- 背(布, 뵈)는 '*뵈'의 근사치표기일 것이며, 그 어원은 *bōz(베, P.A, O.Turk)로 추정된다.

219. 茅曰毛(→毛施)〈민국판〉

이 항목은 '毛'만으론 '모시'를 뜻하는 말이 우리 주변 어언에 대응되는 말이 없고 그렇다고 우리 방언 속에도 보이지 않으니 220항과 민국판처럼 '施'의 탈자(脫字)로 보아 둔다. 毛는 집운이 謨袍切[mau]이고 동운이 '뫃'이며 기타 운서가 '모'이고, 施는 집운이 商支切[ši]이고 동운·기타가 모두 '시'여서 고려한자음- 毛施는 '모시'로 읽을 수 있다.

그런데 이 표기의 뜻으로 보아서 한자어가 아님이 분명한데, 『노박집람(老朴集覽)』上13에서 중국어의 '沒絲'에서 나온 말이라고 한 것을 이기문 교수가 그렇지 않고, 일본어- kara-musi(茅)가 있어서 옛말은 musi였을 것이라고 한 바 있는데(『고려조어연구논문집』2003. P.354), 이런 생각은 정곡을 찌른 것이다. 이 말은 고유어이며 mušuri (모시, Ma)·močin(가는 윤나는 청포'靑布', Ma)·musi(모시, Jap) 등과 비교될 수 있는데, 형태상으로 보아서 만주어나 일본어 속에 남아 있는 듯하여 직접으로 mušuri와 대응되는 고유어일 것이다. 즉 *mušuri > musui > musi > mosi(모시)의 변화를 거친 것으로 보인다. 따라서 고려어- 毛施(모시)는 '무시'의 근사치표기거나 '모시'의 표기일 것이며, 그 어원은 *mušuri(모시, Ma)와 대응되는 고유어로 추정된다.

220. 茅布曰毛施背

이 항목은 219항과 218항의 복합어인 것이므로 고려어- 毛施背(모시베)는 '*무시뵈~모시뵈'의 표기일 것이다.

221. 幞頭曰幞頭

이 항목은 과거에 급제한 사람이 홍패(문과 급제 증명서)를 받을 때 쓰는 관을 뜻하는데, 우리식으로 福頭라고도 썼으며 후주(後周)의 武帝가 만든 두건의 한자어의 사용이다.

222. 帽子曰帽

이 항목은 한자어 기원의 '모(帽)'의 표기일 것이다. '갇모'(帽, 『훈몽자회』中 22)에서처럼 복합어 속에서만 '모'로 쓰이고 단독으로는 '모자'라고 한다.

그런데 모자를 고려시대에는 '모'라고 한 것처럼 기술되어 있어서 좀 의아하다. 刀子·卓子·盤子처럼 子자 붙은 명사는 중원어에선 당나라 이전부터 써 왔으니 으레 '모자'가 되어야 할 것이나, 진태하 교수에 의하면 복건성 등 남방에서 송대 당시는 물론 지금까지도 子자 붙은 명사는 사용되지 않고 있다(cf. 王力 : 『漢語史稿』 p.229~230)고 하니, 개경이 백제 전성기에는 그 판도에 들어 있었고, 백제는 남방계 한자음을 취한 점을 고려하면 '모자' 대신 '모'로 쓰였을 개연성도 없지 않다. 함경도, 평안도에서 모자를 '삿개'라고 하는데 '삳갈>삿갓'의 발달형이 아닌가 싶은데 따로 삿갓(笠)'이 병행하여 쓰이고 있어서 '삿개'는 šapka(모자, Turk)와 대응되는 말일 것이다.(ˇšapka > šakkä > sakkä '삭개→삿개')

223. 頭巾曰土捲

이 항목은 한자어- 頭巾의 근사치표기로 보인다. 土는 統五切[tʼu]이고 동운이 '도/토'이며 기타 운서가 '토'이고 捲은 집운이 古轉切 [kyen]이고 동운·기타가 '권'이어서 고려한자음- 土捲은 '토권'으로 읽을 수 있을 것이다. 따라서 고려어- 土捲(頭巾)은 '두건'의 근사치 표기일 것이고 그 어원은 한자어- 頭巾으로 추정된다.

224. 袍曰袍

이 항목은 '관딕옷'(『훈몽자회』 中 22)과 같은 도포(예복)의 뜻일 것인데, 그런 뜻이면 이조어엔 '도포'(道袍)로 나타난다. 그런데, 한자어의 본디 뜻은 집안에서 편안하게 입는 옷인데 나중에 도사(道士)의 복장으로 쓰이면서 우리나라에서 예복으로 정착된 것으로 보인다. 그러므로 袍에는 '긴 겉옷' 즉 '두루막이'의 뜻도 있는데, 이 항목의 표제가 위의 어느 뜻의 표기인지 명확하지 않다. 그런데『조선관역어』에선 袍를 得盖[덮개]의 뜻으로 쓰인 것 같다. 어떻든 표제의 袍는 중국어에서 옷의 일종이지 포대기와 같은 덮개의 뜻으로 쓰는 글자는 아니니 두루마기나 포대기와 같은 덮개의 뜻은 아닐 것이다.

225.帶曰腰帶亦曰謁子帶(→蝎李帶)

이 항목은 한자어- 腰帶와 '허리씌'의 소급형으로 보인다. 그러므로 여기서는 謁子帶에 대해서만 논의하기로 한다. 謁는 於歇切[iʌ²] 이고 동운이 '읋'이 기타 운서가 '알'이고, 子는 祖似切[cǐ]이고 동운·기타가 'ᄌ'이고 帶는 當蓋切[tai]이고 동운이 '대'이며 기타 운서가 '딕'여서 고려한자음- 謁子帶은 '알ᄌ대'로 읽을 수 있는데, 이런 음에 가까운 허리띠나 띠를 뜻하는 말이 우리말이나 주변어에 없어서 오자가 있는 것으로 추정된다. 즉 蝎李帶의 오자로 보고자 한다. 蝎은 집운이 何葛切[ha²]이고 동운·기타가 '헐'이고 李는 집운이 兩耳切[li]이고 동운·기타가 '리'이고 帶가 '대'여서 蝎李帶는 '헐리대'로 읽을 수 있다.

그런데 '허리'는 seire(허리뼈, Ma)·bēl(허리, O.Turk)·beli(허리, Turk)·sulb(허리, Turk)·xurša(허리, O.turk)·kušak(허리띠, Turk)·kosi(허리, Jap)·kiruoš(허리, Ainu)·bel(허리, W.Mo) 등과 비교될 수 있을 것이나, 직접으로는 알타이 공통기어- *bēl(허리)와 대응시킬 수도 있으나, xurša의 소급형 *xurla(허리)와 대응될 것이다. 즉 *xurla > hərrə > hərə > həri(허리)의 변화를 거친 것으로 보인다. 한편 '씌>띠'는 telei(허리띠, W. Mo)·tüg(매다, O.Turk)·delgin(바지띠, Ma) 등과 비교될 수 있을 것이나, 직접으로는 telei와 대응될 것이다. 즉 *telei >

terei > tēi > tti(찍) > tti(띠)의 변화를 거친 것으로 보인다. 따라서 고려어- *葛李帶(허리띠)는 '허리찍'의 근사치표기일 것이며, 그 어원은 「*xurla(>xurša, 허리, O.Turk)-telei(허리띠, W.Mo)」의 이음첩어로 추정된다.

226. 皂衫曰軻門(→衫曰軻門皂衫)
cf. 褐皂衫曰珂門〈민국판〉

이 항목은 표제 자체가 말이 안 된다. 글자의 뜻대로라면 '검은 적삼'이 될 것인데 흰옷을 선호하는 우리 옷에 여름에 입는 검은 빛 적삼이 보편적인 옷이었다고는 상상도 안 간다. 그리고 그 한자음- '조삼(皂衫)'이 '적삼'의 유음이고 '가문(軻門)'은 '가문(細. cf. 가문뵈 細布, 노걸대 上12)'의 유음이어서 이 항목은 '衫曰軻門皂衫'의 오기가 거의 틀림없다. 적삼이 본시 가는 실로 짠 베로 짓는 옷이기 때문이다. 軻는 집운이 丘何切[kʻa]이고 동운이 '카'이며 기타 운서는 '가'이고, 門은 집운이 莫奔切[muən]이고 동운이 '몬'이며 기타 운서가 '문'이고, 皂(皀)는 집운이 在早切[cau]이고 동운이 '쪼'이며 기타 운서가 '조'이고, 衫은 집운이 師銜切[šam]이고 동운·기타가 모두 '삼'이어서 고려한자음- *軻門皂衫은 '가문조삼'으로 읽을 수 있을 것이다.

그런데, 고어의 '가문(細)'은 kapar(얇은, Ainu)와 직접 대응될 것이다. 즉 *kapar > kaba > kamʌ-n (관형사형어미 : 가문)의 변화를 거친 것으로 보인다. 한편, '적삼'은 「tek(홑, Turk) ~衫(적삼)」의 합성어와 대응될 것이다. 즉 *tek-sam > čəksam(적삼→적삼)의 변화를 거친 것으로 보인다(cf. 이조어의 'ㅈ'은 [ts]여서 čək은 '져'에 해당). 따라서 고려어- *軻門皂衫(얇은 적삼)은 '가먼 적삼'의 표기일 것이며, 그 본디 뜻은

「*kapar (얇은, Ainu)-tek(홑, Turk)-衫(적삼)」의 합성어로 추정된다.

227. 被曰泥不. cf. 尼不 <민국판>

이 항목은 '닙을(>입을)'의 표기로 생각되는데, 泥는 집운이 乃計切 [nie]이고 동운이 '녜'이며 기타 운서가 '니'이고, 不은 집운이 分物切[puə°]이고 동운이 '불/부'이고 기타 운서가 '블/브'여서, 고려한자음- 泥不은 '니블~니브'로 읽을 수 있다.

그런데 '입다(被)'와 비교될 만한 것은 emüs (옷을 입다, W.Mo)·ibe-(입히다·덧대다, W.Mo)·ibï-/ib-(가지다, Gily-G) 등이 있는데, 직접으로는 ibe-와 대응될 것이다. 즉 ibe->ib->nib-(닙-)의 변화를 거친 사동사를 타동사로 수용한 것으로 보인다. 따라서 고려어- 泥不(입을 '被')은 '닙을~니브'의 표기일 것이며, 그 어원은 *ibe (입히다, W.Mo)로 추정된다.

228. 袴曰軻背

이 항목은 이조어- 'フ외(>고의·홑바지·치마)'의 소급형으로 보인다. 『梁書』동이전에 「袴曰柯半」<신라어>이라고 하였으니 'フ외'는 둘째 음절이 'ㅂ'으로 소급하는 것이 확실하다. 珂는 집운이 丘何切 [k'a]이고 동운이 '카'이며 기타 운서가 '가'이고, 背는 집운이 補妹切 [puai]이고 동운이 '빅 / 삐'이며 기타 운서가 '빅'여서 고려한자음- 珂背는 '가배'로 읽을 수 있다.

그런데, 'フ외(袴)'와 대응될 만한 것에는 kabā(소매 없는 겉옷, Turk)이 있는데, 이것이 *kabā > kabe(珂背) > kʌwe > kʌö(フ외) > koe > koI

(고의)의 변화를 거치고, 그 본디 뜻이 '홑바지·치마'의 뜻으로 쓰이다가 현대어에선 '홑바지'의 뜻으로만 쓰이게 된 것이다. 따라서 고려어- 珂背(고의)는 '가베'의 대충표기일 것이며(한자음에 '베'가 없어서 '배>비'로 충당), 그 어원은 *kabā(소매 없는 겉옷, Turk)로 추정된다.

229. 裩曰安海珂背

이 항목의 표제는 현대어로 '속곳'이라고 하는데, 그것과는 다르게 '안히가베'(=속의 고의)라고 일컬은 것 같다. 安은 집운이 於寒切[an]이고 동운·기타가 '안'이고 海는 집운이 許亥切[xai]이고 동운· 기타가 '히'이고, 珂背는 전항에서 '가베'로 읽었으니, 고려한자음- 安海珂背는 '안해 가베'로 읽을 수 있다.

그린데, '안(內)'은 onna(안, Ainu)·an(계시다·있다, Ainu) 등과 비교될 것이나, 직접으로는 onna와 대응될 것이다. 즉 *onna > anna > ana > an(안)의 변화를 거친 것으로 보인다. 한편, '계시다'는 '안에 있다' 의 뜻이고 음운이 완전히 일치하므로 이것이 명사화한 것이나 아닌 지 하는 생각이 더 절실하다. 따라서 고려어- 安海珂背(속곳)는 '안해 가베'의 표기일 것이고, 그 어원은 「*an(계시다→안에 있다→안, Ainu)/ *onna(안, Ainu)-kabā(소매 없는 겉옷, Turk)」의 합성어로 추정된다.

230. 裙曰裙

이 항목의 표제는 이조어- '츄마(>치마)'인데, 여기서는 한자어로 잘못 다루고 있다. 일상용어 속에 裙자가 붙는 말이 없다.

참고

'치마'는 tepa(잠방이, Ainu)·čimip(옷, Ainu)·čamči(속치마, Ma)·terpa(치마, Gily-G) 등과 비교될 수 있을 것이나, 직접으로는 terpa와 대응되는 고유어로 일단 보여진다. 즉 *terpa > c′erma > č′ema > č′im(치마)/č′uma(츄마) > č′oma(쵸마)의 변화를 거친 것으로 보인다. 그러나 아이누어의 tepa가 *terpa에 소급하는 형태일 개연성도 있다.

231. 鞋曰盛

이 항목은 鞋신혜(『훈몽자해』中 22)라고 하였으니 盛은 '신'의 표기일 개연성이 크다. 盛은 집운이 時征切[šïəŋ]이고 동운이 '쎵'이며 기타 운서가 '셩'이어서, 고려한자음- 盛은 '셩'으로 읽을 수 있다.

그런데, '셩'은 우리말에서 흔히 '신'으로 서로 바뀔 수 있는 음이어서 '신'과 대응될 만한 것에는 čana(눈 신, W. Mo)이 있다. 즉 *čana > čina > sinə > sin(신) > syən(션≒셩 '盛')의 변화를 거치고 그 본디 뜻인 '눈신'이 제유법(특수→일반)에 의해서 '신발'의 뜻으로 전의된 것으로 보인다. 따라서 고려어- 盛(신)은 '신'의 근사치표기일 것이며, 그 어원은 *čana(눈신, W.Mo)로 추정된다.

232. 襪曰背戍(→背成)〈민국판〉

이 항목은 이조어- '보션(>버선)'의 소급형일 것이다. 背는 이미 228항에서 '배'로 읽었고, 成은 집운이 時征切[šïəŋ]이고 동운이 '쎵'이며 기타 운서가 '셩'이어서, 고려한자음- 背成은 '배셩'으로 읽을 수 있다.

그런데, '버선(<보션>)'과 비교될 만한 것에는 wase(버선, Ma)·foji
(가죽신 싸개, Ma)·hosi(감발, Ainu)·poji-(싸다·묶다, Dr-kui)·poje(id,
Dr-Malt) 등이 있으나, '버선'이 우리 고유복식이므로 foji는 우리말의
차용일 것이다(*posyən>fosin>foji). 그러나 버선의 원형인 발싸개였
다면, 드라비다어의 공통기어- poji-(싸다·묶다)와 직접 대응시킬 수
도 있다. 즉 *poji->posyə-n(명사화접사 : 보션)의 변화를 거친 것으로
보인다. 따라서 고려어- 背戌(버선)은 '보션'의 근사치표기일 것이며,
그 어원은 foji와 대응되는 고유어거나, 「poji-(싸다·묶다, P.Dr)-n(명사
화접사)」의 합성어로 추정된다.

233. 女子䯤(=鬛)頭曰子母蓋(→母子蓋)

이 항목은 몽고족이 지배층인 고구려·고려 지역이기 때문에 몽고
어 유래의 이조어- '마흐레'(=모자)의 소급형으로 보이며, 그러므로
母子蓋의 오기일 것이다. 母는 집운이 迷浮切[mu]이고 동운·기타가
모두 '모'이고, 子는 祖似切[cǐ]이고 동운·기타가 모두 'ᄌ'이나 이미
71항에서 '지'로 읽었고, 蓋는 집운이 居太切[kai]이고 동운·기타가
모두 '개'여서 고려한자음- 母子蓋는 '모지개'로 읽을 수 있다.

그런데, '마흐뤼(모자)'는 malaǧai(모자, W. Mo)와 대응될 것이다. 즉
*malaǧai>mašigä>mojigä(모지개) : *malaǧai>maǧalai(l~ǧ>ǧ~l '음
운도치')>maharä>mahïrE (마흐뤼)의 변화를 거친 것으로 보인다. 따
라서 고려어- 母子蓋(모자)는 '*모지개'의 대충 표기일 것이며, 그 어
원은 *malaǧai (모자, W.Mo)로 추정된다.

234. 針曰板捺

이 항목은 '바늘'의 소급형이 분명하다. 板은 집운이 補縮切[pan]이고 동운이 '반'이며 기타 운서는 '판'이고, 捺은 이미 1항부터 여러 차례 '날'로 읽었으니, 고려한자음- 板捺은 '반날'로 읽을 수 있다.

그런데 '바늘'은 「pācam(바느질, Dr-Ta)-nūṛai(예리, Da-Ta)의 합성어와 대응될 것이다. 즉 *pācam-nūṛai > paca-nōre > pac-nʌrï > pann시(바늘)의 변화를 거친 것으로서 '날'과 대응시킨 nūṛai는 '날카로움'의 뜻인데 '날카로운 것→날(刀)'의 전의를 보인 것이다. 이 '날'을 yalïm이 nalimdp 소급하는 것이 확실하면 그것과 직접 대응시켜야 할 것이다. 즉, *nalïm > nalï > nal > nʌl(늘)의 변화를 거친 것이 될 것이다. 따라서 고려어- 板捺(바늘)은 '바날'의 표기일 것이며, 그 어원은 「*pācam(바느질, Dr-Ta)-*nalïm(>yalïm, 날, Turk)/nūṛai(날카로움, Dr-Ta)」의 합성어로 추정된다.

235. 來袋曰南子木蓋(→南木子蓋)

이 항목은 이조어- 'ᄂᆞ못'과 관계가 있어 보이는 사어로 보인다. 南은 집운이 那含切[nam]이고 동운·기타가 모두 '남'이고, 子는 집운이 祖似切[cï]이고, 동운·기타가 모두 'ᄌᆞ'이나 이미 71항에서 止섭支운은 예로부터 [i]로 읽었다고 하였으니 '지'일 것이고, 木은 집운은 莫卜切[muʔ]이고 동운·기타가 모두 '목'이고 蓋는 집운이 居太切[kai]이고 동운·기타가 모두 '개'여서 고려한자음- *南木子蓋는 '남목지개'로 읽을 수 있을 것이다.

그런데, 'ᄂᆞ못'은 「namaǧa(통, W. Mo)-aǰi(손자→*축소사. cf.-아지)」의

합성어와 대응된 것이다. 즉 *namaǧa-ači > namāči > nʌmʌčh(ᄂ못)의 변화를 거친 것으로서 그 본디 뜻은 '작은 통'인데 그것이 '누머니'로 전의된 것으로 보인다.

한편, 축소사만 바꾸어 「namaǧa(통, W.Mo)-ajige(축소사, Ma)」의 합성어와 비교될 수 있는데, 즉 *namaǧa-ajige > namogājigä > namokčigä (南木子蓋) > namʌččē > nʌmʌčh(ᄂ못)의 변화를 거친 것으로 볼 수 있어서, 전자보다 후자가 일관성 있는 발달과정의 해명에 편하다. 따라서 고려어- *南木子蓋(주머니)는 '*나목지개'의 표기일 것이며, 그 어원은 「*namaǧa(통, W.Mo)-ajige(축소사, Ma)」의 합성어로 추정된다.

참고

namun(창고, Ma)는 namaǧa(통, W.Mo)의 발달형으로 보인다 (*namaǧa > namā > namō > namu-n '명사화접사<덧붙음>'). 따라서 발달과정의 namō와 ajige의 합성어로 볼 수도 있을 것이다. 즉 *namō-ajige > namōjigä > namʌjē > nʌmʌč (ᄂ못)의 발달을 거친 것으로 볼수도 있을 것이다.

236. 女子勒帛曰實帶

이 항목은 고어의 '실찍'(=실을 꼬아서 만든 띠)의 소급형으로 보인다. 實은 집운이 食質切[ši?]이고 동운은 '씰'이며 기타 운서는 '실'이고 帶는 집운이 祖似切[tai]이고 동운이 '대'이며 기타 운서가 '디'여서 고려한자음- 實帶는 '실대'로 읽을 수 있을것이다.

그런데, 이 말은 「실:(絲)-찍(帶子)」의 합성어로 보이는데, 여기서 '실:'은 sirkeg(실, W. Mo)·sirge(실, Ma)·sire(실을 켜다, ma) 등과 비교될 것이나, 직접으로는 sirkeg과 대응될 것이다. 즉 *sirkeg > sireg >

sireh > siri > sīl(실:)의 변화를 거치고, sirge는 sirkeg의 발달형이다. 한편, '씌 > 띠(帶子)'는 delgin(바지대, Ma)·daṭṭi(허리띠, Dr-ka)·telei(허리띠, W. Mo)·tüg-(매다, O.Turk) 등과 비교될 수 있을 것이나, 직접으로는 telei와 대응될 것이다. 즉 *telei > tēi > tti(씌) > tti(띠)의 변화를 거친 것으로 보인다. 따라서 고려어- 實帶(*실띄)는 '실씌'의 표기일 것이며, 그 어원은 「*sirkeg(실, W. Mo)-telei(허리띠, W. Mo)」의 합성어로 추정된다.

237. 綿曰實(→ 宵/ 孫). cf. 綿曰縣(=綿) ⟨민국판⟩

이 항목은 사어가 된 것인지, 그렇지 않으면 오자인지 분간이 안 간다. 이미 212항에 絲曰實이라고 한 것이 보이니, 고려어에선 '솜:'도 '실'이라고 하였다고는 믿어지지 않는다. 왜냐하면 우리 주변어에 그와 유사한 말이 없고, 우리는 '솜:' 또는 '핟(>핫)-바지'의 '핟 > 핫'이란 말이 쓰이고 있을 뿐이기 때문이다. 민국판에는 한자어- 縣(=綿)으로 나타난다. 이 縣은 '孫'의 오자가 아닐까 한다. 그렇다면 한자음에 '솜'이 없으니 '손'자로 대충표기 한 것으로 보인다. 그와 마찬가지로 實은 '宵'의 오자일 수도 있다. 즉 '솜'자가 없으니 '소(宵)'로 대충한 것으로 볼 수 있다. 이 '솜:'은 somun(매우 말랑말랑한 것, Turk)과 대응될 것이다. 즉 *somun > somu > sōm(솜:)의 변화를 거친 것으로 보인다. 따라서 고려어- 宵(또는 縣, 솜)는 '솜:'의 대충표기일 것이며, 그 어원은 *somun(매우 말랑말랑한 것, Turk)으로 추정된다.

238. 繡曰繡

이 항목은 지금도 한자어 유래의 '슈>수'가 쓰이고 있다. 繡는 이 조어가 '슈'이고, 繡는 동운이 '슝'이고 기타 운서가 '슈'였다.

239. 白曰漢

이 항목은 209.銀曰漢歲항에서 漢은 고려한자음도 '한'이었으니 *'핸>힌(白)'을 적을 수 있는 한자음이 없어서 대충표기로서 čagan (희다, W.Mo)과 대응될 것이라고 한 바 있다.

240. 黃曰那論

이 항목은 한자어- '노란~누런(黃)'의 소급형으로 보이는데, 이미 207.金曰那論歲항에서 黃을 *'노른'으로 읽고, 那論은 '노른'의 대충 표기로 본 바 있다.

241. 靑曰靑

이 항목은 한자어로 다루고 있으나, 이조어에 '프르다·프르다'로 나타나 있다.

그런데, 이 '프르다'는 현대어에서 그 강조형인 '파랗다 / 퍼렇다'로 쓰이며, 그것은 paca(푸르다, Dr-Ta)·pacu(푸름, Dr-Ta) 등과 대응될 것이다. 즉 *paca>para(파라)>pʼʌrʌ(프르)-ahʌ-(강조접사)> pʼarah-(파랗-)>pʼərəh-(퍼렇-: '파랗다'보다 정도가 큰 말)의 변화를 거친 것이다. 한편, '푸르다'는 '프르다'에서 모음전환(ablaut)으로 p'ʌrʌ-(프르-) > p'ïrï-(프르-) > p'urï-(푸르-)처럼 변한 것으로서 푸른 정도가 더 진함을 뜻한다.

242. 紫曰質背

이 항목의 자줏빛(紫)과는 다른 계통의 말인 것 같다. 質은 집운이 職日切[čiʔ]이고 동운·기타가 모두 '질'이고 背는 집운이 補妹切 [puai]이고 동운은 '비/삐'이며 기타 운서가 '비'여서, 고려한자음-質背는 '질배'로 읽을 수 있을 것이다.

그런데, 현대어의 '자주'와 대응되는 비교어휘는 jăju(자주빛, Dr-ka)인데, 그것과 다른 말은 우리 주변어나 우리말에 보이지 않으니 質背는 자줏빛과 유사한 빛을 뜻하는 말의 오기가 아닐까 한다. 마침 향가 '헌화가'에「紫布岩乎邊希」의 紫布는 철쭉꽃의 붉은 빛을 뜻하는 말인데, 그것을 紫자로 표음한 것은 자줏빛이 붉은 빛에 푸른 빛이 섞인 것이기 때문일 것이다. 그러므로 자줏빛도 붉은색의 일종으로 보고 cevvu(붉은빛, Dr-ta)가 '붉음'과의 동의충돌로 붉은 바탕에 약간 푸른빛이 도는 일종의 자주빛이라고도 할 수 있는 붉은 빛을 가리키게 전의된 것으로 보인다. 즉 *cevvu > sebbe > čitpe(짓베→ *짏베→質背)의 변화를 거친 것으로 보인다. 따라서 고려어- 質背(자줏빛의 일종)는 *짓베'의 표기일 것이고, 그 어원은 *cevvu(붉은 빛, Dr-ka)가 '붉음'과의 동의출동로 '약간 푸른빛이 도는 붉은 빛'으로 전의된 것으로 추정된다.

243. 墨曰墨

이 항목도 한자어로 다루고 있으나, 이조 초부터 '검다/감다(黑)'의
형태로 쓰이고 있다. 黑은 집운이 迄得切[xei]이고 동운·기타가 모
두 '흑'이어서, 고려한자음- 黑도 '흑'으로 읽었을 것이다.

그런데, '검다 / 감다'는 kāviri(검정, Dr-Te)·kāvula / kāvala(암흑, Dr
-ka) 등의 드라비다 공통기어- kavuiu(암흑·검정)와 대응될 것이다.
즉 kāvuiu(암흑·검정)와 대응될 것이다. 즉 *kāvulu >kāmuri > kamui >
kamu(가무) / kəmu(거무) >kam(감) / kəm(검)의 변화를 거친 것으로
보인다.

244. 赤曰赤 / 245. 紅曰眞紅 / 246. 緋曰緋

이 항목들은 한자어로 다룰 성질의 것이 아니고 이조 초에 벌써
'붉다/븕다(cf. 블가프랗다·블가ㅎ다)'가 쓰이고 있었다. 그리고 이『계
림유사』에는 '붉은 빛' 계열의 말이 세분되어 있다. 즉 '赤·紅 (眞紅)·
緋'로 나뉘어 있는데, 본시 赤은 불빛(火色)이고, 紅은 짙고 탁한 붉은
빛 즉 진홍이며, 緋는 선명한 붉은 빛을 가리키지마는, 다 같이 '붉다/
블가ㅎ다'로 새기고 있다. 赤은 집운이 七迹切[čiə']이고 동운은 '쳑'
이며 기타 운서는 '적'이고, 紅은 집운이 胡公切[xung]이고 동운이
'홍'이고 기타 운서가 '홍'이며, 眞은 집운이 之人切[čin]이고 동운·
기타가 모두 '진'이고, 緋는 집운이 匪微切[fei]이고 동운·기타가 모
두 '비'이다.

그런데, 위에서 말한 바와 같이 '붉다/븕다'는 ulağan(붉다, W. Mo)
의 소급형- *pulağan과 대응될 것이다. 즉 *pulağan > pulga > pulgï >

pulg(붉→붉-)＞pʌlg-(붉-. '으＞ᄋ'는 모음전환으로 정도가 작은 말)＞ palg-(밝-)의 변화를 거친 것으로 보인다. 따라서 赤曰赤의 赤은 '붉음'으로, 紅曰眞紅의 眞紅은 '딭은 붉음' 또는 '진홍'으로, 緋曰緋의 緋는 '산듯헌(＞산뜻한) 붉음'으로 말해졌어야 할 것이다.

247. 染曰沒涕里

이 항목은 이조어의 '믈드리-(染色)'의 소급형의 표기일 것이다. 沒은 이미 여러 차례 '믈→물'의 대충표기로 읽었다(cf. 29, 58, 64항). 그리고 涕는 집운이 他計切[tʼie]이고 동운·기타가 모두 '데'이고, 里는 집운이 兩耳切[li]이고 동운·기타가 모두 '리'여서, 고려한자음- 沒涕里는 '믈데리'로 읽을 수 있다.

그런데, '물들다'의 '물(色)'은 bōḏ(色, O.Turk)·boya(id, Turk)· buduǧ(id, W.Mo) 등의 알타이 공통기어- *buduǧ와 대응될 것이다. 즉 *buduǧ＞mudū＞mudi＞muji＞muri＞mul(믈→물)의 변화를 거친 것이고, 거기에 '들(入)-이-(사동접사)'를 첨가한 것이 '믈들어-'이다. 따라서 고려어- 沒涕里(물들이다)는 '믈들이-'의 대충표기일 것이고, 그 어원은 「*buduǧ(물 '色', P.A)-들(入)-이(사동접사)」의 합성어로 추정된다.

248. 秤曰雌字(→雌宇)

이 항목은 이조어- '저울'의 소급형일 것이다. 雌는 집운이 七支切[cʼï]이고 동운이 '츳'이고 기타 운서가 'ᄌᆞ'이고 字는 宇의 오자가 분명하며 *宇는 집운이 王矩切[iu]이고 동운이 '우'이고 기타 운서가

'우'여서 고려한자음- 雌字는 '즈우'로 읽을 수 있을 것이다.

그런데, '저울(秤)'은 čengle(저울에 달다, W. Mo)·čengle-gür(저울, W. Mo)·šavul(저울추, Turk) 등과 비교될 수 있을 것이나, 경상 방언이 '정울·정울'인 점으로 보아서 직접으로는 čengle-gür과 대응할 것이다. 즉 *čengle-gür > čəŋgul(-le>∅는 동사화접사 생략) > čəŋŋul (정울) > čəŋul(정울) > čəul(저울)의 변화를 거친 것으로 보인다. 고려어- 雌字(저울)은 '저울~저울'의 표기일 것이며 그 어원은 *čengle-gür(저울, W. Mo)로 추정된다.

249. 尺曰作

이 항목은 '자(尺)'의 소급형의 표기일 것이다. 作은 집운이 卽各切 [caʔ](藥운)와 子賀切[ca](箇운. 일본음- sa)이고 동운·기타가 '작/자 (지을 차)'이니, 고려한자음- 作은 '자'로 읽을 수 있다.

그런데, '자(尺)'를 한자- 尺에서 변한 것이라고 여러 사람이 논술하면서, 중고음- *čiäkol > *č'ieh > čïh > čʌh > čah(잫) > ča(자)의 변화를 거친 것으로 본 것이나 그렇게 발달하기가 쉽지 않다. 이두에서 尺을 '자이'(cf. 므차이 '沒水者')로 새기고, 우리 한자음은 '쳑 > 척'이며, 중국 근대음 '치'(赤馬 '尺罵', 조선관역어)로 음독한 예는 있으나, '자'〈훈민정음해례용자예〉로 나타나지 않고, 집운에 昌石切[č'äʔ] (陌운[äk > ay])로 나타난다. 차라리 čele(자로 재다, Ma)·čeleku(자, Ma) 등과 대응되는 고유어일 것이다. 즉 한만 공통기어- *čalaku > čaku > čʌh > ča(자) : *čalaku > čələku (→čeleku)의 변화를 거칠 수 있는 고유어일 것이다.

250. 升曰刀 音催(→堆)<민국판>

이 항목은 '되'의 소급형의 표기로 보인다. 刀는 집운이 都勞切 [tau]이고, 堆는 都回切[tuəi]이며, 동운은 '되'이고 기타 운서는 '퇴' 여서 고려한자음- 堆는 '되~퇴'로 읽을 수 있다.

그런데 '되(升)'는 tuṭavu(액체를 되는 단위, Dr-Ta)·deü(말 '斗', W. Mo)·to(닷되들이의 말 '柳斗', Ma) 등과 비교될 수 있을 것이나 직접으로는 tuṭavu와 대응될 것이다. 즉 *tuṭavu > tutawi > utoi > toi > tö(되)의 변화를 거칠 것으로 보인다. 따라서 고려어- '堆·刀'는 '되'의 대충표기일 것이고, 그 어원은 *tuṭavu(액체를 되는 단위, Dr-Ta)로 추정된다.

> **참고**
>
> deü나 to는 의미면에서 차이가 커서 대응시키지 않았으나 deü는 음운상으로 tuṭavu보다 월등하게 일치한다(*deü>tö).

251. 斗曰抹

이 항목은 '말'의 표기로 보인다. 抹은 집운이 莫葛切[muaʾ]이고 동운·기타가 모두 '말'이어서 고려한자음- 抹은 '말'로 읽을 수 있다.

그런데, '말(斗)'은 miyali(분량을 되다, Ma)·miyalin(양식의 분량, Ma)·malu(큰병·항아리·단지, W. Mo)·bart(액체를 되는 그릇, O.Turk) 등과 비교될 수 있을 것이나 직접으로는 miyalin과 대응될 것이다. 즉 *miyalin > miyali > mial > mal(말)의 변화를 거치고, 그 본디 뜻이 '말(斗)'를 뜻하게 된 것으로 보인다. 따라서 고려어- 抹(斗)은 '말'의

표기일 것이며, 그 어원은 *miyalin(양식의 분량→*斗, Ma)과 대응되는
고유어로 추정된다.

참고

malu는 분량을 되는 기구로 명시되지는 않았으나 되들이보다 큰 그
릇의 뜻이어서 '斗'의 뜻으로 전의가 가능하므로 그것과 대응시켜
도 될 것이다.

252. 印曰印

이 항목은 지금은 '인장·도장'이라고 한다. 『훈몽자회』조차 '印
인 인'<上35>처럼 '인'이라 하였다. 아마 '도장'이 '안방'을 뜻하던 말
인데, 그것이 사어가 되면서 '인'이 어형을 보강하여 '인장(印章)'이
되고 다시 도장(圖章)이 보편화된 것이 아닌가 한다. 어떻든 지금도
한자어로서 '인장' 속이 '인'이 남아있다.

253. 車曰車

이 항목도 한자어로 보이고, 지금도 車의 의미가 확대되어 쓰이고
있으나, 이조 초에 '술휘 / 술위(>수ㅣ)'가 나타난다. 車는 집운이 昌遮
切[čʻia]이고 동운·기타가 모두 '챠'로 나타나니, 고려한자음– 車도
'챠'로 읽을 수 있다.

그런데 '수레(車)'는 방언에 '술기'형이 보이는 점으로 미루어 보아
서 기구 명사화접사 '-개 / -게'가 첨가된 말일 것이어서, sür (차를 타
고 가다, Turk)·čigrī (수레, O.Turk)·sülje (로-라·굴대, W. Mo)·sejem(수

레, Ma) 등과 비교될 수 있을 것이나 직접으로는 「sür-ke(기구명사화
접사)」로 대응될 것이다. 즉 *sür-ke > sülö > sülü > sulü(술위) > sure
(수레) : *sül-ke > sulkü > sulhü(술휘) / sulki(술기)의 변화를 거친 것으
로 보인다.

254. 船曰擺

이 항목은 이조어─ '비(>배)'의 소급형의 표기일 것인데, 擺는 집
운이 部買切[pai]이고 동운이 '뻬/빠'이고 기타 운서가 '파'여서 고
려한자음─ 擺는 '배~파'로 읽을 수 있다.

그런데 '배(船)'는 pāru(배, Dr-Ta)·barka(큰 보트, Turk)·puṇai(뻬·
떼, Dr-Ta)·*pune > hune(배, Jap) 등과 비교될 수 있을 것이나, 직접으
로는 barka나 pāru와 대응될 것이다. 즉 *barka > para > pari > pai >
pE(비)/pä(배) : *pāru > pāri > pai > pä(배) / pE(비)의 변화를 거칠 수
있다. 따라서 고려어─ 罷(船)는 '배'의 대충 표기일 것이며, 그 어원
은 *barka(배, Turk)이거나 pāru(배, Dr-Ta)로 추정된다.

255. 席曰簦 音登

이 항목의 席은 이조어에서 '돗'<『훈몽자회』中11>이라고 새겼고,
'등'음과 유사하면서 자리의 일종이라고 할 수 있는 것엔 '덩'(=왕녀
가 타는 가마)이 있고, 탈자(脫字)를 전제로 하면 돍每(자리)<行用吏文>
가 있다. 돍(簦)은 都騰切[təŋ]이고 동운·기타가 모두 '등'이어서 고
려한자음도 '등'으로 읽을 수 있다.

그런데, 우리말 속에 '등'이 안 보이므로 '돗/독(席)'의 대충표기로

보면 그것과 비교될 만한 어휘엔 derhi (돗자리, Ma)·türk (돗자리, Gily-G)·tüge (펴주다, W. Mo) 등이 있는데, 직접으로는 '돗'과 '독기'의 공통 고유어- *tolki와 대응될 것이며, 여기서 derhi(*tolki > derhi)나 türk (*tolki > tïlk)로 발달해 간 것으로 보인다. 그러나 '돆(=돀)'은 tüge-에 소급할 개연성이 크다. 즉 *tüge > töge > tōg > tokk(돀=돆)의 변화를 거친 것을 명사로 수용한 것으로 보인다.

한편 '덩'은 음운상으로는 흡사하나 너무 의미에 차이가 있기는 하나 tïŋ (침대, Dr-To)·tiŋ (자리, Dr-ko)의 공통기어- *tïŋ (자리·침대)의 전의된 것으로 볼 수 있을 것이다. 그리고 '등미'의 '미'에 해당하는 한자가 탈자된 것으로 보면 「tïŋ (침대) / tiŋ(자리-미(=평평한 곳→들 '野')·미(모양)」의 합성어로 가정해 본다. 그런데, 위에 보인 tïŋ / tiŋ이 공교롭게도 이 항목의 蹬·蕈과 대응되는 것으로 보인다(*tïŋ > tïŋ '등' 또는 '든'자의 대충표기). 따라서 고려어- 蕈(자리)은 '*든'의 대충표기거나 '등'의 표기일 것이고, 그 어원은 tïŋ·tiŋ의 공통기어- *tïŋ(자리·침대, P. Dr)로 추정된다. 그러나 상식적으로 보면 여기의 蕈[등]은 '돗·돆 (席)'의 소급형- '*독'의 잘못된 대충표기일 수 있을 것이다.

256. 席薦曰質薦(→質疾)

이 항목은 현대어- '기직'의 전신인 이조어- '지즑'의 소급형일 것이다. 質은 職日切[či']이고 동운·기타가 모두 '질'이고 薦은 집운이 作甸切[čiem]이고 동운이 '젼/쪈'이고 기타 운서가 '쳔'인데 이것은 疾[질]의 오기로 보이므로 고려한자음- 質疾은 '질질'로 읽을 수 있다.

그런데, '지즑'은 jijiri (기직, Ma)·jirig (기직, W.Mo)·čitiš-(맛트를 깔

다, Turk)·türk(기직, Gily-G) 등과 비교될 수 있을 것이나, 직접으로는 čitiš-의 소급형 *čitil-과 대응될 것이다. 즉 *čitil-k(명사화접사, Turk) > čičilk > čičilk(지즑) > čičik / čičil(늑質蒺) > kičik(기직, či > ki '역구개음화')의 변화를 거친 것으로 보인다. 따라서 고려어- 質蒺(기직)은 '지질'(cf. 닭 > 달 '鷄')의 표기일 것이고, 그 어원은 「*čitil-(>čitiš-. 매트를 깔다, Turk)-k(명사화접사)」의 합성어로 추정된다.

> **참고**
>
> '지즑'을 「쎡(>띠>찌>지. 芽)-segli(멍석, W. Mo. *segli > čelgi-gl > lg '음운도치' > cïlg '즑')」의 합성어와 비교할 수도 있을 것 같다.

257. 椅子曰馳馬

이 항목도 지금은 사어가 된 것으로 보인다. 馳는 집운이 陳知切[či]이고 동운이 '띠'이고 기타가 '티'이고, 馬는 집운이 母下切[ma]이고 동운·기타가 모두 '마'여서 고려한자음- 馳馬는 '*치마'로 읽을 수 있을 것이다.

그런데, 이것은 oturma(의자, Turk)·jōmba(의자, Dr-kui·kuwi) 등과 비교될 수 있을 것이나 직접으로는 oturama와 대응될 것이다. 즉 *oturma > otirma > tirma > čima(치마)의 변화를 거친 것으로 보인다. 따라서 고려어- 馳馬(의자)는 '*치마'의 표기일 것이며, 그 어원은 *oturma(의자, Turk)로 추정된다.

258. 卓子曰食床

이 항목은 한자어로서 특히 제사상에 널리 쓰인 것이다. 食은 집운이 實職切[ši²]이고 동운이 '씩'이고 기타 운서가 '식'이고, 床은 집운이 仕莊切[čuaŋ]이고 동운이 '쌍'이고 기타 운서가 '상'이어서, 고려한자음- 食床은 '식상'으로 읽을 수 있을 것이다. 따라서 고려어- 食床(밥상)은 '식상'의 표기일 것이며, 그 어원은 한자어- 食床으로 추정된다.

259. 林曰林(→ 牀曰牀)<민국판>

이 항목은 전후의 항목으로 보아서 '수풀(林)'이 놓일 자리가 아니고, 민국판에 따라서 牀曰牀의 오기로 보아야 할 것이다. 牀은 지금도 한자어- '상'으로 흔히 말해지고 있고, '소반'이란 말은 덜 쓰이고 있다. 그런데 이 '소반'을 小盤에 유래한다고 사전에 적혀 있는데, 필자의 생각으로는 취음자로 보아야 할 것이다. 盤자 만으로도 '소반'의 뜻이 되는데 굳이 '작은 소반'이라고 칭할 필요가 없기 때문이다. 그러므로 이것은 sofra (식탁, Turk)의 소급형 *sopra > sobïna > sobana > soban(소반)의 변화를 거친 것으로 보인다.

260. 燭曰火炬

이 항목의 표제로 보아선 등피(燈皮)가 없는 '촛불'이나 그와 유사한 '관솔불' 같은 것도 뜻할 수 있을 것인데, 이미 사어가 된 것이다. 火는 집운이 虎果切[xua]이고 동운·기타가 모두 '화'이고, 炬는 집

운이 曰許切[kiu]이고 동운은 '꺼'이고 기타 운서는 '거'여서, 고려한
자음- 火炬는 '화거'로 읽을 수 있을 것이다.

그런데, 燭은 본디 뜻이 '밤을 밝히는 불빛'이어서 '횃불'이나 '관
솔불(火炬)'을 직접 가리키는 말은 아니다. 그러므로 이 '화거'(燭)는
vāku(빛·빛남, Dr-Ta)와 대응시키는 것이 한자어- 火炬(관솔불·횃불)
로 보는 것보다 나을 것이다. 즉 *vāku > pwaku > hwakə(화거)의 변화
를 거친 것으로 보인다. 따라서 고려어- 火炬(촛불)는 '*화거'의 표기
일 것이며, 그 어원은 *vāku(빛·빛남, Dr-Ta)로 추정된다.

261. 簾曰箔. cf. 音登〈민국판〉(→音發)

이 항목은 여러 학자들이 음의 상관(音義相關) 표기로서, '[poʔ]~
박'으로 소리나는 箔자로 '발'을 대충표기한 것이라고 한다. 箔은 집
운이 白各切[poʔ]이고 동운이 '빡'이며 기타 운서가 '박'이서, 고려
한자음- '箔'은 '박'으로 읽을 수 있을 것이다. 만약 일반 학자들의
말대로라면 중국 독자들이 저자의 의도와는 관계없이 중원음인
[poʔ](箔)으로 읽었을 것이니 그것은 고려어가 안 된다. 따라서 이
경우의 음의상관 표기라는 것은 차라리 우리 '향찰'이라고 하는 것
이 옳다. 진정한 음의상관 표기는 형대식 신조어 电(電)影(영화) 따위
처럼 그 말의 발음은 정확히 적으면서 그 표기체가 뜻도 동시에 시
사하는 표기이다.

그런데, '발(簾)'과 비교될 만한 것에는 balï(발, Dr-kur·Malt)·perde
(커튼·베일, Turk) 등이 있는데, 직접으로 balï와 대응될 것이다. 즉
balï > pāl(발:)의 변화를 거친 것으로 보인다. 따라서 고려어- 箔(발
'簾')은 '발:'의 대충표기일 것이며, 그 어원은 balï(발, Dr-kur·Malt)로

추정된다.

> 여기의 표음 '박(箔)'은 어쩌면 perde의 발달형 '받:'의 대충표기일
> 지도 모른다(*perde>pədə>pād>p^t>pāt '받:').

262. 燈曰活黃

이 항목은 '호롱–불'의 '호롱'의 소급형이 아닐까 한다. '호롱'을 사
전에서 '석유를 담는 그릇'이라고 일률적으로 뜻풀이 하고 있는데,
그렇다면 바로 '등잔'이란 말이 된다. 필자의 생각으로 등피나 갓이
잇는 조명기구를 뜻할 것이다. 活은 집운이 戶括切[huo']이고 동운
이 '괄·豁'이고 기타 운서가 '활'이고, 黃은 집운이 胡光切[xuaŋ]이고
동운이 '쌩'이고 기타 운서는 '황'이어서, 고려한자음– 活黃은 '활황'
으로 읽을 수 있을 것이다.

그런데, '등불'에 해당하는 이 말은 beḷagu(램프, Dr-Ta)·hurungge
(껍데기 있는, Ma)·bürkügül / bürkeger (카바, W.Mo) 등과 비교될 수 있
을 것이나, 직접으로는 beḷagu와 대응될 것이다. 즉 *beḷagu > puraŋ
> horaŋ > horoŋ(호롱)의 변화를 거친 것으로 보인다. 따라서 고려어–
活黃(등불)은 '호롱'의 대충표기일 것이며, 그 어원은 *beḷagu (램프,
Dr-Ta)로 추정된다.

> 그러나 '호롱'은 그 본디 뜻이 '등피'이고, 여기에 '불'을 붙여 '등불'
> 의 뜻으로 쓰인 것으로 볼 수 있는데, 이것은 bürkügül에 소급할 개

연성이 크다(*bürkügül > pərɔ̄gə > horoŋ '호롱'). 그러므로 horong (>hurung. 껍데기·등피)-ngge(소유접사, Ma)>hurungge(껍데기 있는, Ma)의 뜻으로 쓰이게 된 것으로 보인다. 이렇게 보면 活黃은 '호롱-불'을 줄여 '호롱'으로 표현한 것이 된다.

263. 264. 下曰簾箔耻曰囉(→下簾曰箔耻巨囉)

이 항목은 순치판에서 「263. 下曰簾·264. 耻曰囉」로 나뉘어 있으나, 민국판의 「下簾曰箔耻具囉」로 미루어 보아서 이것은 합쳐 한 항목으로 보아야 할 것이다. 箔은 이미 261항에서 '발'의 대충표기로 읽었고, 耻도 8항에서 '디'로 읽었고, 囉는 집운이 良何切[la]이며 동운·기타가 '라'이고, 巨는 집운이 臼許切[kiu]이고 동운은 '꺼'이고 기타 운서는 '거'여서 고려한자음- 箔耻具囉는 '발디거라'로 읽을 수 있을 것이다.

그런데, '발-디:(簾-下)'는 261항과 8항에 의해서 그 어원은 「*balī (발, Dr-kur·Malt)-*tül-(>tüš-. 내리다, O.Turk)-i(타동사화접사. cf.*디-이->:디- '떨어뜨리다')」의 합성일 것이며, 그 본디 뜻은 '발을 내리다'가 될 것이고, 여기에 명령형어미- '-거라'가 첨가된 것이 '箔耻巨囉'의 뜻이 된다. 따라서 고려어- 箔耻巨囉(발을 내려라)는 '발 :디거라'의 표기일 것이며, 그 어원은 위에서 보인 바와 같고, 그 뜻은 '발을 내려라'로 추정된다.

265. 匱曰枯孛. cf. 枯李<명대판>. cf. 匱=櫃(궤)

이 항목의 표제는 '궤'를 뜻하는데, 나무나 단단한 물질로 만든 장방형 상자인데 '고리'는 고리버들 가지나 대오리로 엮어 만든 상자이니 명대판의 枯李는 오기가 분명하다. 그러므로 枯孛은 사어로 볼 수밖에 없다. 枯는 집운은 空胡切[kʼu]이고 동운은 '코'이며 기타 운서는 '고'이고, 孛은 이미 5항에서 '불'로 읽히고 있음을 밝힌바 있어서 고려한자음- 枯孛은 '*고불'로 읽을 수 있다.

그런데 枯孛에 가까운 비교어휘를 찾아보면 köbke(궤, 상자·고리, W. Mo)·keb(모형·골 '型', W. Mo)·horho(옷장, Ma)·hobo(궤, Ma) 등이 있는데, 직접으로 köbke와 대응될 것이다. 즉 *köbke > kobïk > kobuk > kobul (고불. -uk > -ul. 예: muke '물, Ma' ∞ 물) > hobo의 변화를 거친 것으로 보인다. 따라서 고려어- 枯孛(궤)은 '*고불'의 표기일 것이며, 그 어원은 *köbke (궤·상자, W. Mo)로 추정되며, hobo는 우리말에서 차용된 것으로 보인다.

266. 傘曰聚笠

이 항목은 이조어- '슈룹'의 소급형일 것이다. 聚는 집운이 在庾切[ciu]이고 동운은 '쮜'이며 기타 운서는 '취/츄'이고 笠은 집운이 力入切[lip]이고 동운·기타가 모두 '립'이어서, 고려한자음은 '츄립'으로 읽을 수 있을 것이다.

그런데, 이것은 이조어- '슈룹'과 유사한 형태인데, 이의 비교어휘는 sūluk(비옷, O.Turk)·sikür (양산, W.Mo) 등과 비교될 수 있을 것인데, 직접으로 sūluk과 대응될 것이다. 즉 *sūluk > syuruk > syurup (-uk >

-up '순음동화') 의 변화를 거치고, 그 본디 뜻의 비옷에서 같은 '비를 막는 장비'인 데서 '우산'의 뜻으로 전의된 것이다(환유). 따라서 고려어- 聚笠(우산)은 '슈룹'의 대충표기일 것이며, 그 어원은 *sūluk (비옷 →*우산, O.Turk)으로 추정된다.

267. 扇曰孛采

이 항목은 이조어- '부채'의 소급형일 것이다. 孛은 265항에 이니 '불'로 읽었고, 采는 집운이 此宰切[c'ai]이고 동운·기타가 '칙'여서 고려한자음- 孛采는 '불채'로 읽을 수 있을 것이다.

그런데, 이것은 puṭai(부치다 '扇', Dr-Ta)·vicci(부채, Dr-Ma) 등과 비교될 수 있을 것이나, 직접으로는 puṭai와 대응될 것이다. 즉 *puṭai > putä > put'ä > puč'ä(부채)/puč'e(부치')의 변화를 거친 동사어간으로 명사로 삼은 것으로 보인다. 따라서 고려어- 孛采(부채)는 ''부채'의 대충표기일 것이며, 그 어원은 *puṭai(부치다 '扇', Dr-Ta)로 추정된다.

268. 笠曰蓋(=蓋) 音渴

이 항목은 이조어가 '갇(>갓)'인데 그것과 유사한 '갑(蓋)·갈(渴)'로 표기되었으니 '갇'을 표기할 수 있는 한자가 없어서 대충한 것이 틀림없다. 蓋는 집운이 居曷切[k'aʔ] 또는 轄臘切[k'ab]이고 동운이 '합'이며 기타 운서가 '갑'이고, 渴은 집운이 丘葛切[k'aʔ]이고 동운이 '칼'이고 기타 운서가 '갈'이어서, 고려한자음- 蓋·渴은 '갑·갈'로 읽을 수 있을 것이다.

그런데, 이조어- '갇'은 고유 복식어이기 때문에 고유어가 틀림없

으나, 그 원형이 '갇'인지 의문스럽다. 『신속삼강행실도』(1617)에
"검은 갇의 요딜ᄒ고"<孝 3-40>에만 서술형어미에 이어진 '갇'이
보이나 기타에선 모두 단독형에만 '갇'이 쓰이었는데 대하여 그보다
앞선 『소학언해』(1586)에는 '곳(處)'이 '곧'으로 나타나는 데 대하여
'갓(笠)'은 '갓'으로 나타나고, 『고려사』지리지에 「聞慶郡本冠文縣-
云冠縣-云高思曷伊城」에서 '高思∞冠'의 등식을 얻을 수 있어서 '갓'
이 원형일 개연성이 더 크다. 만약 이 '갓'이 원형이었다면 kāš(사물
의 테, O.Turk)와 대응시킬 수도 있을 것이다. '갓'은 다른 모자들보다
양테가 넓기 때문에 그런 특징 때문에 '테'를 뜻하는 말을 빌어서
'갓'이라고 칭하게 되었을 것이다. kasa(갓, Jap·Ainu)는 우리말의 사
용일 것이다. 따라서 고려어- 蓋/渴(갓, '笠')은 '갓~갇'을 표기할 한
자가 없어서 '*갓~갇'의 대충표기일 것이며, 고유어가 틀림없으나,
그 어원은 *kāš(사물의 테, O.Turk)로 추정된다.

269. 梳曰苾 音必

이 항목도 앞의 항목의 경우와 마찬가지로 '빗'을 표기할 수 있는
한자가 없어서 '필'로서 대충표기한 보인다. 苾·必은 집운이 壁吉切
[piə]이고 동운이 '빌'이며 기타 운서가 '필'이어서, 고려한자음- 苾
·必은 '빌~필'로 읽을 수 있을 것이다.

그런데 '빗(梳)'은 iji-(<*piji-, 빗다, Ma)·bir(브러시·솔, O.Turk-G)·
peɟeya(빗, Dr-Go)·is-(<*pis-, 빗다, Evenki) 등과 비교될 수 있을 것
이나, 직접으로는 bir과 대응될 것이다. 즉 *bir > pir(苾) > piʒ > pis
(빗)의 변화를 거친 것으로 보인다. 『조선관역어』에도 「梳頭 墨立必
色(*머리 빗어)」에서 '빗'의 형태를 보이고 있어서 과연 고려어가

'빌'이었는지 확신은 없으나 일단 그 가능성은 인정해야 할 것이다. 따라서 고려어- 苾·必(빗 '梳')는 "*빌(또는 '빗')'의 표기일 것이며, 그 어원은 *bir(빗, O.Turk-G)로 추정된다.

270. 篦曰頻希

이 항목은 이조어- '빈혀'의 소급형일 것이다. 頻은 집운이 毗賓切[pin]이고 동운이 '빈·뻰'이며 기타 운서가 '빈'이고, 希는 집운이 香依切[xi]이고 동운·기타가 모두 '희'여서 고려한자음- 頻希는 '빈희'로 읽을 수 있을 것이다.

그런데 '비녀'는 ubbana(빗장, Dr-ka)·piṇṇi-(엮다, Dr-Ta)·pinn(작은 막대기, Dr-kur) 등과 비교될 것이나, 직접으로는 pinn과 대응될 것이다. 즉 *pinn-i(조음소) > pinnyə > pinhyə(빈혀) > pinyə(비녀)의 변화를 거친 것으로 보인다. 그러나 비녀도 머리가 풀리지 않게 하는 일종의 작은 빗장이라고 할 수 있으므로 ubbana와 대응시킬 수도 있다. 즉 *ubbana > pāna > pīnə > pinyə(비녀) > pinhyə(빈혀)의 변화를 거친 것으로 볼 수도 있다. 따라서 고려어- 頻希(비녀)는 '빈혀'의 대충표기일 것이며, 그 어원은 *pinn(작은 막대기, Dr-Kur)이거나 *ubbana(빗장, Dr-ka)로 추정된다.

271. 齒刷曰養支

이 항목의 표제의 뜻은 '치솔'을 뜻하는데, 이것은 이조어- '양지(>양치=입안을 깨끗이 닦음, 漱)'의 소급형일 것이다. 養은 집운이 以兩切[iaŋ]이고 동운·기타가 모두 '양'이고, 支는 집운이 章移切[ǐ]이고 동운·기타가 모두 '지'여서 고려한자음- 養支는 '양지'로 읽을 수 있을 것이다.

그런데, '양지 > 양치'를 楊枝에 유래한다고 한다. 그것도 그럴 것이 양지는 본시 불도(佛徒)를 칫솔 대신 버들가지로 이를 청소해 왔고(『隨書』眞臘傳에「每日澡洗 以楊枝淨齒 讀誦經呪), 일본에서 이쑤시개를 '요오지(楊枝)'라고 하니 말이다. 그러니 칫솔이나 양지는 함께 이 청소를 하는 도구라는 공통점을 가지고 있어서 충분히 전의가 가능하다(환유). 그러나 불교가 북부 인도에서 시작되었고 그 무렵에는 거기의 주류 거주민이 드라비다족(지금은 아리안족의 진입으로 밀려서 남부로 이동해 삶)이었으니, 드라비다어와 비교할 수도 있지 않을까 한다. 즉 「tikku(비비다, Dr-Ta)-ci(솔질하다, Dr-Ta)」의 합성어와 대응될 개연성이 크다. 즉 *tikk-ci > čig-či > ninči > yənči > yanči(양지) > yanč i(양치)의 변화를 거치고, '문지르고 솔질히디'에서 입안의 청소에 주로 쓰이다가 보니 '영치질하다→양치질'의 뜻으로 굳어진 것으로 볼 수 있다. 따라서 고려어- 養支(치솔)는 '양지'의 표기일 것이며, 그 어원은 일단 한자어- 楊枝로 보이지마는 이것이 통속어원설일 수 있다면 그 어원은「*tikku(비비다, Dr-Ta)-ci(솔질하다, Dr-Ta)의 합성어일 개연성이 큰 것으로 추정된다.

272. 合日合子(→盒子日合)

이 항목은 '음식을 담는 놋그릇의 일종'을 뜻할 것인데 한자어가 틀림없다. 그러므로 표제를 「盒子日合」으로 수정하여 두었다. 合은 집운이 曷閤切[hab]이고 동운·기타가 모두 '합'이어서 고려한자음- 合은 '합'으로 읽을 수 있다. 따라서 고려어- 合(합, '盒')은 '합'의 표기일 것이며, 그 어원은 한자- 盒으로 추정된다.

273. 盤子曰盤

이 항목은 이조어가 '소반'이니 한자어로 본 것은 잘못된 것이다. 盤은 집운이 蒲官切[p'uan]이고 동운이 '빤'이고 기타 운서가 '반'이 어서 고려한자음도 '*반'으로 읽을 수 있어서 진정 한자어였다면 고려어- 盤은 '반'의 표기였을 것이다.

그러나 고려시대에도 '소반'이라고 하였을 것이고, 그 어원은 사전에서 '小盤'이라고 적고 있으나, 盤만으로도 '소반'의 뜻이 되는데 굳이 小자를 덧붙인 이유가 없어 한자어로 보기 어렵다. 차라리 이것은 sofra(식탁, Turk)와 대응될 것이다. 즉, sofra의 소급형 *sopra > sobïna > sobana > soban(소반)의 변화를 거친 것으로 보인다.

274. 瓶曰瓶

이 항목은 방언에서 '술병'을 '쉬용 / 시엉 / 쉬영 / 시용' < 나주, 화순, 장성>이라고 하고, 이조어에 '소용·쇠옹'(=작은 아가리 병)이 씌었으면서도 여전히 '병'이 우세하게 쓰이고 있고, 瓶은 집운이 旁經切 [p'iəŋ]이고 동운은 '삥'이며, 기타 운서는 '병'이어서, 고려어- 瓶도 '병'의 표기일 것이고, 그 어원은 한자어- 瓶인 것으로 추정된다.

그런데 '소용/쇠옹'과 대응될 만한 것에는 sürāhi(식탁용 작은 포도주병, Turk)·sucii(병, Ma)·šiše(병, Turk)·sïrïčğa(유리, O. Turk) 등이 있는데, 직접으로는 sürāhi의 소급형 sürāgi와 대응될 것이다. 즉 *sürāgi > süʒaɲi > süyəŋ (쉬영) > siyəŋ (시영→시엉)/suyoŋ > soyoŋ (소용) > söoŋ

(쇠옹) 등의 변화를 거친 것으로 보인다. 그러나 여기서 고려어를 '병'으로 적은 것은 '작은 아가리의 병'과 구별하기 위함인 것 같다.

275. 銀甁曰蘇乳

이 항목의 표제가 「小口甁曰蘇乳」처럼 되어야 할 것이며, 바로 앞의 274항에서 언급한 '소용·쇠옹(甁)'의 소급형의 표기일 뿐이다. 아마 묻는 사람이 술병으로 쓰이는 은병을 가리켰는데, 대답하는 사람이 작은 아가리의 술병에 대해서 묻는 줄로 알고 대답한 것으로 보인다. '은(銀)'은 이미 209항에서 '漢歲'라고 하였다. 蘇는 집운이 孫祖切[su]이고 동운·기타가 모두 '소'이고, 乳는 집운이 橤主切[ʒiu]이고 동운·기타가 모두 '슈'여서, 고려한자음- 蘇乳는 '소슈'로 읽을 수 있다.

그런데, '소용(小口甁)'은 앞의 항목에서 언급한 sürāhi(식탁용 작은 포도주병, Turk)의 소급형- *sürāgi와 대응된다. 즉 *sürāgi > söʒāi > soʒē > soʒū(소슈 '蘇乳')의 변화를 거친 것으로 보인다. 따라서 고려어- 蘇乳(小口甁)은 '소슈'의 표기일 것이고, 그 어원은 *sürāgi (>sürāhi, 식탁용 작은 포도주병, Turk)로 추정된다.

276. 酒注曰甁咜(→甁砣)<순치판>

이 항목의 표제의 의미는 '술을 따르다'인데, 거기에 대한 대답은 '병 따'처럼 '병의 뚜껑을 열다'의 뜻으로 오답을 하고 있다. 甁은 274항에서 '병'으로 읽었고, 咜는 사전에 없는 글자여서 순치판에 따라서 砣로 보면, 그것은 徒禾切[t'a]이고 우리의 운서에는 보이지 않으나 它를 형성자(形聲字)가 모두 '타'여서 고려한자음은 '*병타'로 읽을 수 있다.

그런데, '술을 따르다'의 뜻이 되자면 瓶砣는 '병(을) 따(摘)'일 것인데, '따다'의 이조어가 '뜨'였는데, 이것과 대응될 만한 말을 tah(따라, Dr-Go)인데, 그것이 *tah>tā>tㅅ(뜨)>t'a(따)의 변화를 거친 것으로 보이므로 '뜨'의 전단계인 *tā를 砣로 로 표기한 것으로 보인다. 따라서 고려어- 瓶砣(병을 따다)는 '병 다:'의 대충표기일 것이며, 그 어원은 「*瓶 tah(따다, Dr-Go)」의 합성어로 추정된다.

277. 盞盤曰臺盤

이 항목의 표제인 盞盤은 한국식 한자어로서 '잔을 놓는 소반' 즉 '잔대(盞臺)'를 뜻하는데, 臺盤은 본시 '식탁' 또는 '주방'을 뜻하는 말인데, 여기서는 소반보다 큰 '식탁'이 잔대의 뜻에 더 가깝지만 그것으로 간주해도 뜻에 서로 차이가 크다. 차라리 표제와 마찬가지로 우리식 한자어로서 '대(臺) 위의 소반' 즉 '식탁 위의 잔대'를 의미한 것이 아닐까 생각도 해 보지만 그런 한자어도 보이지 않아서 필시 오자가 있을 것 같다. 아마 「盞盤曰盞盤」의 오기로 보인다.

278. 釜曰吃 榗吃反

이 항목은 이조어- '가마'에 해당하는 말일 것인데, 우리 주변어에는 吃[걸]과 유사한 말이 보이지 않는다. 吃은 집운이 居乙切[Kiə']이고 동운이 '글'이며 기타 운서는 '글/걸'이어서 고려한자음- 吃은 '*글~걸'로 읽을 수 있을 것이다.

그런데, 280항에 鬲曰宰(→窣)<민국판>이 있어서 '솥'의 소급형이 보이니 이 항목은 큰 솥을 의미해야 할 것이나 그런 비교어휘가 보이지 않으니, 오자로 보자니 한자의 글획이 몇 개 아닌데 그렇게 보기도 어렵다. 그러므로 가마나 솥이 걸려 있는 '부뚜막'이나 '화덕'을 묻는 줄 알고 오답한 것이나 아닌가 싶다. 만약 그렇다면 '부뚜막·화덕'을 뜻하는 말은 kolume / kulume (화덕, Dr-ka)·külhan (욕실의 부엌, Turk) 등과 비교될 수 있을 것이나, 직접으로 kulume과 대응될 것이다. 즉 *kulume > kulum > kulu > kul > kəl(걸)의 변화를 거친 것으로 보인다. 따라서 고려어- 吃(가마→*화덕)은 '걸'의 표기일 것이며, 그 어원은 kulume (화덕, Dr-ka)로 추정된다.

> **참고**
>
> '가마'는 kāvali(납작한 냄비, Dr-ka)와 대응될 것이다.
> (*kāvali>kāmai>kāme>kama '가마')

279. 盆曰雅數耶(→雅耶歌) cf. 鴉救耶<민국판>

이 항목의 표제로 보아선 '항아리'나 '동이'를 뜻하는 말일 터인데, *아수야'로선 합당한 말이 우리 주변의 어느 언어에도 보이지 않는다. 그러므로 도치된 *雅歌耶의 오기로 보고자 한다. 雅는 집운이 語下切[a]이고 동운이 '아'이며 기타 운서는 '아'이고, 歌는 집운이 居何切[ka]이며 동운·기타가 모두 '가'이고 耶는 집운이 餘遮切[ia]이고 동운·기타가 모두 '야'여서 고려한자음- 雅歌耶는 *아가야'로 읽을 수 있다.

그런데 *아가야'와 비교될 만한 것에는 akal(작은 항아리, Dr-ta)가 있다. 즉, akal의 소급형을 *akala로 보면 *akala > akaši > akahi > akaya (아가야)의 변화가 가능하고 그 뜻도 '동이'나 '항아리'에 거의 가까워서 대응되는 것이 확실하다. 따라서 고려어- 雅歌耶(동이·항아리)는 '*아가야'의 표기일 것이며, 그 어원은 akal(작은 항아리, Dr-Ta)로 추정된다.

280. 鬲曰宰(→ 窣) 〈민국판〉

이 항목은 '솥'의 소급형으로 보인다. '솥'을 뜻하는 방언이나 우리 주변어에 宰의 음에 가까운 것은 없고, '난로'을 뜻하는 juuxa(W. Mo)가 있어서 이것과 억지로 비교할 수도 있을 것이나 민국판에서 窣(솔)자로 나타나므로 흠정본·순치본 쪽이 오자로 보고자 한다. 窣은 집운이 蘇骨切[suʔ]이고 동운·기타가 모두 '솔'이어서, 고려한자음-窣은 '솔'로 읽을 수 있을 것이다. 그러므로 이 '솔'은 '솥'을 표기할 한자가 없어서 대충표기한 것으로 볼 수 있다.

그런데, '솥'과 비교될 만한 것에는 jezve (커피 끓이는 단지, Turk)·solha(탕관, Ma)·suu (가마·남비, Ainu)·sonde (질그릇 단지, Dr-kol)·sōra (단지, Dr-Go)·seh(셋, Turk)-toğuğa(n)(남비, W.Mo) 등이 있는데, 직접으로는 seh-toğuğa와 대응될 것이다. *seh-toğuğa > səhtou > sotho > soth(솥)의 변화를 거친 것으로 보인다. 따라서 고려어 窣(솔)은 '솥'의 대충표기일 것이며, 그 어원은 「*seh(셋, Turk)-toğuğa(남비, W. Mo)」의 합성어로 추정된다.

> 참고
>
> 만약 宰가 叜[su](늙은이 ·수)의 오자로 보면 아이누어의 suu(가마솥)과 대응시킬 수도 있을 것이다.

281. 碗曰己顯(→巳頗). cf. 巳題〈민국판〉·巳顯〈순치판〉

이 항목의 碗은 '사발'을 뜻하는데, 그것으로 보자면 순치판의 巳顯을 巳頗의 오기로 보아야 할 것이다. 巳는 집운이 象齒切[sï]이고 동운은 '쓰'이며 기타 운서는 '스'이고 頗는 집운이 滂禾切[pʻa]이고 동운·기타가 모두 '파'여서 고려한자음- 巳頗는 '사파~사바'로 읽을 수 있다.

그런데, '사발'과 대응될 만한 것에는 saba(그릇, W. Mo)가 있다. 즉, *sabala > sabari > sabal(사발)이거나, sabala(그릇에 두다, W. Mo). *saba-'올'(어형보강소) > sabal(사발)의 변화를 거친 것으로 보이는데 여기의 saba의 대충표기가 巳頗로 보인다. 따라서 고려어- *巳頗(사발)은 '*사발'의 대충표기일 것이며, 그 어원은 *saba(그릇, W. Mo)으로 추정된다.

> 참고
>
> 민국판이 巳題를 巳覇[이백]의 오자로 보고 ibep / ipeoh(밥그릇, Ainu)와 비교해 봄직도 하나, 고려지배층이 몽고계가 우세했던 것으로 보이므로 몽고어와 우선 대응시킨 것이다.

282. 楪曰楪至

이 항목은 이조어- '뎝시'의 소급형으로 보인다. 楪은 집운이 弋涉切[tiab]이고 동운·기타가 모두 '뎝'이고 至는 집운이 脂利切[ǐie]이고 동운·기타가 모두 '지'여서 고려한자음- 楪至는 '뎝지'로 읽을 수 있다.

그런데, '뎝시>졉시'는 tebsi(큰 접시, W.Mo)·tevsi(접시, O.Turk) 등과 비교될 수 있으나, 알타이 공통기어- *tebsī와 대응될 것이다. 즉 *tebsī>čəbsi(졉시→접시)의 변화를 거친 것으로 보인다. 따라서 고려어- 楪至(접시)는 '졉시'의 대충표기일 것이며, 그 어원은 *tebsī(접시, P. Altai)로 추정된다.

283. 盂曰大耶

이 항목은 '대야'의 소급형일 것이다. 大는 집운이 徒蓋切[tai]이고 동운이 '때'이며 기타 운서가 '대'이고, 耶는 이미 279항에서 '야'로 읽었으니, 고려한자음- 大耶는 '대야'로 읽을 수 있다.

그런데, '대야'는 yağdan(큰 통, Turk)·tāŗi(큰 남비, Dr-Ta) 등과 비교될 수 있으나, 직접으로 yağdan의 소급형 *dağdan>dādan>dāda>taya(다야)>täya(대야)의 변화를 거친 것으로 보인다. 따라서 고려어- 大耶(대야)는 *대야~다야'의 표기일 것이고, 그 어원은 *dağdan(>yağdan. 큰 통, Turk)으로 추정된다.

284. 匙曰戌

이 항목은 '술(=숟가락)'의 소급형일 것이다. 戌는 23항에서 이미
'슐'로 읽었으니, 고려한자음- 戌은 '슐'로 읽을 있다.

그런데 '숟(=*술-ㅅ-가락 > 숟가락→숫가락<잘못 표기>)은 sūri(숟가락,
Dr-Tu)와 대응될 것이다. 즉 *sūri > sūl > sul(술)의 변화를 거친 것으
로 보인다. 따라서 고려어- 戌(숟가락)은 '술'의 대충표기일 것이며
그 어원은 *sūri(숟가락, Dr-Tu)로 추정된다.

285. 茶匙曰茶戌

이 항목은 한자어- 茶와 윗 항목- 술(=숟가락)의 합성어로 보인
다. 茶는 집운이 直加切[č'a]이고 동운은 '따'이며, 기타 운서는
'다~차'이고 戌은 이미 284항에서 '술'로 읽었으니 고려한자음- '茶
戌'은 '*차술'로 읽을 수 있다. 따라서 고려어- 茶戌(찻 숟가락)은 '*차
술'의 표기일 것이며, 그 어원은 「*茶-sūri(숟가락, Dr-Ta)」의 합성어
로 추정된다.

286. 箸曰折. 七吉反

이 항목도 방언의 '절'<경북, 강원, 함경도>나 '절가락' 속에 남아
있는 형태의 소급형일 것이다. 折은 집운이 之列切[čïe']이고 동운·
기타가 '절'이어서 고려한자음- 折은 '*절'로 읽을 수 있다.

그런데, '젓가락'을 뜻하는 '절'은 čelik(젓가락, Turk)과 대응될 것이
다. 즉 *čelik > čəri > čəl(절) / čəi >če > čyə(져)의 변화를 거친 것으로

보인다. 따라서 고려어- '折(젓가락)'은 '절'의 대충표기일 것이고, 그 어원은 čelik(젓가락, Turk)으로 추정된다.

> **참고**
>
> '저분 / 저븐 / 저븜(=젓가락)'은 sapxa(젓가락, W.Mo-유)와 대응될 것이다. 즉 *sapxa > sipha > čib∧-ən(명사화접사) > čyəbïn > čəbïn (저븐) > čəbun(저분) / čəbïm(저븜, bun>bum '순음동화')의 변화를 거치고 sapka(젓가락, Ma)·čapka(젓가락, Gily-G)는 sapxa의 발달 형이다. 주(註)의 七吉反은 [č'iə']이니 우리말과는 무관한 잘못된 첨가물이다.

287. 沙羅曰戌羅(→戍羅) 亦曰敖耶.

이 항목의 표제- 沙羅는 諸橋轍次『大漢和辭典』6-1000에 의하면 沙羅의 이기로서 '소라 > 소래(=서숫대야)'를 뜻하는데, *戍는 6항에서 '슈'로 읽은 바 있고, 羅는 집운이 良何切[la]이고 동운·기타가 모두 '라'여서 고려한자음- *戍羅는 '*슈라'로 읽을 수 있다.

그런데, '소라 > 소래'는 cōra(질그릇 대야, Dr-Pa)·sōṛā(id, Dr-Go)의 드라비다 공통기어- *cōra와 대응될 것이다. 즉 *cōra > sōra (소: 라) > sorä (소래)의 변화를 거친 것으로 보인다. 따라서 고려어- *戍羅는 '*소라'의 대충표기일 것이며, 그 어원은 *cōra(질그릇 대야, P.Dr.)로 추정된다. 그리고 敖耶[오야]는 ugiyaǧur(대야, W.Mo)와 대응된다. 즉 *ugiyaǧur > üyaur > uyar > oya(敖耶)의 변화를 거친 지배층인 몽고계어이다.

288. 硯曰皮盧

이 항목은 이조어- '벼로'의 소급형일 것이다. 皮는 집운이 蒲糜切[pʼi]이고 동운이 '삐'이며 기타-운서가 '피'이고, 盧는 집운이 龍都切[l]이고 동운·기타가 모두 '로'여서 고려한자음- 皮盧는 "*비로~피로'로 읽을 수 있다.

그런데 '벼로>벼루'는 bilēgü (숫돌, O.Turk)·bilegüü (id, W. Mo)의 알타이 공통기어- *bilegü와 대응될 것이다. 즉 *bilegü > bilō > piro (≒皮盧) > pyəro(벼로) > pyəru (벼루)의 변화를 거친 것으로 보인다. 따라서 고려어- 皮盧(벼루)는 '비로'의 표기일 것이며, 그 어원은 *bilegü(숫돌, P.Altai)로 추정된다.

289. 筆曰皮盧

이 항목은 한자어- 筆의 한국식 한자음 표기로 보인다. 皮盧는 앞의 항목에서 '비로~피로'로 읽을 수 있다고 하였는데, 여기서는 '필'을 대충표기한 것으로 보이나, pīle (공작의 깃털, Dr-Ta.ka)와 대응시킬 수도 있을 것이다.

그러나 이조어가 '붇'의 형태로 나타나는데 그보다 좀 앞선 『조선관역어』에도 '必'로 나타나니, 역관들의 전용어인지도 모르나 일반 사람들은 모두 '붇'이란 말을 상용하였을 것이다.

그런데 이 '붇'도 筆의 고대음의 차용으로 보는 것이 상식처럼 되어 있는데 서양의 pen의 기원도 '붓'과 비슷해서 '깃털'이었다고 하는데 feather (깃털, 영어)의 고형이 *federa<고대 독일어>였고, 드라비다어의 putga (깃털, Dr-Go)·pūṭa (새의 솜털·가는 털, Dr-Ma) 등과 비교할 수 있을 것인데, 특히 pūṭa와 대응될 것이다. 즉 *pūṭa > putï > put(붇) > pus(붓)의 변화를 거치고, 그 본디 뜻인 재료의 '가는 털'이 제품의 '붓'으로 전의된 것으로 보인다. 이와 같이 '筆'자의 옛음에서 유래한다(*筆[pyet>pʻi<B.karlgren, 1966>)고 보는 것보다 음운변화 과정이 훨씬 합리적이다.

290. 紙曰垂(→才垂). cf. 紙曰捶<민국판>

이 항목은 이조어- '죠희'의 소급형인지, 한자- 紙의 표음인지 분간이 안 간다. 垂는 집운이 是爲切[šuei]·馳僞切[čuei]이고 동운이 '쒜'이며 기타 운서가 '슈'여서 고려한자음- 垂는 '슈~쉬'로 읽을 수 있을 뿐이지, 이것은 紙의 한자음- '지'와도 거리가 멀고, 또 垂의 북송음[*čuei/šuei]는 고려음- '지'와 다르고 '죠희'와도 다르다. 그렇다고 한자음- '슈'나 *čuei와 가까운 비교어휘도 보이지 않는다. 그러므로 분명히 탈자(脫字)가 있을 것이 예상되는데, 그것이 사실이라면, '슈'에 가까운 말음절이나 첫걸음을 가진 비교어휘를 찾아보면 čaǧasu (>čaasu, 종이, W. Mo)가 있을 뿐이고, *čaǧasu > čāsu / čaǧisu > čäsu의 변화가 가능하므로 여기의 čǎ나 čä에 가까운 한자가 타락된 것으로 보이는데, 마침 민국판의 捶자가 '才-垂'가 합쳐진 것 같이 보이니, 본시 이 항목은 紙曰才垂였던 것으로 보인다. 따라서 고려- *才垂(종이)는 **재수~자수'의 표기일 것이고, 그 어원은 *čaǧasu(종이, W. Mo)로 추정된다.

242 『鷄林類事』의 新解讀研究

291. 墨曰墨

이 항목은 한자어 기원의 '먹'을 표기한 것으로 보인다. 墨은 집
운이 密北切[mei?]이고 동운·기타가 '믁'이어서 고려한자음- 墨은
'*믁>묵'으로 읽을 수 있다. 따라서 고려어- 墨(먹)은 '*먹' 또는 '믁'
의 대충표기일 것이며, 그 어원은 墨으로 추정되나 mekke(먹, O.Turk)
으로 보아서(*mekke>mək '먹'), 중국에서 직접 차용한 것이 아니고,
터키족인 위만조선이나 김씨 신라의 지배층에 의해 차용되었을 가
능성이 크다.

292. 刀子曰割

이 항복은 이조어- '갈(刀)'의 소급형일 것이다. 割은 집운이 居曷
切[kʼa?]이고 동운이 '갈'이며 기타 운서가 '할'이어서 고려한자음-
割은 '갈~할'로 읽을 수 있다.

그런데, '갈>칼(刀)'은 kerub(칼, Dr-ka)·kerme(검, Mo-bury)·xar
(칼, Ural-Sam)·kard(작은 칼, Iran)·hal-mari(작은 칼, Ma, cf. makiri '나이
프, Ainu. *makiri>maɲiri>mairi>mari)·kar(칼 집, Gily)' 등과 비교해 봄
직한데, 우랄알타이 공통기어를 *karb(칼)로 재구할 수 있을 것이다
(드라비다어도 한때 우랄어나 알타이어와 접촉이 확실하여서 많은 어휘가 유
사함). 즉 *karb>karh(갈ㅎ)>Kʼal(칼)의 변화를 거친 것으로 보인다.
따라서 고려어- 割(칼)은 '갈'의 표기일 것이며, 그 어원은 *karb(칼,
P.Ural-Altai)로 추정된다.

293. 翦刀曰割子蓋(→剪刀曰割子蓋)〈순치판〉

이 항목의 표제- 剪(翦의 속자, 諸橋『大韓和辭典』9권 p.125) 子는 현대어- '가위'를 뜻하는데, 그 방언형에 '가시개'가 있어서 그와 유사한 형태로 보인다. 割은 앞의 항목에서 '갈'로 읽었고, 子蓋는 235항에서 '지개'로 읽었으니, 고려한자음- 割子蓋는 '갈지개'로 읽을 수 있다.

그런데, '가시개(=가위)'는 「ᄀᆞ-(切)-개(기구명사화접사)」의 합성어와 대응될 것이다. 즉 *kaʒ-kä > kaʒikä(≒割子蓋) > kasikä (가시개) > kasä (가새)의 변화를 거친 것으로 보인다. 여기서 'ᄀᆞ-(切)'은 käs > kes (자르다, O.Turk)·xasu (id, W.Mo)와 대응된다(*käs > kasï > kaʒï > kʌʒ-'ᄀᆞ' : *xasu > kaʒu > kʌʒï- > kʌʒ-'ᄀᆞ'). 따라서 고려어- 割子蓋(가위)는 '*가지개'의 대충표기일 것이며, 그 어원은 「*käs(자르다, O.Turk)-kä(기구 명사화접사)」의 합성어로 추정된다.

294. 骰子曰節

이 항목의 표제- 骰子는 '주사위'를 뜻하는데, 節은 집운이 子結切 [cieˀ]이고 동운·기타가 모두 '절'이어서 고려한자음- 節은 '절'로 읽을 수 있다.

그런데 '절'과 유사한 말로는 zar(주사위, Turk)을 들 수 있을 것이다. 즉 *zar > čal(≒節) / saʒ-ʌ(조음소. 사ᅀ)의 변화를 거친 것으로 보인다. 따라서 고려어- 節(주사위)는 '*잘'의 대충표기일 것이며, 그 어원은 *zar (주사위, Turk)로 추정된다.

295. 鞭曰鞭

이 항목은 이조어가 '매'이니 한자어일 리가 없다.

그리고 '매는 milağa(매, W. Mo)·mara(나무, Dr-ka)·bārisu(매질하다, Dr-ka) 등과 비교될 수 있을 것이나, 직접으로는 milağa와 대응될 것이다. 즉 *milağa > mirā > mia > mä(매)의 변화를 거친 것으로 보인다. 한편, bārisu와 비교할 수도 있을 것이다. 즉 *bārisu > mähu > mäh > mä(매)의 변화를 거친 것을 명사로 수용한 것으로 볼 수도 있다.

296. 鞍曰末鞍

이 항목도 이조어-(물 > 말 '馬')-鞍(기르마 > 길마)의 복합으로 보이는데, 일상용어는 아니었을 것이다. 末은 莫曷切[mua?]이고 동운·기타가 모두 '말'이고, 鞍은 집운이 於寒切[an]이고 동운이 '한'이며 기타 운서가 '안'이어서 고려한자음- 末鞍은 *'말안'으로 읽을 수 있다.

그런데, '물(馬)'은 98항에서 mori(馬, W. Mo)와 대응시켰고, 鞍은 이조어가 '기르마'인데 이것은 emegel(안장, W. Mo)의 음운도치형인 *geleme와 직접 대응될 것이다. 즉 *geleme > kirəmə > kirʌma(기르마) > kilma(길마)의 변화를 거친 것으로서, 여기서 음운도치현상이 일어난 까닭은 emegel의 발달형이 '어머니'와 동음충돌을 일으키기 때문이었다. 즉 *emegel[əməgəl] > əmāl-i(조음소) > əməri > əməni(어머니)의 변화가 가능하다. 한편 kura(안장, Jap. Ainu)는 우리말의 차용이다.

297. 轡曰轡(→·古轡)

이 항목도 한자어로 보기에는 너무 어려운 글자여서 轡[비] 앞에 '고'음의 한자가 있었는데, 그것이 曰자와 비슷하여 중복된 것으로 보고 탈락시킨 것으로 보인다. 그렇다면 古자나 固자가 빠진 것으로 보고 古轡[고비]의 古는 果五切[ku]이고 동운·기타가 모두 '고'이고 轡는 집운이 兵媚切[pi]이고 동운·기타가 모두 '비'여서 고려한자- *古轡는 '고비'로 읽을 수 있다.

그런데 '고삐'의 이조어는 '곳비'(또는 '셕')라고 하여서 '고(鼻)-ㅅ (사잇소리-비[轡])'의 합성어로 볼 수도 있을 것 같으나 고삐는 재갈에 잡아매는 끈이므로 코와 관계가 없다. 그러므로 kaṭivāḷam(고삐, Dr-Ta)·kaḍivăṇa(고삐, Dr-ka)와 직접 대응될 것이다. 즉 kaṭivāḷam > katibil > katpil > kotpi(곳비) > koppi(고삐)의 과정을 거친 것으로 보인다. 따라서 고려어- *古轡(고삐)는 '곳비'의 표기일 것이고 그 어원은 *kaṭivāḷam(고삐, Dr-Ta)으로 추정된다.

298. 皷曰濮

이 항목은 이조 초기어- '붚(>북)'의 소급형일 것이다. 濮은 집운이 博木切[p'u²]이고 동운·기타가 '복'이어서 고려한자음- 濮은 '복~ 북'으로 읽을 수 있다.

그런데, '붚'은 pampai(북의 일종, Dr-Ta)·muṛavu(북, Dr-Ta) 등과 비교될 수 있을 것이나 직접으로는 muṛavu의 소급형- *buṛavu와 대응될 것이다. 즉 *buṛavu > burub > pūb > pup'(붚)의 변화를 거친 것으로 보인다. 따라서 고려어- 濮은 '붚'의 대충표기일 것이며 그 어원은 *buṛavu(>muṛavu. 북, Dr-Ta)로 추정된다.

299. 旗曰旗

이 항목은 이조 초기부터 한자어- '긔'로 나타난다. 旗는 渠之切 [kʼi]이고 동운은 '끠'이며 기타 운서는 '긔'여서 고려한자음- 旗는 '긔'로 읽을 수 있다. 따라서 고려어- 旗(긔>기)는 '긔'의 표기일 것이고, 그 어원은 旗로 추정된다.

300. 弓曰活

이 항목은 '활'의 소급형일 것이다. 活은 집운이 戶栝切[huaʔ]이고 농운이 '豁'이며 기타 운서가 '활'이어서 고려한자음- 活은 '활'로 읽을 수 있다.

그런데 '활(弓)'은 kavšï(아아치형, O.Turk)·kavis/kavsi(활, Turk)· kübči(활시위, W.Mo)·beri(활, Ma)·vil(활, Dr-Ta) 등과 비교될 수 있을 것이나 직접으로는 kavšï와 대응될 것이다. 즉 kavšï의 소급형- kavlï >kawïl>hawal>hwal(활)의 변화를 거친 것으로서 그 본디 뜻인 '아아치형'에서 그런 모양의 '활'의 뜻으로 전의된 것이다. '활'을 뜻하는 karis/kavsi도 *kavlï>karšï>kavsi>kavis의 변화를 거친 것이다. 따라서 고려어- 活(활 '弓')은 '활'의 표기일 것이며 그 어원은 *kavlï(>kavšï, 활, 아아치형, O.Turk)로 추정된다.

301. 箭曰蟖(→ 薩亦曰矢)〈민국판〉

이 항목의 蟖은 자전에 보이지 않고 민국판에 薩[살]로 나타나니
이 자의 오자로 보인다. 薩은 관운이 桑割切[saʔ]이고 동운·기타가
모두 '살'이어서 고려한자음- 薩은 '살'로 읽을 수 있다.

그런데 '살(箭, 화살)'은 cār(화살을 만드는 갈대, Dr-kur)·caru(화살,
Dr-Malt)·saǧali(자동활, W. Mo) 등과 비교될 수 있을 것이나, cār과 직
접 대응될 것이다. 즉 *cār > sār > sal(살)의 변화를 거친 것으로서
caru(살)는 여기서 파생된 것으로 보인다. 따라서 고려어- 薩(화살)
은 '살'의 표기일 것이며, 그 어원은 *cār(화살을 만드는 갈대, Dr-kur)
로 추정된다.

302. 劍曰長刀

이 항목은 '양날의 긴 칼'을 가리키는 말인데, 長刀라고 하였으니
한자어로 보아야 하겠지마는 지금 '검(劍)'이라고 하니 과연 고려어
가 長刀[댱도]였는지 의심이 간다.

303. 火刀曰割刀

이 항목의 표제로 보아서 '부쇠 > 부시'를 뜻하는 말일 것이다(cf.
한자어로는 '총'이나 '부시'를 뜻하고, 『物譜』에서도 '부시'를 뜻함). 민국판의
大刀曰 訓刀는 '큰 칼'의 뜻인데 바로 앞의 항목에 그와 유사한 長刀
가 있으니 그런 말이 중복되었을 까닭이 없다. 그러므로 이 항목은
지금은 사어가 된 '부시'를 뜻하는 말의 소급형으로 보고, 割은 이미

292항에서 '갈'로 읽은 바 있고, 刀는 바로 위의 302항에서 '도'로 읽은 바 있어서 고려한자음- 割刀는 '갈도'로 읽을 수있다.

그런데 '갈도'와 유사하고 '부시'를 뜻하는 말에는 kete[kətəl](부시, W. Mo)가 있어서 이것과 대응시키고자 한다. 즉 *kete[kətə] > kəto > kato(가도)의 변화를 거치고 *kalto(割刀)는 'ㄹ'변칙활용과 같은 우리말의 독특한 음운변화 현상으로 이질감이 없이 당연히 kalto > kato(가도)로 변할 수 있다. 따라서 고려어- 割刀(부시)는 '*가도'의 대충표기일 것이며, 그 어원은 *kete(부시, W. Mo)로 추정된다.

304. 釜曰烏子蓋(→斧曰鳥子蓋) cf. 斧曰烏子蓋〈순치판〉

이 말은 '도끼'를 뜻하는 말의 소급형일 것이다. 鳥는 집운이 丁了뀌[tiau]이고 농운이 '듈'이며 기타 운서가 '됴'이고, 子蓋는 이미 235, 293항에 '지개'로 읽은 바 있어서 고려한자음- *鳥子蓋는 '됴지개'로 읽을 수 있다.

그런데 '도끼'의 이조어는 '돗귀·독귀·(도치·도최)'인데, 이것은 toksikū(작은 도끼, Ma)·suhe(<tuke, 도끼, Ma)·süke(<tüke. 도끼, W. Mo)·tukka(도끼, Evenki)·toqi(치다·부수다, O.Turk) 등과 비교될 수 있을 것이나 직접으로는 「tüke-ajige(축소사, Ma)」와 대응될 것이다. 즉 süke의 소급형- *tüke-ajige > tögejige > töjige >t yojige(鳥子蓋)의 변화를 거친 것으로 보인다. 따라서 고려어- *鳥子蓋(도끼)는 '*됴지게'의 대충표기일 것이며, 그 어원은 「*tüke(>süke. 도끼)-ajige(축소사, Ma)」의 합성어로 추정된다.

참고

만약 오자가 없이 鳥子蓋[오지개]와 대응될 만한 것을 찾아보면 『삼국사기』 지리지4의 「於斯內-云斧壤」에서 '斧=於斯[어시]'의 등식을 얻을 수 있는데, 여기에 -kä(기구명사형)을 덧붙인 *əsi-kä > oʒikä > ojikä(鳥子蓋)의 변화가 가능하고, 여기의 *əsi는 balta(도끼, Turk) > bāti > bōči > wōči / əsi(於斯) > ōči(鳥子) -kä (蓋, 기구명사화 접사)의 변화로 볼 수 잇을 것이다. 그리고 그 어원을 의미에 좀 차이가 있으나, orgi(양날의 칼, Ma)이 *org > ori > oʒi > oji(鳥子)의 변화를 거치고 전의된 것으로 볼 수도 있을 것 같다.

305. 炭曰蘇成 cf. 炭曰蘇戌 <민국판>

이 항목은 이조어- '숫(>숯)'의 소급형으로 보인다. 蘇는 집운이 孫租切[su]이고 동운·기타가 모두 '소'이고 成은 집운이 時征切[čing]이고 동운이 '쎵'이며 기타 운서가 '셩'이어서 고려한자음- 蘇成은 '소셩'으로 읽을 수 있다.

그런데 '숫>숯'은 číuška pas(숯, Ainu. cf. či '죽다'-uska 'ㄲ다'-pas '숯·재')의 줄인 형태인 *číuska와 대응될 것이다. 즉 *číuska(-pas) > siuskï > suaïk(≒蘇成) > susk(숫) > sukʼ-i(조음소) > sučʼi(숫이)의 변화를 거친 것으로 보인다. 따라서 고려어- 蘇成(숫 '炭')은 '*수슥'의 대충 표기일 것이며, 그 어원은 *číuska pas(>číuska. 숯, Ainu)로 추정된다.

참고

일본어- sumi(숯)도 *číuska pas > siusikəbə > susiəbi > susumi > sumi(スミ)의 변화를 거친 것으로 보인다.

306. 柴曰孛南木

이 항목의 뜻을 이조어에선 '섭(柴)'이라고 하였는데, 여기서는 '블나모'의 표기로 보인다. 孛은 이미 5, 55항 기타에서 '블'로 읽어왔고, 南은 67항에서 '남'으로 읽었고, 木은 235항에서 '목'으로 읽었으니, 고려한자음- 孛南木은 '불남목'으로 읽을 수 있다.

그런데 「블 > 불(火. cf. 어원은 55항)-나모(木. cf, 어원은 67항)」의 합성어를 孛南木[불남목]으로 대충표기한 것으로 보인다. 따라서 고려어- 孛南木(섭나무)는 '불나모'의 대충표기로 추정된다.

307. 香曰寸(→ 古寸)

이 항목의 이조어는 '고슨(=향기로운)'이고, 우리말 방언이나 주변어에는 '촌·치'와 비교될 만한 말이 전혀 없어서 탈자가 없다면, '寸'과 유사한 '古'자가 앞에 있었을 것인데 古자를 흘려 쓰면 寸자와 좀 비슷한 데서 중복된 것으로 보고 탈락시킨 것으로 보인다. 古는 집운이 果五切[ku]이고 동운·기타가 모두 '고'이고, 寸은 집운이 村囚切[čuən]이고 동운·기타가 모두 '촌'이어서 고려한자음- *古寸은 '고촌'으로 읽을 수 있다.

그런데 '고슨(香)'은 küji(>xuš, 향기 '香', W. MO)·küji(향기, O.Turk-G)·hošbū(고소한, Turk) 등과 비교될 수 있을 것이나, 직접으로는 küji와 대응될 것이다. 즉 *küji > kösi > kosï > kosə-n (연체형어미) >kosʌn(고슨)의 변화를 거친 것으로서 그 본디 뜻인 명사를 형용사어간으로 삼은 것으로 보인다. 한편, hošbū의 소급형- *košbū > koswu > kosʌ(고스)-n(연체형어미)의 합성어로 볼 수도 있다. 따라서 고려어- *古

寸(향기로운)은 '*고선'의 표기일 것이며, 그 어원은 「*küji(향기, P.Altai)/koŝbū(>hoŝbū. 향기로운, Turk)-n(연체형어미)」의 합성어로 추정된다.

308. 索曰郍又曰朴. (cf. 郍는 那의 속자)

이 항목은 '노'나 '바'의 소급형의 표기일 것이다. 那는 이미 207, 240항에서 '노'로 읽었고, 朴은 匹角切[pʻɔ]이고 동운은 '팍'이며 기타 운서는 '박'이어서 고려한자음- 那·朴은 '노·박'으로 읽을 수 있다.

그런데 '노'는 nōṇu(노끈, Dr-Ta)와, '바'는 pā(큰 새끼, Dr-Ta)와 각각 대응될 것이다. 즉 *nōṇu > nono > no(중음탈락 : 노) ; *pā > pa(바)의 변화를 거친 것으로 보인다. 따라서 고려어- 那·朴(索·노끈·바)는 '노·바'의 대충표기일 것이며, 그 어원은 *nōṇu(노끈, Dr-Ta)와 *pā(큰 새끼, Dr-Ta)로 추정된다.

309. 索縛曰那沒香(→那沒居). cf. 那木香〈민국판〉

이 항목은 '노 묶어'의 소급형일 것이다. 이미 위의 항목에서 那는 '노'로 읽었고, 沒은 이미 29, 58항에서 '물'로, 木은 306항에서 '목'으로 읽은 바 있으며, 香은 그 음이 '향'이어서 이것으로 대응 어휘를 찾을 수 없어서 居의 오자로 보고자하며, 그것은 집운이 斤於切[kiu]이고 동운·기타가 모두 '거'여서 고려한자음- 那沒居는 '노물거'로, 那木居는 '노목거'로 각각 읽을 수 있다.

그런데 「노(索)-묶어(束, 縛)」는 nōṇu(노끈, Dr-Ta)와, '묶다'는 muskiya(묶음, W. Mo-유. cf. -iya '집단명사화접사')의 어근 *musk(묶다)

와 대응될 것이다. 즉 *nōŋu-musk-ə(부사형어미) > nono-mukkə > no (중음탈락) mukkə(노 묶어)의 변화를 거친 것으로 보인다. 따라서 고려어- 那沒(木)居(노끈으로 묶어)는 '*노 묶어'의 대충표기일 것이며, 그 어원은 「*nōŋu(노끈, Dr-Ta)-musk-(묶다, W.Mo-유)-ə(부사형어미)」의 합성으로 추정된다.

310. 射曰活索(→活素)

이 항목은 이조어- '활쏘-'의 소급형일 것인데, 索은 집운이 昔各切[sɔʔ]이고 동운·기타가 모두 '삭·싴'이어서 그런 음상으로는 '쏘->쏘-(射)'를 뜻하는 방언이나 우리 주변어에 없어서 素의 오기로 보고자 한다. 素는 집운이 蘇故切[su]이고 동운·기타가 모두 '소'여서 고려한자음- 活素는 '활소'로 읽을 수 있다.

그런데, '활(弓)'은 이미 300항에서 karšï(활, 아아치형, O.Turk)의 소급형 - *kavlï과 직접 대응시킨 바 있고, '쏘-쏘-(射)'는 joǧu(쏘다, W.Mo)와 직접 대응될 것이다. 즉 *joǧu > jou > sou > sō(쏘=소:) > sso(쏘)의 변화를 거친 것으로 보인다. 따라서 고려어- 活素(활 쏘)는 '활 쏘(=소:)'의 표기일 것이며, 그 어원은 「*kavlï(>kavšï·아아치형·활, O.Turk) joǧu(쏘다, W.Mo)」의 합성으로 추정된다.

311. 讀書曰乞鋪

이 항목은 이조어- '글 보'의 소급형일 것이다. 乞은 집운이 欺訖切[kʼiə ʔ]이고 동운이 '클'이며 기타 운서가 '걸'이고, 鋪는 집운이 滂模切[pʼu]이고 동운이 '포/푸'이며 기타 운서에선 '포'여서 고려한자음- 乞鋪는 '걸포'로 읽을 수 있다.

그런데 '글(文)'은 kiru(글 쓰다. Dr-Ta)와 대응될 것이다. 즉 *kiru＞kiru＞kiri＞kil(글)의 변화를 거친 동사어간을 명사로 삼은 것이고 ker-gen(문자, Ma. cf. -gen '명사화접사')의 어근 -ker은 우리말의 차용이다. 또 '보(見)'는 pa(발견하다, Ainu)·par(보다, Dr-Ta) 또는 pa(발견하다, Ainu)·ve(찾아내다, Dr-Ta)·bul-(발견하다, Turk)·pai(보다, Goldi) 등과 비교될 수 있으나, 직접으로는 의미의 일치를 보인 par과 대응될 것이다. 즉 *par＞por＞po(보)의 변화를 거친 것으로 보인다. 따라서 고려어- 乞鋪(글을 보-)는 '글 보-'의 대충표기일 것이며, 그 어원은 「*kiru(글 쓰다→*글, Dr-Ta)-par(보다, Dr-Ta)」의 합성으로 추정된다.

312. 寫字曰乞核薩

이 항목은 한자음을 보아서는 '그슬(=그을)'의 소급형일 것이다. 현대 용어로는 '글 베끼다'로 쓰나 고려시대에 과연 '글 긋다'란 말이 쓰였는지 의심스러우나 그대로 보아 둔다. 乞은 이미 바로 위의 항목에서 '글'의 대충표기로 보았고, 核은 집운이 下華切[xä?]·胡德切[xə?]·胡骨切[xuə?]이고 동운이 '혁·홀'이며 기타 운서가 '획·홀'인데 162항에서 '겍·걱'으로 읽을 수 있었고 'ㄲ'의 대충표기로 보았고, 薩은 이미 183, 184항에서 '살'로 읽은 바 있으니 고려한자음- 乞核薩은 *걸ㄲ살'로 읽을 수 있다.

그런데 '귿다＞긋다(畫)'는 kiru(긋다, Dr-Ta)와 직접 대응될 것이다. 즉 *kiru＞kiru＞kiʒi＞kiʒ(귿-)＞kis(긋-)의 변화를 거친 것으로 보인다. 따라서 고려어- 乞核薩(글 긋다)는 *'글 긋을'의 대충표기일 것이고, 그 어원은 「*kir̄u(글 쓰-→*글, Dr-Ta)-kir̄u(긋다, Dr-Ta)-il(어형보강소)」의 합성으로 추정된다.

313. 畫曰乞林

이 항목은 '그림'의 소급형일 것이다. 乞은 이미 바로 앞의 항목에서 '걸'로 읽었고, 林은 집운이 犁針切[lim]이고 동운·기타가 모두 '림'이어서 고려한자음- 乞林은 '걸림'으로 읽을 수 있을 것이다.

그런데 '그림(畫)'은 kuri(그리다, Dr-Ta)와 대응될 것이다. 즉 *kuri > kïri-m(명사화접사. 그림)의 변화를 거친 것으로 보인다. 따라서 고려어- 乞林(그림'畫')은 '그림'의 대충표기일 것이고 그 어원은 「*kuri(그리다, Dr-Ta)-m(명사화접사)」의 합성어로 추정된다.

314. 榜曰栢子

이 항목의 표제는 '계시한 것'을 뜻하는 '방'일 터인데, '방'을 뜻하는 방언이나 우리 주변어에는 '백자'와 유사한 말이 없다. 그렇다면 栢子板이 '방'의 재료로 많이 쓰여서 栢子板이란 말이 사전에 올라 있을 정도이니, 묻는 사람이 '방' 자체를 물은데 대하여 답하는 측이 '방'의 자료로 대답하였을 가능성이 크다. 다음으로 '방'이 보통 널빤지가 쓰이므로 '널'을 뜻하는 paṭṭi(널빤지, Dr-Te)·paṭṭe(id, Dr-Kol) 등의 드라비다 공통기어- *paṭṭi(널빤지, P.Dr)와 대응될 수도 있을 것이다. 즉 *paṭṭi > patči(≒栢子)의 변화를 거친 것으로 볼 수도 있다.

그런데 栢은 동운·기타가 '빅'이고 子는 이미 '지'로 (cf. 304항) 읽었으니 고려한자음- 栢子는 '*백지'로 읽을 수 있다. 따라서 고려어-

栢子(방 '榜')은 '*밧지(=널빤지)'거나 '방'의 자료인 '잣나무'의 표기일 것이며, '널빤지'를 뜻하는 '栢子'라면 *paṭṭi(널빤지, P.Dr)와 대응될 것이다.

315. 寢曰作之

이 항목은 '자지'(=잠을 자게나)의 뜻의 소급형일 것이다. 作은 집운이 子賀切[ca]·卽各切[caʔ]이고 동운·기타가 '작·자'이나 여기서는 249항에서처럼 '자'로 읽고, 之는 집운이 眞而切[ǒi]이고 동운·기타가 모두 '지'여서 고려한자음- 作之는 '자지'로 읽을 수 있다.

그런데 '자다(寢)'는 cē(자다, Dr-Te)와 직접 대응될 것이다. 즉 *cē > cʌ̌ > ča(자)의 변화를 거치고 그것에 '-지'(고동형·부정명사형·상반형 어미)를 첨가한 것이 '자지'가 될 것이다. 따라서 고려어- 作之(자지)는 '자지'의 표기일 것이며, 그 어원은 「*cē(자다, Dr-Te) -지(어미)」의 합성어로 추정된다. 여기서 한 가지 특이한 현상이 발견된다. 즉 이 조어의 서울 방언이 '-디'인데 그보다 300년 앞선 고려의 개성 방언이 먼저 구개음화하여 '-지'로 변해 있었다.

316. 興曰你之

이 항목도 이조어- '닐이 > 니지'의 소급형일 것이다. 你는 집운이 乃里切[ni]이고 동운·기타가 모두 '니'이고, 之는 바로 위의 항목에서 '지'로 읽었으니 고려한자음- 你之는 *니지'로 읽을 수 있다.

그런데, 여기의 '니지'는 'ㄹ'변칙동사여서 원형은 '닐지'에 소급하여 그 어간은 '닐-'이다. 이것에는 nil(서다, Dr-Ta)·niguru(일어나다,

Dr-ka)·ili(서다, Ma) 등과 비교될 수 있을 것이나, 직접으로는 nil과 대응될 것이다. 즉 *nil(닐-)＞il(일-)의 변화를 거치고 그 본디 뜻인 '서다(立)'에서 '서다'와의 동의충돌로 '일어나다(興, 起)'의 뜻으로 바뀐 것으로 보인다. 물론 niguru와 직접 대응시킬 수도 있다. 즉 *niguru＞niuru＞niru＞nil(닐)의 변화를 거친 것으로 볼 수도 있다. 따라서 고려어- 你之(일어나지)는 '니지'의 표기일 것이며, 그 어원 '-닐'은 *nil(서다, Dr-Ta) 또는 *niguru(일어나다, Dr-ka)로 추정된다.

317 坐曰阿則家囉

이 항목은 '앉다'의 이조 초기형- '앚다'에 소급한 것이며, '아즈가라(＞앉거라)'의 표기로 보인다. 阿는 집운이 於河切[a]이고 동운·기타가 모두 '아'이고, 則은 집운이 卽得切[cei’]이고 동운이 '즉'이며 기타 운서는 '즉~측'이고 家는 집운이 居牙切[ka]이고 동운·기타가 모두 '가'이고 囉는 집운이 良何切[la]이고 동운·기타가 '라'여서 고려한자음- 阿則家囉는 '아즉가라'로 읽을 수 있다.

그런데 '앉다(＜앚다, 坐)'는 alčai(앉다, W.Mo)와 직접 대응된 것이다. 즉 *alčai＞alče＞ačï＞ač(앚-)＞anč(앉-. '구강폐쇄음 -č 앞의 n개입현상')으로 변한 것으로서, 여기에 '-가라'(명령형어미)가 첨가된 것이다. 따라서 고려어- 阿則家囉(앉거라)는 '*아즈가라'의 표기일 것이며, 그 어원은 *alčai(앉다, W. Mo)-kara(명령형어미)의 합성으로 추정된다.

318. 立曰立

이 항목도 이조어가 '셔다'여서 한자어가 아니었을 것인 데도 한 자어로 나타나고, 민국판에 立囉로 나타나니 의아하다. 이 표기는 '셔라'라는 향찰식 표기로 밖에 볼 수 없다.

어떻든 '셔다(立)'는 seküi(서다, W. Mo)·ash(서다, Ainu)·sī(오르려 하 다, Gily)·ili-(서다, Ma) 등과 비교될 수 있을 것이나 직접으로는 seküi 와 대응될 것이다. 즉 *seküi > sikü > siki > sī > syə(셔-)의 과정을 거 친 것으로 보인다. 그러나 ash-의 소급형- *ali와 비교할 수도 있을 것이다(*ali-> īli-> ili-> lī-> šyə- '셔-').

319. 臥曰乞寢

이 항목도 사어로 보이고 방언에도 유사한 형태가 보이지 않는다. 乞은 이미 311~313항에서 '걸'로 읽고 '글'의 대충으로 보았고, 寢은 집운이 七稔切[čim]이고 동운·기타가 모두 '침'이어서 고려한자음- 乞寢은 '걸(>글)침'으로 읽을 수 있다.

그런데 이것과 비교될 만한 것에는 kūl(ɯ)cu(눕히다·넘어뜨리다, Dr- ka, cf. -cu '사동접사')·kiţai(누음, Dr-Ta)·kuŗaţţai(코곪, Dr-ta)·kebte- (눕다, W. Mo) 등이 있는데, 우선 지배층어인 몽고어- kebte와 직접 대응될 것이다. 즉 *kebte[kəbtə] > kətti > kətč'i-m(명사화접사)(≒乞 寢)의 변화를 거친 것으로 보인다. 따라서 고려어- 乞寢(눕다)는 "*걸 침'의 대충표기일 것이며, 그 어원은 「*kebte[kəbtə]-(눕다, W. Mo)-m (명사형)」의 합성어로 추정된다.

그러나 kūl(ɯ)cu와 대응시킬 수도 있을 것이다. 즉 「*kūlcu > kūlci >

kəlc'i-m(명사형)」의 변화를 거친 것으로 볼 수 있고, 그 음상이 乞寢
과 완전히 일치하는데 사동사인 점이 좀 차이가 있다.

320. 行曰欺臨

이 항목은 일견에 '거름'의 소급형임을 알 수 있다. 欺는 집운이 丘
其切[ki]이고 동운이 '킈'이며 기타 운서가 '긔'이고 臨은 집운이 犂
針切[lim]이고 동운·기타가 모두 '림'이어서 고려한자음- 欺臨은
'긔림'으로 읽을 수 있다.

그런데 '걸음'은 kulavu(걷다, Dr-Ta)·kez-(걷다, O.Turk) 등과 비교
될 수 있을 것이나 직접으로는 kez-와 대응될 것이다. 즉 *kez[kəz]
>kər(걸-)>kəd(걷-)의 변화를 거친 것으로서 여기에 -(ï)m(명사화
접사)이 첨가된 것이 '걸음'이다. 이 '걷다'는 'ㄹ'변칙동사인데 이런
변화는 '걸-'이 상성(上聲)이므로 후속 파열음 앞에서 -llt+t->-tt- :
-llt-k->-tk-의 변화가 일어난 경우이다. 따라서 고려어- 欺臨(걸음)
은 '걸음'의 표기일 것이며, 그 어원은 「*kez(걷다, O.Turk)-ïm(명사화
접사)」의 합성어로 추정된다.

321. 走曰連音打(→打連音)

이 항목은 우리말의 두음법칙에 따라서 두음 'ㄹ'을 회피하므로
오기가 있음이 분명하며, '들임(>달림. 走)'의 소급형일 것이다. 打는
이미 23항에 'ta'로 읽었고, 蓮은 집운이 陵延切[liem]이고 동운·기
타가 모두 '련'이고 音은 집운이 於金切[iəm]이고 동운이 '흠'이며 기
타 운서가 '음'이어서 고려한자음- 打蓮音은 '다련음'으로 읽을 수

있다.

그런데 '돌 욤 > 달림(走)'은 yel(닫다, Turk)·tül(닫다, Dr-Ka) 등과 비교될 수 있을 것이나 직접으로는 yel[yəl]의 소급형－ *dəl과 대응될 것이다. 즉 *dəl > tʌl(들)/tʌlt > tʌt(듣)의 변화를 거친 것으로서 여기에 사동접사 －i와 －om(명사형)이 첨가되어서 타동명사 '돌 욤 > 달림'이 된 것으로 보인다. 따라서 고려어－ *打蓮音(달림)은 '*덜욤'의 대충표기일 것이며(cf. 'ᄋ'는 '아·오'에서 '어'를 거쳐 13세기말경에 파생함), 그 어원은 「yel의 소급형－ *del(닫다 '走', Turk) Ⅰ(사동접사) om(명사형어미)」의 합성어로 추정된다.

참고

tül과도 잘 대응되나 간모음－ ū가 del[dəl]의 간모음－ ə보다 'ᄋ'로 발달확률이 적기 때문에 직접 대응시키지 않았다.

322. 來日烏囉

이 항목은 이조어－ '오라(=오너라)'의 소급형일 것이다. 烏는 45항에서 '오'로 읽었고, 囉는 317항에서 '라'로 읽었으니, 고려한자음－烏囉는 '오라'로 읽을 수 있다.

그런데, '오(來)'는 제주도 방언에서 '올'의 형태로 남아 있는데 이것은 oru(오다·돌아오다, W. Mo)와 직접 대응된다. 즉 *oru > or (올) > o (오)의 변화를 거치고 '올'에 부사형 '아'가 첨가 되거나 '오'에 명령형어미－ '라'가 첨가된 것이 '오라'이다. 따라서 고려어－ 烏囉(와/오너라)는 '올아 / 오라'의 표기일 것이고, 그 '올다'의 어원은 「*oru(오다, W. Mo)－a (부사형) / ra (명령형어미)」의 합성으로 추정된다.

323. 去日匿家入囉(→ 匿〈音入〉家囉)

이 항목은 어두음이 '닉'으로 시작되고 앞의 항목인 '오라(來)'의
짝이 되는 말인 점으로 보아서 그 명령형- '니거라'의 소급형일 것이
다. 匿은 집운이 呢力切[niə˒]이고 동운·기타가 '닉'이고 家는 94항
에서 '가'로 읽었고 囉는 바로 앞의 항목에서 '라'로 읽었으니 고려한
자음- *匿家囉는 '닉가라'로 읽을 수 있다.

그런데 '니거다(去)'는 nigu(가 버리다, Dr-ka)·nikku(옮다, Dr-ta)·
niŋku(떠나다, Dr-Ta)·negü-(방랑하다, W.Mo) 등과 비교될 수 있을 것
이나, 직접으로 nigu와 대응될 것이다. 즉 *nigu＞nigə(니거)의 변화를
거치고, 여기에 명령형어미- '라'가 첨가된 것이 '니거라'일 것이다.
그러나 nigu·nikku·niŋku의 공통기어- *nikku(가 버리다·옮다·떠나다)
가 *nikku＞nigu＞nigə(니거)의 변화를 거친 것으로 보아도 무방하
다. 따라서 고려어- *匿家囉(가 버려라)는 '니거라'의 별기일 것이며,
그 어원은 nigu(가 버리다, Dr-Ka)이거나 *nikku(가 버리다·옮다, P.Dr)로
추정된다.

참고

고어사전에서 '니거다'의 원형을 '니다'로 다루고 있는데 잘못된 것
이다. 이조말 문헌에 '니다'의 형태가 더러 보이나 이것은 오분석의
결과거나 '녀다＞니다'〈경상방언계〉의 발달형일 것이다. 이조 초기
에는 반드시 '니거다'로 나타난다(예: 니거지라·니거시든·니지시
눌·니거라).

324. 笑曰胡臨

이 항목은 사어가 된 것으로 보이는데 胡는 집운이 洪孤切[xu]이
고 동운은 '홓'이며 기타 운서는 '호'이나 가장 보수적인 일본한자음
은 오음(吳音. 남방·백제계)이 [gu/go]이고 한음(漢音. 북방·장안계)이
[ko]로 날 뿐만 아니라 후음(喉音)의 탁음(濁音)인 洪母(ㅎㅎ, 동운)·匣母
(x, 집운)는 모두 [g]<오음>·[k]<한음>으로 나타나며, 우리말에서도
이조 이전에 虛母(ㅎ, 동운)·曉母(ㅎ, 집운)도 'ㄱ[k]'으로 나타나고
(예: 理洪-作恭<삼국유사 6권 人名>, 骨正一作忽爭<삼국사기 人名2>, 解禮
縣本皆利伊<삼국사기 지리4>, 召忽島 죠콜셤<용가58>), 입성(入聲)과 어울
린 洪母도 여러 자가 현재는 'ㄱ'(牙音의 淸音)으로 바뀌었다(예: 曷·褐·
鞨·格·匣·押). 그리고 臨은 320항에서 '림'으로 읽었으니, 고려한자
음- 胡臨은 '구림~후림~호림'의 어느 것으로 읽을 수 있다.

그런데 胡臨과 음상이 유사하면서 '웃다(笑)'를 뜻하는 말에는
kül-(웃다, O.Turk)이 있을 것이다. 즉 *kül->kul-(굴-)의 변화를 거치
고 여기에 명사화접사 -ïm이 첨가된 *kul-ïm>kurïm(≒胡臨)의 변화
를 거친 것으로 보인다. 따라서 고려어- 胡臨(웃음)은 '*구름'의 대충
표기일 것이며 그 어원은 「*kül (웃다, O.Turk)-ïm(명사화접사)」의 합성
어로 추정되며 '구름(雲)'과의 동음충돌로 사어가 된 것으로 보인다.

325. 哭曰胡住(→ 部住)

이 항목도 오자가 있어 보인다. '후주~구주'에 유사한 말이 우리
방언이나 주변어에 보이지 않고 '울다'나 '울부짖다'·'브르지지다 >
부르짖다'의 준말인 '부짖다(=통곡하다)'밖에는 없어서 여기의 두 음

절의 '胡'를 '部'의 오자로 보고자 한다. 部는 집운이 薄口切[pəu]이
고 동운이 '뿌/뿛'이며 기타 운서가 '부'이고 住는 집운이 廚遇切
[ǐu]이고 동운이 '뜌·듀'이며 기타 운서가 '듀·쥬'여서 고려한자음-
*部住는 '부·쥬'로 읽을 수 있다.

그런데 브르지지다 > 부짖다와 비교될 만한 것에는 feryādete (부
르짖다, Turk)·feryat (절규, Turk)이 있을 뿐이므로 이것과 비교하면
feryātet 소급형- *peryādet > purəjət > purïjit-i(조음소) > purïjiji(부르
지지) > pūjij(부짖.≒部住)의 변화를 거친 것으로 보인다. 따라서 고려
어- *部住(부르짖다)는 '부: 짖-'의 대충표기일 것이며, 그 어원은
*peryādet(>feryādet. 부르짖다, Turk)으로 추정된다.

326. 客至曰孫 烏囉

이 항목은 이미 118항에서 客을 뜻하는 孫을 '손'으로 읽었고, 322
항에서 烏囉를 '올아(=와)'로 읽었으니, 고려어- 孫 烏囉는 '손 올아
(=손님이 와)'의 표기로 추정된다.

327. 有客曰孫 集 移室

이 항목은 '손 집 이실(=손님이 집에 있을)'의 소급형일 것이다. 孫은
바로 위에서 '손'으로 읽었고, 集은 집운이 籍入切[cib]이고 동운이
'찝'이며 기타 운서는 '집'이고, 移는 집운이 余支切[i]이고 동운·기
타가 '이'이고, 室은 집운이 式質切[siəʔ]이고 동운·기타가 모두 '실'
이어서 고려한자음- 孫集移室은 '손집이실'로 읽을 수 있다.

그런데 '집(家)'은 tïf (집, Gily-G)·cāppa (초가집, Dr-Ma)·jeofï (지붕이

둥근 집, Ma) 등과 비교될 수 있을 것이나, 직접으로 cāppa와 대응될
것이다. 즉 *cāppa > čipa > čipə > čip(집)의 변화를 거친 것으로 보인
다. 한편 '이시다 > 있다(有·在)'는 isua(살아 있는, Ainu)·er-(있다,
O.Turk)·iru(존재하다, Dr-Ta)·iru / irdu / iddu(존재하다·있다, Dr-ka) 등
과 비교될 수 있을 것이나 직접으로는 드라비다 공통기어- *iru와 대
응될 것이다. 즉 *iru > iri > iʒi > isi(이시) > is(잇) > iss(있)의 변화를 거
친 것으로 보인다. 따라서 고려어- *孫 集 移室(손님이 집에 있을…)은
'손 집 이실'의 표기일 것이며, 그 어원은 son(친구, Turk) 또는 jočin
(손님, W. Mo)과 cāppa(집, Dr-Ma)와 iru(있다, P.Dr)와 각각 대응될 것
이다.

328. 延客入曰屋裏坐少時

이 항목은 '손님을 방안으로 들어오게 인도하는 것'을 의미하는
말일 것이다. 그렇다면 이조어로는 '오ᄅ숩쇼셔'의 소급형일 것이
다. 屋은 집운이 烏谷切[uʔ]이고 동운이 '옥'이며 기타 운서는 '옥'이
고, 裏는 집운이 兩耳切[li]이고 동운·기타가 '리'이고 坐는 집운이
粗果切[cua]이고 동운·기타가 모두 '좌'이고, 少는 집운이 始紹切
[šian]이고 동운이 '숗'이며 기타 운서가 '쇼'이고 時는 집운이 市之
切[ši]이고 동운이 '씨'이며 기타 운서는 '시'여서 고려한자음- 屋裏
坐少時는 '옥리좌쇼시(∞셔)'로 읽을 수 있다.

그런데 '오르다(登)'는 ōr(오르다, O.Turk)·ögedele(오르다, W.Mo)·
ēru / eru(오르다, Dr-Ta) 등과 비교될 수 있을 것이나, 직접으로는 ōr
와 대응될 것이다. 즉 *ōr > orï > orʌ(오ᄅ-)의 변화를 거치고, 여기에
'ᅀᆞ'(모음뒤의 대상어존대법. 일명 겸양법·객체존대법 선행어미)과 '-쇼셔'

(소망형어미)가 첨가된 것으로 보인다. 따라서 고려어- 屋裏坐少時(오르소서)는 '오르숍쇼셔'의 대충표기일 것이며, 그 어근 *'오르-'의 어원은 *ȫr(오르다, O.Turk)로 추정된다.

329. 語話曰替里受勢

이 항목의 표제- 語話로 보아서 '말씀하소서'에 해당하는 말일 것인데, 우리 방언이나 주변어에 '말하다'를 뜻하는 것으로서는 '티리~체리'같은 음상을 가진 것이 없고, 이조어에서 둘째 음절의 두음이 'ㄹ'을 가지면 '말하다'를 뜻하는 것은 'ᄀᆞᆯ다'밖에 없다. 그러므로 替里의 替를 葛이나 賈의 오자로 보거나 대답하는 사람이 고려인이어서 무의식 중에 군두목으로 'ᄀᆞᆯ-'을 替의 새김으로 잘못 표기하였을 개연성도 크다. 이와 같이 새김으로 읽게끔 적은 것으로 볼 수도 있는 표기가 몇 개 보인다(예: 120. 土曰進(나ᄉᆞ리), 261. 簾曰箔(발)). 우선 여기서는 替는 葛의 오자로 보아둔다. 葛은 집운이 居曷切[xiaʔ]이고 동운·기타가 모두 '갈'이고 里는 집운이 兩耳切[li]이고 동운·기타가 모두 '리'이고 受는 집운이 是酉切[šiou]이고 동운은 '쑤'이며 기타 운서는 '슈'이고 勢는 집운이 始制切[ši]이고 동운·기타가 모두 '셰'여서 고려한자음- *葛里受勢는 '갈리슈셰'로 읽을 수 있다.

그런데 이조어- 'ᄀᆞᆯ(曰)'는 xer(말하다, Gily)·kele(말하다, W. Mo)·kalet(말하다, Turk)·kūṟu(말하다, Dr-Ta) 등과 비교될 수 있으나 직접으로는 kele와 대응될 것이다. 즉 *kele[kələ] > kəlï > kʌrʌ(ᄀᆞᆯ) > kʌl-(ᄀᆞᆯ)의 변화를 거친 것으로서 여기에 소망형 '슈셔'가 첨가된 것이 葛里受勢일 것이다. 따라서 고려어- *葛里受勢(말씀하소서)는 *'걸르슈셔'의 대충표기일 것이며 여기의 어간 '걸르(>ᄀᆞᆯ)'

의 어원은 *kele(말하다, W. Mo)로 추정된다. 그러나 kūṛu와 직접 대응시킬 수도 있다. 즉 *kūṛu > kəri(葛里) > kʌrï > kʌrʌ(ᄀ롤)의 변화를 거친 것으로 볼 수도 있다.

330. 擊考日屋打里(→擊拷日屠打里)

이 항목은 屠打里의 오기가 틀림없을 것이다. 屠는 집운이 同都切[tu]이고 동운이 '또'이며 기타 운서가 '도'이고 打는 23항에서 '다'로 읽었고, 里는 바로 앞의 항목에서 '리'로 읽어서 고려한자어- 屠打里는 '두다리'로 읽을 수 있다.

그런데 이 말의 이조어는 '두드리다'인데, tutuš / tütüš(부싯돌을 치다, O.Turk)·tatak(두드리다, Jap) 등과 비교될 수 있을 것인데, 직접으로 tutuš의 소급형- *tutul과 대응될 것이다. 즉 *tutul > tutïl-i(조음소) > tutïri(두드리)의 변화를 거친 것으로 보인다. 따라서 고려어- *屠打里(두드리다)는 '두드리-'의 대충표기일 것이며, 그 어원은 tutuš(부싯돌을 치다, O.Turk)의 소급형- *tutul로 추정된다.

331. 決罪日滅㓼底(→㳰知衣底). cf. 決罪日濊衣知〈명대판〉

이 항목의 표제는 '단조(斷罪)' 즉 '죄를 매기기'를 뜻하는데, 이조어로선 '죄 주다'·'벌ᄒ다' 또는 '罪決ᄒ다'의 형태로 나타날 뿐이지, '滅㓼底'나 '濊衣知'에 가까운 말은 보이지 않아서 오자가 있는 것으로 보고, 또한 㓼는 자전에 없는 글자이니 본시는 知衣였던 것으로 보면, 知의 고음이 '디-(落)'이니 知衣는 '*디이 > :디(=떨어뜨리다)'의 표기가 되는데, 그 앞에는 '죄(罪)'를 뜻하는 글자가 있었을 것이어서 '죄'음에 유사하며 滅자에 유사한 것을 찾아보면 漼[최](取猥切[cʹuəi]<집운>· 최 <동운· 기타>)가 있어서 滅裂底는 *漼知衣底의 오자로 보고자 한다. 여기서 *漼는 위에서 '최'로 읽었고, 知는 집운이 珍離切[tiə>ǒi]이고 동운· 기타가 모두 '디'이고 衣는 집운이 於希切[iəi]이고 동운이 '희' 이며 기타 운서가 '의'이고, 底는 典禮切[ti]이고 동운은 '지· 뎨'이며 기타 운서는 '뎌'여서 고려한자음- 漼知衣底는 '최디의뎌(→디)'로 읽 을 수 있다.

　그런데 *디이다 >:디다'(=떨어뜨리다)의 어근- '디(落)'는 tüš(떨어지 다, O.Turk)의 소급형- *tül-과 대응될 것이다. 즉 *tül > tir > ti(디-)의 변화를 거치고, 여기에 -i(사동접사), -ti(명사형어미 '-디')를 첨가한 것이 *디이디'(=떨어뜨리기)가 될 것이고, 다시 漼는 '죄'의 유음이므 로 *漼知衣底는 '죄 디이디'(=죄에 떨어지게 하기)의 뜻이 될 것이다. 따 라서 고려어- *漼知衣底(죄를 매기기 '斷罪')는 '죄 디이디'의 대충표기 일 것이며, 그 어원은 「*罪- tül-(>tüš-. 떨어지다, O.Tur)-i-(사동접미 사)-ti(명사형어미)」의 합성어로 추정된다.

명대판의 滅衣知를 *漠衣知[막의디]의 오자로 보고 이것을 '매기 디'(=매기기· 決하기)의 대충표기로 읽을 수도 있을 것이나, '죄'를 뜻하는 말이 포함되지 않아서 취하지 않았다.

332. 借物皆曰皮離受勢

이 항목은 일견에 '빌리소서'의 소급형임을 알 수 있다. 皮는 288 항에서 '피 > 비'로 읽었고, 離는 집운이 隣知切[li]이고 동운· 기타가 모두 '린'이고, 受勢는 329항에서 '슈셔'로 읽은 바 있어서 고려한자음- 皮離受勢는 '비리슈셔'로 읽을 수 있다.

그런데, '빌이다 > 빌리다(借)'는 vrih (빌다·청하다, Dr-kui)·iğreti (빌린, Turk. cf. -ti '동사의 형용사화접사') 등과 비교될 수 있을 것이나 직접으로 *iğre (빌리다)의 소급형- *piğle > pīre > pīl(빌:) > pili(빌이) > pilli (빌리)의 변화를 거친 것으로 보인다. 따라서 고려어- 皮離受勢(빌리소서)는 '빌이슈셔'의 대충표기일 것이며, 그 어원은 「*piğre-(>iğre-. 빌리다, Turk)-슈셔(소망형어미)」의 합성어로 추정된다.

333. 問此何物曰設審(→ 畝審)

이 항목은 '무엇'을 뜻하는 말인데 設審[설심]과 유사한 방언이나 주변어가 없으므로 오자가 있는 것으로 보인다. 그렇다면 設자와 유사한 畝[무]자의 오기일 것이다. 畝는 집운이 莫後切[mu]이고 동운이 '모'이며 기타 운서가 '무'이고, 審은 집운이 式荏切[šim]이고 동운·기타가 모두 '심'이어서 고려한자음- *畝審은 '무심'으로 읽을 수 있다.

그런데 '므슴·므슴 > 무슴·무슴 (=무엇)'은 mesele (물음·의문, Turk)· mečhul (미지의·무슨, Turk)·musugu (슘기다, Dr-ka) 등과 비교될 수 있을 것이나, 직접으로는 「musugu-m(명사화접사)」와 대응될 것이다. 즉 *musugu > musū-m(명사화접사) > musïm(무슴→므슴)의 변화를 거친 것으로 보인다. 따라서 고려어- *畝審(무엇)은 '므슴→무슴'의 대충표기일 것이며, 그 어원은「*musugu (슘기다, Turk)-m(명사화접사)」의 합성어로 추정된다.

334. 乞物曰念受勢(→念企受勢 : 宙受勢)

이 항목도 念이 오자이거나 사어일 것인데, 念은 집운이 奴店切 [niam]이고 동운·기타가 모두 '넘'이고 受勢는 332항에서 '슈셔'의 대충표기로 보았으니, 고려한자음- 念受勢는 '넘슈셔'로 읽을 수 있 다. 그러나 표제의 乞物로 보아서 '주소서'의 뜻이 분명한데 '넘(念)' 만으로는 그런 뜻을 나타내는 주변어나 방언이 없으니 일단 탈자를 생각하여 念자와 유사한 企[기](去智切[ki]<집운>·키<동운>·기<기타 운서>)자를 중복된 것으로 오인하고 빼버린 것으로 보면 '넘기-'의 대충표기로 볼 수 있고, 다음에 念이 오자라고 보면 '주-(與)'의 뜻과 念자에 그런대로 가까운 한자는 宙[쥬]거나 㟲[내밀-줄]이 있는데 음상상으로는 宙가 더 낫고 자형상과 의미상으로는 㟲이 더 어울리 나 㟲은 드문 글자여서 宙(直祐切[cu]<집운>·뜧<동운>·듀·쥬<기타-운 서>)의 오기로 보고자 한다. 그러므로 이 항목이 念企受勢였다면 고 려음은 *넘기슈셔'였을 것이고, 宙受勢였다면 고려음은 *쥬슈셔'였 을 것이다.

그런데 '넘기다'는 '한정에서 벗어나다'의 '넘-'에 사동접사 '-기' 가 첨가된 것으로서 그 어근은 '越'의 뜻을 가진 고유어일 것이고, '주다'는 iccu (주다. Dr-Te)·jĩva (주다·허가하다, Dr-kui)·ĩsu (주게 하다, Dr-ka) 등의 공통기어- iccu(주다)와 대응될 것이다. 즉 *iccu > iču > čū (주ː) > ču (주)의 변화를 거친 것으로 보인다. 따라서 고려어- *念企 受勢(주소거)는 *넘기슈셔'의 대충표기인 고유어일 것이고, *宙受勢 (주소서)의 오기이면 *주슈셔'의 대충표기일 것이고 그 어근 '주-(與)' 의 어원은 iccu (주다, P.Dr·Dr-Te)로 추정된다.

335. 問物多少曰密翅易成

이 항목은 이조어- '며치 이셔'(=몇이 있느냐)의 소급형일 것이다. 密은 집운이 莫筆切[miə˞]이고 동운·기타가 모두 '밀'이며 185항에서도 '밀'로 읽었고, 翅는 이미 100항에서 '치'로 읽은 바 있고, 易는 집운이 夷益切[iə˞]이고 동운·기타가 모두 '역·이'이고 成은 이미 232항에서 '셩'으로 읽은 바 있어서 고려한자음- 密翅易成은 '밀치이셩'으로 읽을 수 있다.

그런데 '몇'은 mütaaddit(몇의, Turk, cf. -adedï > addit '수의')이나 그 어근- *müta(몇)와 대응될 것이다. 즉 mütaaddit > mitačit > myətči > myəč'(몇) : *müta > mitï > myəti > myəč'i > myəč'(몇)의 변화를 거치고 '있다'는 327항 移室에서 '이실'로 읽고 드라비다 공통기어- *iru(존재하다·있다, P.Dr)와 대응시킨 바 있다. 따라서 고려어- 密翅易成(몇이 있어)는 '*몇이 이셔'의 대충표기일 것이고, 그 어원은 「*müta(몇, Turk)/mütaaddit(몇의, Turk)-이(주격토)-iru(있다, P.Dr)-어(반말-의문형어미)」의 합성으로 추정된다.

336. 凡呼取物皆曰都囉

이 항목은 이조어- '도라'(=다오)의 소급형일 것이다. 都는 집운이 東徒切[tu]이고 동운·기타가 모두 '도'이고, 囉는 이미 322, 323항에서 '라'로 읽은 바 있으니, 고려한자음- 都囉는 '도라'로 읽을 수 있다.

그런데 '도라(=다오)'는 「to'r (네게 주다. Dr-To)-라(명령형어미)」의 합성어와 직접 대응될 것이다. 즉 *to'r-ra > tōra(도:라)의 변화를 거친 것으로 보인다. 따라서 고려어- 都囉(다오)는 '도:라'의 표기일 것이며, 그 어원은 「*to′r(내게 주, Dr-To)-라(명령형어미)」의 합성어로 추정된다.

337. 相別曰羅戲少時(→預戲少時)

이 항목은 '서로 헤어지다'를 뜻하는 말로서, 첫음절이 羅[라>나]인 것은 없고, 둘째음절이 戲[희]에 가까운 것은 '여히-'(>여이-)가 있을 뿐이니 羅는 預[여]의 오자일 개연성이 크다. 預는 집운이 羊茹切[yio]이고 동운이 '여'이며 기타 운서가 '여·예'이고, 戲는 집운이 香義切[xi]이고 동운·기타가 모두 '희'이고, 少時는 328항에서 '-쇼셔'의 대충표기로 보았으니, 고려한자음- 預戲少時는 '여희쇼셔'로 읽을 수 있다.

그런데 '여히다 > 여의다'는 ika(떠나다, Dr-Ta)·irku(죽이다, Dr-Ka)·ira(여의다, Dr-Ta) 등과 비교될 수 있을 것이나, 직접으로는 ika와 대응될 것이다. 즉 *ika > ikä > ihe > yəhe(여히) / yəhi(여희) > yəi(여의)의 변화를 거친 것으로 보인다. 따라서 고려어- *預戲少時(여의소서)는 '*여희쇼셔'의 표기일 것이며 그 말의 어원은 「*ika(떠나다, Dr-Ta)-쇼셔(소망형)」의 합성어로 추정된다.

338. 凡事之畢皆曰得

이 항목의 뜻으로 쓰인 이조어는 '못다'(>마치다)와 ':다ᄒᆞ다'(>다하다), 현대어로 '끝내다'가 있을 뿐이어서 得[득]은 사어가 된 것으로 보인다. 得은 집운이 的則切[tei]이고 동운·기타가 모두 '득'이어서 고려한자음- 得도 '득'으로 읽을 수 있을 것이다.

그런데 '득'에 가까운 음상을 가지고 '끝내다·다하다'를 뜻하는 비교어휘로서는 tükē-(끝내다, O.Turk)가 있다. 즉 *tükē- > tïkē- > tïkï- > tïk-(得)의 변화를 거친 것으로 보인다. 따라서 고려어- 得(끝내다·다하다)는 '*득: 다'의 표기일 것이며 그 어원은 *tükē-(끝내다, O.Turk)로 추정된다.

참고

'다ᄒ다 > 다하다'는 tapa(끝나다, Dr-Ta)와 대응될 것이다.
(tapa > taha '다하' / tah∧ '다ᄒ').

339. 勞問曰雅蓋

이 항목의 雅는 집운이 語下切[ga~a]이고 동운이 '아'이며 기타 운서는 '아'이고, 蓋는 62, 293항에서 '개'로 읽었으니, 고려한자음- 雅蓋는 '아개'로 읽을 수 있다. 그리고 표제로 보아서 慰問을 뜻하는 말일 터인데 이런 뜻의 동기라고 할 수 있는 '앗기-(惜. 알뜰히 여기다) > 아끼-'의 표기로 봄직도 하나 그 어원이 agir (귀중한, Turk. cf. *agir > agī > akki '아끼')과 대응되는 말이어서 맞지 않는다. 그러나 ajï-(동정하다·아파하다, Turk. cf. *ajï- > ač-(→as-. 앗-)의 발달형에 명사화접사- kä가 첨가되어서 만들어진 '*앗개'(*ajï-kä > ackä)라면 '동정하는 것'의 뜻이니 '위문'에 거의 가까운 뜻이라고 할 수 있다. 따라서 고려어- 雅蓋(위문 '慰問')는 '*앗개'의 대충표기일 것이며, 그 어원은 「ajï-(동정하다, Turk)-개(=명사화접사)」의 합성어로 추정된다.

340. 生曰生

이 항목의 표제- 生은 그 뒤의 항목이 '死'와 '老'인 점으로 보아서 '生存'을 뜻할 것인데, 그런 뜻의 이조어는 '낳다'이다. 그러므로 한자어로 볼 수 없는 말이다.

그런데 '살다(生存)'는 sal(심장이 뛰다, O.Turk)과 대응되는 말일 것이다.

341. 死曰死

이 항목도 이조어에 '죽다'가 있어서 한자어로 보아서는 안 될 경우에 해당한다.

그런데 '죽다'는 tegu(죽다, Dr-Te)·cök-(무너지다, Turk)·soki-(죽이다, Dr-kui) 등과 비교될 수 있을 것이나 직접으로는 tegu와 대응될 것이다. 즉 *tegu > čegu > čugu > čuk(죽)의 변화를 거친 것으로 보인다.

342. 老曰刀斤(→尼斤 ~ 呐斤)

이 항목을 뜻하는 이조어는 '늙다'인데 '늙다'를 뜻하는 비교어휘가 없고, 둘째음절이 斤[근]인 점으로 보아서 '늙은'의 표기로 보이니 여기의 첫음절의 刀는 분명한 오자로 보인다. 그런데 한자에는 '늘'음을 가진 글자가 없으니 대충표기를 하였을 것이어서 자형과 음이 유사한 것으로는 呐[눌]·尼[니·닐]·肋[륵] 등이 있으나 여기서는 '刀'의 형태에 가장 가까운 尼의 오자로 보고자 한다. 尼는 女夷切[ni]·尼質切[ni?]이고 동운·기타가 '닐·니'이고, 斤은 擧欣切

[kiən]이고 동운·기타가 모두 '근'이어서, 고려한자음- *尼斤은 '닐근'으로 읽을 수 있다.

그런데 '늙다'는 '늙다'에서 모음전환(Ablaut)으로 파생된 것으로서 noğurxai(낡은, W. Mo)와 대응될 것이다. 즉 *noğurxai > nourke > nōlkï > nΛlk (늙) → nïlk (늙)의 변화를 거친 것으로 보인다. 따라서 고려어- *尼斤(늙은)은 '늙은'의 대충표기일 것이며, 그 어원은 「*noğurxai(늙은, W. Mo)-은(관형형어미)」의 합성어로 추정된다.

343. 少曰亞退

이 항목은 이조어- 'ᄋ츤'(=적은)의 소급형일 것이다. 亞는 집운이 衣駕切[a]이고 동운이 '하'이며 기타 운서는 '아'이고, 退는 집운이 吐內切[tʼuai]아도 동운·기타가 모두 '퇴'여서 고려한자음- 亞退는 '아퇴'로 읽을 수 있다. 그리고 '퇴'는 *tʼö > tʼe > čе (체)의 변화를 거칠 수 있어서 '체'와 가까운 음이다.

그런데 '아츤'의 어건 '아츠-'는 ācu(적다, Dr-Ta)와 대응될 것이다. *ācu > accu > acʼï > acʼΛ (아츠)의 변화를 거친 것으로 보인다. 따라서 고려어- 亞退(적다)은 '*아츠-'의 대충표기일 것이며, 그 어원은 *ācu (적은, Dr-Ta)로 추정된다.

344. 存曰薩囉

이 항목은 얼른 보아도 '살아'의 소급형으로서 '거주하다·존재하다'의 뜻이다. 薩은 이미 183, 184항에서 '살'로, 囉는 이미 336항에서 '라'로 읽었으니, 고려한자음- 薩囉는 '살라'로 읽을 수 있다.

그런데, '살다'(居·存)는 saǧuri(거주하다, W. Mo)와 직접 대응할 것이다. 즉 *saǧuri > sauri > sōri > sōl > sāl(살:)의 변화를 거친 것으로 보인다. 따라서 고려어- 薩囉(거주하다)는 '살아'('-아'는 반말어미)의 대충표기일 것이며, 그 어원은 *saǧuri(거주하다, W. Mo)로 추정된다. 여기서 이조어가 '살다'의 형태가 된 것은 동음이의어- '살다'(=목숨을 이어 나가다)가 sal-(심장이 뛰다, O.Turk)과 직접 대응되는 말이어서 그 간모음이 a인데, 그것과의 의미의 유사성 때문에 '거주하다'를 뜻하는 고려어는 본시 '솔다'였을 것이나 '목숨을 이어가다'의 '살다'와의 혼동으로 일찍 '살다'로 변해 버린 것으로 보인다.

345. 亡曰朱幾

이 항목은 341항의 死曰死로 미루어 보아서 '죽다'를 뜻하는 표기가 아니고 타동사 '죽이다·망하게 하다'를 뜻하는 표기일 것이다. 그러므로 이 항목은 '죽이-'의 소급형일 것이다. 朱는 집운이 鍾鏾切[ĉiu]이고 동운·기타가 '쥬'이고 幾는 집운이 居希切[ki]이고 동운이 '긔·끠'이며 기타 운서가 '긔'여서 고려한자음- 朱幾는 '쥬긔'로 읽을 수 있을 것이다.

그런데 '죽이다'는 이미 341항에서 언급한 바와 같이 tegu(죽다, Dr-Te)와 대응하는 '죽-'과 사동접사 '이'의 합성어로 보여지나 직접 soki-(죽이다, Dr-kui)가 *soki- > suki- > cuki-(죽이)로 변한 것으로 보인다. 따라서 고려어- 朱幾(죽이다)는 '*주기'의 대충표기일 것이며, 그 어원은 「*tegu(죽다, Dr-Te)-i(사동접사)」또는 soki-(죽이다, Dr-kui)로 추정된다.

346. 有日移實

이 항목은 이미 327항의 有客日孫集移室에서 이미 언급한 바 있다. 따라서 고려어- 移室(있을)은 '이실'의 표기일 것이며 그 어근은 iru(있다, P.Dr)과 대응될 것이다.

347. 無日不烏實. cf. 烏不實의 오기?

이 항목은 이조어나 방언에 유사한 말이 없어서 일단 烏不實의 오기로 볼 수 있다. 그러나 지금은 사어가 되었으나 「bulun-(보이다·나타나다, Turk)-siz(부정사, Turk)」가 *bulun-siz > pulo-sir(不烏實)의 변화를 거친 것으로 볼 수 있다. 不은 이미 227항에서 '불'로 읽은 바 있고, 烏도 45항에서 '오'로 實도 30항에서 '실'로 각각 읽었으니 고려한자음- 不烏實은 '불오실'로 읽을 수 있다.

그런데 이 不烏實(없다)는 위에서 언급한 대로 「*bulun-(보이다·나타나다, Turk)-siz(부정사, Turk)」의 합성으로서 그 본디 뜻인 '보이지 않다·나타나지 않다'라는 결과에서 그 원인인 '없다'의 뜻으로 쓰이게 된 것으로 보인다.

그러나 전의를 전제하지 않으면, 烏不實의 오기로 보고 absore(없애다, Ainu. cf. -re '사동접사')의 어근- *abso-(없어지다)와 대응될 것이다. 즉 *abso-> opso-> ops-> əps-(없-)의 변화를 거치고 여기에 관형형어미- '-을'이 첨가된 '없을'의 표기로 볼 수도 있다. 따라서 고려어- 不烏實(없을)은 '불오실'의 표기일 것이며 그 어원은 「*bulun(보이다·나타나다, Turk)-siz(부정사, Turk)」의 합성으로 추정된다.

만약 오자가 있었다고 보면 烏不實(없을)은 '없을'의 대충표기일

것이며, 그 어원은 absore(없애다, Ainu)의 어근 「*abso(없어지다)-을
(관형형어미)」의 합성어로 추정된다.

348. 大曰黑根(→異根)

이 항목의 표제로 보거나 둘째음절- 根으로 보아선 '큰'의 소급형
같이 보이고 黑根(흑근)과 유사하며 '크다'의 뜻을 가진 말은 없고,
도리어 '작다'의 뜻의 '효근'이 '흑근'과 그 형태가 유사하다. 그러므
로 黑자가 異자의 오기로 보고자 한다. 異는 집운이 羊夷切[i]이고
동운-기타가 모두 '이'이고 根은 古痕切[kən]이고 동운은 '근'이며
기타 운서는 '근·근'이어서 고려한자음- *異根은 '이근'으로 읽을
수 있다.

그런데 異根(크다)과 비교될 만한 것으로는 yeken > iken(크다, W.
Mo)가 있을 뿐이다. 즉 *yeken[yəkən] > iken[ikən] > ikïn(異根)의 변
화를 거친 것으로 보인다. 따라서 고려어- *異根(크다)는 '*이근'의 표
기일 것이며 그 어원은 *yeken/iken(크다, W. Mo)으로 추정된다.

349. 小曰胡根

이 항목은 '횩다·혁다(小)'의 소급형일 것이다. 胡는 집운이 洪孤切
[xu]이고 동운이 '홯'이며 기타 운서가 '호'이고 根은 위의 항목에서
'근'으로 읽었으니, 고려한자음- 胡根은 '호근'으로 읽을 수 있다.

그런데 '횩다, 혁다'는 동계어의 hasku-(작다, Gily)와 대응될 것으
로 보고 그 공통기어를 *husku-(작다)로 재구할 수 있다. 즉 *husku- >
hikku- > hyək-(혁-) > hyok-(횩) : *husku > həsku > hasku의 변화를

거친 것으로 보이는 고유어일 것이다. 따라서 고려어― 胡根(작은)은
'*효근'의 대충표기일 것이며, 그 어원의 어근은 hasku-(작다, Gily)와
대응되는 고유어로 추정된다.

그러나 '흑다·혁다'가 '쟉다'(>작다)와 쌍형일 개연성도 없지 않다.
몽고어의 cikka (작다·적다, Dr-ka)에서 *cikka > čyəka > čyaka > čyak
(쟉)의 변화를 거치는 한편 *cikka > hika > hyəkə > hyək(혁) > hyok
(흑)의 변화를 거칠 수도 있기 때문이다.

350. 多曰覺合及(→覺合乃) . cf. 懸何支 ⟨명대판⟩

이 항목도 사어가 되었거나 오자가 있을 것이다. 명대판은 hon(흔
하다, Ma)와 대응되는 고유어인 '흔하다'의 소급형이 분명하나 그것
에 따르자면 欽定本은 석자 모두 오자로 보아야 하기 때문에 이것은
후세인의 개찬(改竄)이기 쉽다. 그러므로 우리 주변어와 먼저 비교하
여 보니 gaph'nai (많아지다, Dr-kuwi)와 대응됨직한데, 이것과 비교한
다면 覺合及의 及을 乃[내]의 오자로 보아야 하겠다. 즉 *gaph'nai >
kaphanä (갑하네 ≒覺合乃)의 변화를 거친 것으로 보인다.

그런데 覺은 집운이 訖岳切[kauʔ]이고 동운·기타가 모두 '각'이고,
合은 집운이 曷閤切[xab]이고 동운이 '홥·갑'이며 기타 운서가 '합·
갑'이고, 乃는 曩亥切[nai]이고 동운·기타가 모두 '내'여서 고려한자
음― *覺合切는 '*갑하내'의 표기일 것이다. 따라서 고려어― 覺合乃(많
다)는 '*갑하내'의 대충표기일 것이며, 그 어원은 gaph'nai(많아지다,
Dr-kawi)로 추정된다.

351. 少(→若)曰阿捺

이 항목의 표제는 343항에도 보이니, 그것과 이음동의어거나 표제는 '젊다'를 뜻할 것이다. 阿는 이미 40항에서 '아'로 읽었고, 捺도 1항에서 '날'로 읽었으니 고려한자음- 阿捺은 '아날'로 읽을 수 있다.

그런데 '아날'의 음과 유사하면서 '젊다'의 뜻을 가진 주변어는 aŋuga (아들, Dr-ka) · aŋugi (딸, Dr-ka)의 어근 *aŋug (젊다) > anul(-ug>ul 원순모음 뒤의 k/g>1 현상) > anol (a~u>a~o '모음조화' : 아놀 ≒ 阿捺. cf. 漢捺 ≒ *하놀 >하늘)의 변화를 거친 것으로 보인다. 따라서 고려어- 阿捺(젊다)은 '*아놀'의 대충표기일 것이며, 그 어원은 aŋuga (아들, Dr-Ka) · aŋugi (딸, Dr-ka)의 어근- *anug (젊은, Dr-ka)으로 추정된다.

참고

이 항목의 표제 '少'를 前間(1925)에서 細의 뜻으로 치고 阿捺의 阿를 珂의 오자로 보고 *珂捺을 이조어- 'ᄀᄂᆞᆯ'의 소급형으로 보았는데, 小에는 細의 뜻이 없어서 재고되어야 할 것이다.

352. 高曰那奔

이 항목의 那는 207, 240항에서 '노'로 읽었고, 奔은 집운이 逋昆切[puən]이고 동운· 기타가 모두 '분'이어서 고려한자음- 那奔은 '노분'으로 읽을 수 있다.

그런데 '높다(高)'는 dobuğur-(높인, W.Mo. cf. -ğur '사동접사') · dobučak (높아진 곳· 언덕, W. Mo)의 공통어근- *dobu(높다)와 대응될 것이다. 즉 *dobu- > nobu-(d- W.Mo ∞ 예: dölü '불꽃 ∞ 놀' '火雲', dourada- '나쁘게

되다'∞놀아나-'방탕해지다', durad-'언급하다'∞늘어놓-'말을 많이 하다', dauğar-'소리나다'∞놀-애 '노래', dolgi-'파도치다'∞놀 '큰파도')＞nop´-(높-)의 변화를 거친 것으로 보인다. 따라서 고려어- 那奔(높은)은 '높은'의 표기일 것이며, 그 어원은 「*dobu-(높다, W. Mo) -은(관형형어미)」의 합성어로 추정된다.

> 참고
>
> 일본어- nobo-ru(오르다, 登)나 noppo(키다리)의 nobo·nop-은 우리말의 '높-'의 차용이다.

353. 低曰捺則. cf. 榇則＜순치판＞

이 항목의 '늣다＞낮다'는 위의 항목 '높다'의 대가되는 말이니 이것도 몽고어의 natuğar(낮은, W. Mo)과 대응될 것이다. 捺은 이미 1항에서 '날'로 읽었고, 則도 84, 317항에서 '측~즉'으로 읽었으나 고려한자음- 捺則은 '날즉~날측'으로 읽을 수 있다. 그리고 'ㅈ'앞의 'ㄹ'이 흔히 탈락하는 관습에 따라서 그것은 '나즉~나측'으로 관주된다.

그런데 *natuğar＞natūr＞nacu＞nʌč(늣)＞nač(낮)의 변화를 거친 것으로 보인다. 따라서 고려어- 捺則(나직)은 '*나즉'의 대충표기일 것이며(cf. 순치판의 榇則은 '나즉'의 표기임) 그 어원은 「*natuğar(낮은, W. Mo) -윽(부사화 접사)」의 합성어로 추정된다.

354. 深曰及欣

이 항목은 '깊은'의 소급형일 것이다. 及은 집운이 極入切[kib]이
고, 동운은 '끕'이며 기타 운서는 '급'이고, 欣은 집운은 許斤切[xiən]
이고 동운·기타가 모두 '흔'이어서 고려한자음- 及欣은 '급흔'으로
읽을 수 있다.

그런데 '깊다'는 küb(깊이, W. Mo-유)과 직접 대응될 것이다. 즉 *küb >
kip′(깊)의 변화를 거친 것을 형용사의 어간으로 삼은 것으로 보인다.
따라서 고려어- 及欣(깊은)은 '깊은'의 대충표기일 것이며, 그 어원은
「*küb(깊이, W. Mo-유)-in(관형형어미)」의 합성어로 추정된다.

355. 淺曰眼低(→呢底). cf. 淺曰呢低 <명대판>

이 항목은 이조어 '녇다'의 소급형처럼 보인다. 眼은 집운이 語限
切[ian]이고 동운이 '안'이며 기타 운서가 '안'이고 底는 이미 51항에
서 '디'로 읽은 바 있어서 고려한자음- 眼底는 '안디'로 읽을 수 있
다. 이와 유사한 음상을 가지고 '녇다'를 뜻하는 말은 없고 둘째음절
이 '디'이어서 '녇'의 받침 'ㅌ'과 대응되니 眼자가 오자로 보인다. 그
렇다면 眼자와 자형이 유사하면서 '녀'에 가까운 한자를 찾아보면
명대판에 나오는 呢가 가장 적격이다. 呢는 집운이 乃倚切[ni]이고
동운·기타가 모두 '니'니 呢底는 '니디'로 읽을 수 있다.

그런데 '녇다'와 대응될 만한 비교어휘는 nēr(얕아지다, Dr-Ta)이 유
일하다. 즉 *nēr > nyəz > nyəc > nyət > nyət′(녇)의 변화를 거친 것으
로 보인다. 따라서 고려어- *呢底(얕다)는 '*녇이'(=얕음·얕게)의 대충
표기일 것이며 그 어원은 *nēr (얕아지다, Dr-Ta)로 추정된다.

解讀一覧表

- 계림유사의 항목별 재구고려어와 비교어휘 일람표 -

『鷄林類事』의 新解讀研究

항목 번호	고려어표기	재구고려어	비교어휘 기타
1	漢捺(天)	하눌(하늘)	kando(하늘, Ainu) konṭal(하늘, Dr-Ma)
2	姮(日)	경(해)	kəŋ(go, Gily)
3	契(月)	셜(달)	sara(달, W.Mo)
4	屈林(雲)	구름(id)	kuri(구름, Ainu)
5	孛纜(風)	부름/부람(바람)	opara(바람, Ainu)
6	嫩(雪)	눈(id)	leuri(눈, Dr-kuwi)?
7	霏(雨)	비(id)	pey(비오다, Dr-Ta)
8	嫩耻(雪下)	눈디-(눈 내리다)	*tül->tüš-(내리다, O.Turk)
9	天動(雷)	텬동(천둥)	teŋgri-duuğar- (하늘-소리내다, W.Mo) -웅(명사화접사)
10	霍(雹)	곽(우박)	kawkaw(우박, Ainu)
11	閃(電)	셤(섬광)	jeŋe(불꽃·선광, Turk)
12	率(霜露)	슬(서리·이슬)	sali(찬 것·서리·냉기, Dr-ka)
13	蒙(霧)	몽(안개)	manaŋ(안개, W.Mo)
14	陸橋(虹)	륙교(무지개)	riwka(다리, Ainu) / lïx(비,Gily-Sav) -kyo(다리)
15	幾心(鬼)	귀:심(귀신)	kūḷim (>kūḷi, 악마·유령, Dr-Ta)
16	神通(神)	신통(신령)	神通-이>神通(神)
17	孛(佛)	불(부처)	佛의 이표기
18	遷(仙人)	션(신선)	仙의 이표기
19	河屯(一)	가둔(하나)	katuñ(제一의, Dr-Ta)
20	途孛(二)	두블(둘)	dubara (두점 '도박장용어', Turk)
21	洒(三)	세(셋)	*syəl(>se. 셋, O.Turk. cf. teoir '셋, O.Per')

항목 번호	고려어표기	재구고려어	비교어휘 기타
22	酒(四)	네(넷)	jihar(넷 Turk), ine(넷, Ainu)
23	打戌(五)	다술(다섯)	*tašur-(닫다 '閉', P.Tung)
24	逸戌(六)	여슷(여섯)	dü(둘, Turk)× *syəl(>seš>se. 셋, O.Turk)
25	一急(七)	닐굽(일곱)	üč(셋, O.Turk) - 굽 - (曲, kor)
26	逸答(八)	여듭(여덟)	dü(둘, Turk) - dörbe(넷, W.Mo)
27	雅好(九)	아홉(id)	aŋ(첫, O.Turk) - 곱 -(曲, kor)
28	噎(十)	열(id)	*yal-(>yay-. 열다, Turk)
29	戌沒(二十)	스믈(수믈)	dü(둘, Turk) -*mïl(>mïš. 열, Turk)
30	實漢(三十)	설흔(서른)	*syəl(셋, O.Turk) -*von(>ōn, O.Turk)
31	麻雨(四十)	마슨(마흔)	jihar(넷, Turk) -ōn(열, Turk)
32	舜(五十)	쉰(id)	beš(다섯, Turk) -ōn(열, Turk)
33	逸舜(六十)	여쉰(예순)	yəsïs(여섯, kor) -ōn(열, Turk)
34	一烜(七十)	닐흔(일흔)	nilgop(七, kor) -ōn(열, Turk)
35	逸頓(八十)	여든(id)	yədïlp(여덟, kor) -ōn(열, Turk)
36	雅訓(九十)	아혼(아흔)	ahop(id, Kor)-ōn(열, Turk)
37	醖(百)	온:(백)	yağun(백, W.Mo)
38	千(千)	cf. 즈믄	jemˊan(모두, Turk)
39	萬(萬)	cf. 두만·골:	tümen(만, P.Aitai) ·*kabul(만, Turk)

항목 번호	고려어표기	재구고려어	비교어휘 기타
40	阿惨(旦)	아츰(아침)	ač-(열다, Turk) -ïm(명사화접사)
41	稔宰(午)	념제(정오)	dülim(중앙, W.Mo) -üde(낮, W.Mo)
42	占沒(暮)	져믈-(저물-)	zeval(해가 짐, Turk)
43	記載(前日)	그제(id)	keč-(지나다, O.Turk) -dün(어제, Turk)
44	於載(昨日)	어제(id)	öčügedür(어제, W.Mo)
45	烏捺(今日)	오늘(오늘)	ene(이, 지금, W.Mo) -edür(날, W.Mo)
46	轄載(明日)	걸제(내일)	kel-(오다, O.Turk) -čer(때, O.Turk)
47	母魯(後日)	모뢰(모레)	maṛu-nāḷ(모레, P.Dr)
48	轄載烏受勢 (約明日)	걸제-오슈셔 (내일 오소서)	kel-(오다, O.Turk) -oru-(들어오다, W.Mo) -sï(주어존대, kor) -sï(소망형어미, Turk)
49	年春夏秋冬 (id)	cf. he(히>해)	jil(해, W.Mo)
		바르~봄(봄)	bahar(봄, Turk)
		녀르~녀름(여름)	ñyāz(여름, O.Turk)
		거스(가을)	küz(가을, O.Turk)
		겨스(겨울)	kiš(겨울, O.Turk)
50	頂(上)	뎡(위)	*tenke(id, P.kor), deken(좀 높은, Ma)
51	底(下)	뎌(밑)	tüp(밑바닥, O.Turk-G)
52	東西南北(id)	cf. 살>새(동쪽)	šark(동쪽, Turk)
		갈/*하놀-이>하늬(서쪽)	garb(서쪽, Turk), 하눐-ㅂ름(天風)
		마(남쪽)	*ma(남쪽, Turk), cf. mačin/남-지나)
		고든(북쪽)	*küden (>kidin, 북쪽, O.turk)

항목 번호	고려어표기	재구고려어	비교어휘 기타
53	轄希(土)	걸기~갈기(흙)	xēxel(흙, Dr-kur) / *kalki(흙, P.kor)
54	田(id)	cf. 밭	pātti(밭, Dr-Ta)
55	孛(id)	불	*puči(>fuči, 불, Ainu), veyali(불이붙다, Dr-kuwi)
56	每(山)	뫼(메)	malai(산, Dr-Ta), mori(작은 산, Ainu)
57	突(石)	돌(id)	tokīmak (망치·공이→*돌, O.Turk) *tal(>taš. 돌, Turk)
58	沒(水)	물(id)	*müre(물, 강. P.Altai)
59	海(id)	cf. 바다·바라 (>바ᄅ)	varta(바다, Turk), parappu(바다, Dr-Tu)
60	江(id)	cf. 내·*골: (>ᄀᄅ름)	nai(내, Ainu), ğoul(강, W.Mo)
61	溪(id)	cf. 시내(id)	cir(작은, Dr-Ta) -nai(내, Ainu)
62	丁蓋(谷)	뎡기(골짜기)	däriŋ(골짜기, O.Turk)
63	泉(id)	cf. 샘(id)	calime(샘, Dr-ka)
64	烏沒(井)	우물(id)	움:(窖)-ēri(수조, Dr-Ta)
65	㞫(草)	플(풀)	pul(풀, Dr-Ta) cf. šigui(수풀, W.Mo-유)
66	骨(花)	골(꽃)	kul(꽃, Turk-Uigul. cf. gul 'id, Iran')
67	南記(木)	남긔(나무)	maram (>namo. 나무, Dr-Ta)
68	帶(竹)	대(대나무)	dēr(대, P.Dr. Dr-konḍa)
69	㮈(→監, 栗)	밤(id)	*palam(밤, Turk) cf. palam-ut(도토리 깍정이)
70	棹刺(→枝棘,桃)	돌:~도:러(복숭아)	toğor(복숭아, W.Mo)
71	鮓子南(松)	잦남(잣나무)	jakda(*栢→松, Ma)

항목 번호	고려어표기	재구고려어	비교어휘 기타
72	渴來(胡桃)	거레(가래)	kuru(가래, Dr-Ta)
73	坎(柿)	감: (감)	枾子[kacï]-木[mu]
74	敗(梨)	베(배)	pe-(과즙이 많은 과일 따다, Gily-G)
75	闕李㐌(林檎)	알리부(사과)	alima(사과, W.Ma)
76	黃漆(漆)	cf. 옷>옻(id)	ussi(옻, Ainu), urusi(옻, Jap)
77	質姑(茨)	질고(대싸리→건초)	c̄irku(대싸리, Dr-Ta)
78	鶻試(雄)	골시(수컷)	korran(수컷, Dr-Ma)
79	暗(雌)	암(암컷)	āvu(암컷, Dr-ka)
80	啄(鷄)	닭(id)	takïgū(닭, O.Turk)
81	漢賽(鷺)	한새(황새)	kaṇa(큰, P.Dr) -saye(새무리, Ainu)
82	雉賽(雉)	티새(꿩)	tazarv(꿩, Iran) 또는 sülün(id, Turk)
83	弼陀里(鴿)	비두리(비둘기)	kebūter(비둘기, Turk)
84	渴則寄(鵲)	가:치기~갈츠기 (까치)	kēga(까치, Dr-kui) -tita(새, Dr-pa)-kur̄ii (Dr-Ta) 또는 kalagh-i-jiku(까치, Iran)
85	鶴(id)	cf. 두루미(id)	*turum(두루미, P.Altai)
86	柯馬鬼(鴉)	가마귀(까마귀)	kāva(암흑, P.Dr) -*kul(>kuš. 새, Turk)
87	哭利兮幾(雁)	격리계기(기러기)	kegere(들)-ğalağu (기러기과 새, W.Mo)
88	雀譚(禽)	적던(새)	jigürten(새, W.Mo)
89	賽(雀)	새(참새)	serče(참새, Turk)
90	豾(虎)	범(id)	böbür(범, Turk)
91	燒(牛)	쇼(소)	sevir(숫소, Turk)
92	羊(id)	cf. 염쇼(염소)	imağa(염소, W.Mo)-쇼(소)
93	突(猪)	돌: (돼지)	torre(돼지, Dr-koḷ)

항목 번호	고려어표기	재구고려어	비교어휘 기타
94	家稀(犬)	가히(개)	kabari(개, Ma)
95	鬼尼(猫)	고이/고니(고양이)	kedi(고양이, Turk)
96	嘴(鼠)	쥐(id)	cuperi(쥐, P.Dr)
97	鹿(id)	cf. 사슴(id)	zari(순록, W.Mo) - (명사화접사)
98	末(馬)	멀~몰(말)	mori(n)(말, W.Mo)
99	轄打(乘馬)	걸터(id)	kuḷir(앉다, Dr-Ta) -El(간세접사)-어
100	渴翅(皮)	가치(피부)	*kas(피부 껍질, O.Turk) -이(조음소)
101	毛(id)	cf. 털(id)	tū(털, O.Turk) · tülē(털을 갈다, O.Turk)
102	角(id)	cf. 어블~샐(뿔)	eber(뿔, W.Mo) · süvri(뿔·뾰죽한, O.Turk)
103	稱(龍)	칭(용)	螭龍[치용]>稱[칭](용)
104	水脫(魚'乾魚')	수:더(건어물)	sōgudi(건어물, Dr-ka)
105	團(鼈)	담:(거북)	tāmbēlu(거북, Dr-Ta)
106	愒(蟹)	게:(게)	kupi(게, Dr-konḍ)
107	必(鰒)	필(전복)	ippil>ippi(전복, Dr-Ta)
108	煮愒(螺)	쟈개(자개)	cimpi(전복, Dr-ka) -조개
109	蛇(id)	cf. 바얌(뱀)	pāmpu(뱀, Dr-Ta)
110	蠅(id)	cf. 파리(id)	pari(나는 것→*파리, Dr-ka)
111	螻蟻(螘)	누의(개미)	螻蟻(개미)
112	祇(蝨)	니(이)	īr(이, Dr-Ta), nisal-(이를 잡다, W.Mo)
113	批勒(蚤)	비륵(벼룩)	bürgē(벼룩, O.Turk)
114	割稂祇(蟣)	가랑니(서캐)	kalīl(작은, Turk)-앙(명사 화접사)-니
115	虼鋪(蟆)	걸포(개구리)	kurbağa(개구리, Turk)

항목 번호	고려어표기	재구고려어	비교어휘 기타
116	人(id)	cf. 사름(사람)	sagurili(거주하는, W.Mo) -m
117	主(id)	cf. 님:자(임자)	*neṟṟim (>neṟri. 정상, Dr-Ta)-ji(사람접사)
118	孫*念(客)	손님(id)	son(친구,Turk) -님(존칭접사)
119	員臨(官)	원님(지방수령)	*kwaban(>hafan, 관원, Ma)
120	進士(士)	진스~진서(진사)	進士. cf. nāzir(관원, turk)
121	主事(吏)	쥬스~쥬서(주사)	主事
122	行身(商)	행샨(장수)	cf. 行(장사)-身(몸→*사람)
123	把指(工匠)	바지(대장장이)	bazğān(대장장이의 메 → *대장장이)
124	宰把指(農)	재:바지(농사)	sāgavaḷi(농사, Dr-ka)
125	軍(兵)	굴:(군사)	*küri(군사, P. Altai)
126	福田(僧)	복뎐(중)	福田(중)
127	阿*馬(尼)	아마(여자중)	ammā(어머니,Dr-Ta) →자중<*ambâ(어머니, Skt)
128	浮浪人(遊子)	부랑신(떠돌이)	浮浪人
129	*乞剝(丐)	걸바기(거지)	kēḷvike(부탁·요구, Dr-ka)
130	水作(*娼)	슈자(창녀)	sūḷe(창녀, Dr-ka)
131	婆兒(盜)	바스(도둑)	vāru(훔치다, Dr-Ta)
132	故作(倡人之子)	고쟈 (광대의 자식)	kögjim(음악, 풍류, W.Mo)
133	故作(樂工)	고쟈(음악인)	kögjim(음악, 풍류, W.Mo)
134	能(稱我)	내(나의)	nā(나, P.Dr)
135	*鏤箇 (問你汝誰何)	누가 ~누고(누구인가)	*neri(너, P.Dr) -가/고(의문형)
136	漢*丫祕(祖)	한아비(할아버지)	kana(큰, P.Dr) -appa(아비, Dr-ka)
137	丫祕(父)	아비(id)	appa(아비, Dr-ka)

항목 번호	고려어표기	재구고려어	비교어휘 기타
138	丫彌(母)	어미(id)	ammā(어미, Dr-Ta)
139	丫査祕(伯叔)	아자비(아재비)	acc(부모뻘, P.Dr)-아비
140	丫子彌(叔伯母)	아즈미	acc(부모뻘, P.Dr)-어미
141	長官(兄)	댱관(형)	長(맏=) -kübegün(아들, W.Mo)
142	長漢吟(嫂)	댱하늠(형수)	長(맏=)-hanïm(부인, Turk)
143	*奈奈(姉)	나나(누:나)	nanaka(누:나, Gily)
144	沙喃(男子)	사남(남자)	caṇṇam (남근→*남자, Dr-Ta)
145	丫兒(弟)	아스(아우)	āz(작은, O.Turk), ācu(작은 것, Dr-Ta)
146	丫慈(妹)	아즈(누이동생)	ācu(작은 것, Dr-Ta)
147	漢吟(女子)	한음(숙녀)	hanïm(숙녀, Turk)
148	沙會(自稱其夫)	사회(사위)	sahip(주인, 소유주, Turk)
149	漢吟(妻)	한음(부인)	hanïm(부인, Turk)
150	細婢(自稱其妻)	세비(자기 아내)	zevje(아내, Turk)
151	*丫妲(男子)	아들(id)	atï(형족의 사내아이, O.Turk)
151	同婆記(男子)	동배기 (또래의 사내아이)	同(같은)-bağa(작은 →작은아이, W.Mo)
152	寶妲(女兒)	보져(계집아이)	bačağan (계집아이, 딸. W.Mo)
152	古召-盲曹兒 (女兒)	고소-멍조스 (계집아이)	kūsu(소녀, Dr-ka)
153	*丫加 (父呼其子)	아가(id)	axarn(아이, Gily) -아(호격토)
154	*丫村*丫妲(孫)	아츤아들(손자)	ati(손자, P.Altai) -ïn(연체형)-아들
155	漢*丫祕(舅)	한아비 (장인, 싀아비)	kana(큰, P.Dr) -appa(아비, Dr-ka)

항목 번호	고려어표기	재구고려어	비교어휘 기타
156	漢*丫彌(姑)	한어미 (싀어미·고모)	kana(큰, P.Dr) -ammā(어미, Dr-Ta)
157	*丫*氏(婦)	아씨(젊은부인)	āṭṭi(부인·아내, Dr-Ta)
158	訓鬱(母子兄)	훈울:(동기의 형)	yekeken(보다 큰, W.Mo)-oğul(아들)
159	*丫次鬱 (母子弟)	아츠-울 (동기의아우)	ācu(작은 것→*아우, Dr-Ta)-oğul(아들, Turk)
160	*丫子彌(娣姶)	아저미 (이모·외숙모)	acc=(부모뻘, Dr-Ta)-어미
161	麻帝(頭)	마데(머리)	maṇtai(머리, Dr-Ta)
162	麻帝核試(髮)	마데끄시(머리털)	maṇtai(머리, Dr-Ta) -kïl(머리털, Turk)
163	捺翅(面)	너치(낯)	nota(낯, Ainu)
164	疎步(眉)	숩~소브(눈썹)	*solbi(>solmi. 눈썹, Ma)/sof(털, Turk)
165	嫩(眼)	눈(id)	nuṇi(응시하다, Dr-Ta)
166	愧(耳)	귀(id)	kulkak(>kulak. 귀, O.Turk)/kivi(귀, Dr-ka)
167	邑(口)	입(id)	ipe(먹다, Ainu)
168	你(齒)	니(이)	ni-mak(이, Ainu)
169	蝎(舌)	걸(혀)	kele(혀, W.Mo)
170	捺翅朝勳(面美)	넟이 둏은 (낯이좋은)	nota(얼굴, Ainu) -tayyïp(좋은, Turk)
171	捺翅沒朝勳 (面醜)	넟이 몯 둏은 (낯이 나쁜)	nata-matu (못, Dr-Ta)-tayyïp
172	心(id)	cf. 마삼 (>마음>마음)	mārvam (가슴→*마음, Dr-Ta)
173	門(身)	몸(id)	mēnu(몸, P.Dr)
174	軻*心(胸)	가슴(id)	katčam(마음→*가슴, Ainu)
175	腿*馬來(背) cf. 腿羅末(背)	퇴마리(등덜미) 티라마(척추)	*tuval(>cuval. 등덜미, Dr-Ta) daram(척주, Mo)

항목 번호	고려어표기	재구고려어	비교어휘 기타
176	擺(腹)	배(id)	vayiru(배, Dr-Ta)
177	遜(手)	손(id)	sunū(인공 '人工'·제조, Turk)
178	潑(足)	발(id)	paraure(발, Ainu)
179	*塩*骨眞(肥)	염골진(살찌우다)	jimii(단단해지다)-ğul(사동접사-ji(과거시제)-ㄴ
180	安里塩骨眞(庾)	안리염골진(여윈)	anda(잘못하다)-k(부사화접사)-jimii-ğul-ji-ㄴ
181	遜時蛇(洗手)	손시샤(손씻어)	손(cf. 177항) -cice(씻다, Dr-Malt)-아
182	時蛇(凡洗濯)	시샤(씻어)	cice(씻다, Dr-Malt)-아
183	漢菩薩(白米)	햅살(햅쌀)	cevvi(새, Dr-Ta) -sâli(쌀, 범어)
184	田菩薩(粟)	좁살(id)	darï(조, Turk)-p(사잇소리)-sâli(쌀, 범어)
185	密(麥)	밀(id)	buğudāy(밀, P.Altai)
186	頭耳(太穀)	두싀(콩, 서민)	turi(콩, Ma)
	麻帝骨(太穀)	마데골 (콩, 지배층)	mandal(둥근것, W.Mo)-köl(식량, W.Mo)
187	酥孛(酒)	수불(술:)	*subul(술:, P.Altai)
188	生根(醋)	셩거(식초)	sirkē(식초, O.Turk)
189	密祖(醬)	미조(장)	misun(된장, Ma)
190	蘇甘(塩)	소감(소금)	čegen(하얗다, W.Mo) -m(명사화접사)
191	畿林(油)	기름(id)	kiripu(기름, Ainu)
192	姑記(魚肉)	고기(id)	koiki (고기나 짐승을 잡다. Ainu)
193	朴擧(飯)	박거(밥)	parukkai(밥, Dr-Ta)
194	謨做(粥)	무주(죽)	meduku(죽, Dr-Te)
195	茶(id)	다(차)	茶

항목 번호	고려어표기	재구고려어	비교어휘 기타
196	湯水(湯)	당쉬(눌은밥)	tī(눋다, Dr-Ta) -aŋ(명사화접사) -coɾu(삶은 쌀, Dr-Ta)
197	酥*孛廘蛇 (飮酒)	수불마샤 (술: 마셔)	subul(술:P.Altai)-massï (빨아들이다, Turk)-아
198	酥孛打里(煖酒)	수불다리- (술:데치다)	subul(술: P.Altai) -taɾal(달아오르다, Dr-Ta)
199	打里(安排)	다리-(정당히 처리하다)	idāre(취급, Turk)
200	打馬此(盡食)	다머쳐(다 마쳐)	tave(모두, Dr-ka)-muṭi (마치다, Dr-Ta)-어
201	酥孛速(醉)	수불 속-(취하다)	subul(술: P.Altai)-sokku (도취되다, Dr-ka)
202	本道安理馬蛇 (不善飮)	본되 안리마샤 (본시 안마셔)	puṇṭai(착수·본디,Dr-Ta)- anda-(잘못하다, W.Mo) -k(부사화접사)-massï (빨아들임, Turk)-아
203	泥根沒(熟水)	니근물(익은물)	rik(말랑말랑함, Ainu) -은(관형형어미)-물(水)
204	時根沒(冷水)	식은물(id)	jike(식다, W.Mo) -ㄴ(관형형어미)-물(水)
205	擺咱(飽)	배차(id)	vayiru(배, Dr-Ta) -cāl(가득하다, Dr-Ta)
206	擺咱安理(飢)	배차(-지) 안리(-허다)	vayiru(배, Dr-Ta) -cāl(가득하다, Dr-Ta) -anda-(틀리다, W.Mo) -k(부사화접사)
207	那論歲(金)	노른쇠(금)	ruhure(오렌지 빛, Ainu) -ㄴ(관형형어미)-쇠(금속)
208	區戌(珠)	구슬(id)	kāš(구슬, O.Turk)
209	漢歲(銀)	핸쇠(id)	čagan(희다, W.Mo) -ㄴ-sere(鐵, Ma)
210	銅(id)	cf. 구리(id)	ğağuli(구리, W.Mo)

항목 번호	고려어표기	재구고려어	비교어휘 기타
211	歲(鐵)	쇠(id)	sere(鐵, Ma)
212	實(絲)	실(id)	sirkeg(실, W.Mo)
213	三(麻)	삼(id)	cavaḷi(천·헝겊, Dr-Ta)
214	速(羅) cf.'淳'의 誤?	속(id)	suje(깁·비단, Ma) : barağa(천, W.Mo)
215	錦(id)	cf. 비단	緋緞이란 漢字語는 없다. 固有語?
216	菩薩(綾) cf.'苦蘆'의 誤?	cf. 고로(id)	pokol(비단, Dr-kur) ; 菩蔬∞bōz(布, O.Turk)
217	及(絹)	깁(id)	kiib(명주, W.Mo)
218	背(布)	뵈(id)	bōz(布, O.Turk)
219	毛(苧) cf.'毛施' 의 誤	모시~무시(id)	mušuri(모시, Ma)
220	毛施背(苧布)	모시/무시-뵈(id)	mušuri(모시, Ma) -bōz(布, O.Turk)
221	幞頭(id) cf.'福頭'와 同	복두	幞頭
222	帽(帽子)	cf. 삿개(모자)	帽 ; šapka(모자, Turk)
223	土捲(頭巾)	두건(id)	頭巾
224	袍(id)	cf. 덮개 ·두루마기	袍=得盖[*덮개] <조선관역어>
225	蝎李帶·腰帶(帶)	허리띄(id)	xurša(<*xurla, 허리, O.Turk) - telei(허리띠, W.Mo)
226	軻門皂衫(衫)	가먼적삼	kapar(얇은, Ainu) -tek(홑, Turk)-衫(적삼)
227	泥不(被)	닙을(id)	ibe-(입히다, W.Mo)
228	珂背(袴)	가베(id)	kabā(소매없는 겉옷, Turk)
229	安海珂背(裩)	안해 가베(속곳)	an(안에 있다, Ainu) /onna(안, Ainu)-kabā

항목 번호	고려어표기	재구고려어	비교어휘 기타
230	裙(id)	cf. 쵸마>치마(id)	terpa(치마, Gily-G), čamči(속치마, Ma)
231	盛(鞋)	신(id)	čana(눈신, W.Mo)
232	背成(襪)	보션(id)	poji-(싸다, P.Dr) -n(명사화접사)
233	母子蓋(好蓋頭)	모지개(id)	malaǧai(모자, W.Mo)
234	板捺(針)	바날(id)	pācam(바느질, Dr-Ta)-yalïm(날, Turk)
235	南木子蓋(來袋)	나목지개(주머니)	namaǧa(통, W.Mo) -ajige(축소사, Ma)
236	實帶(好勒帛)	실씌(실띠)	sirkeg(실, W.Mo) -telei(허리띠, W.Mo)
237	宵/孫(綿)	솜(id)	somun(매우 말랑말랑한 것, Turk):綿
238	繡(id)	수(id)	繡
239	漢(白)	핸(id)	čagan(희다, W.Mo)
240	那論(黃)	노른(id)	ruhure(오렌지 빛, Ainu)
241	靑(id)	cf. *파라->프르-(id)	靑; pacu(푸르다, Dr-Ta)
242	質背(紫)	짓배(id)	cevvu(붉은 빛, Dr-ka)
243	黑(id)	cf. 감->검-(id)	*kāvulu (>kavula. 암흑, P.Dr)
244	赤(id)	cf. 븕->붉다(id)	*pulaǧan (>ulaǧan. 붉다, W.Mo)
245	眞紅(紅)	진홍(id)	眞紅
246	緋(id)	cf. 븕->붉->밝-(id)	*pulaǧan (>palaǧan. 붉다, W.Mo)
247	沒涕里(染)	믈들이-(id)	buduǧ(물'色', P.Altai) -들이-(染)
248	雌宇(秤)	저울>저울(id)	čengle-gür(저울, W.Mo)
249	作(尺)	자(id)	자, cf. čeleku(자, Ma)

항목 번호	고려어표기	재구고려어	비교어휘 기타
250	堆/刀(升)	되(id)	tuṭavu (액체를 되는 단위, Dr-Ta)
251	抹(斗)	말(id)	miyalin(양식의 분량, Ma), malu(큰병·항아리, W.Mo)
252	印(id)	cf. 도장/인(id)	印 : 圖章
253	車(id)	cf. 술위/술기	車. cf. sür-(차를 타다, Turk)-ke(명사화접사)
254	擺(船)	배(id)	barka(배, Turk)
255	蹬(席)	든(자리)	*tïṇ(자리, P.Dr)
256	質蕨(席薦)	지질(기직)	*čitil-(čitiš-. 매트를 갈다,Turk)-k(명사화접사)
257	馳馬(椅子)	치마(id)	oturma(의자, Turk)
258	食床(卓子)	식상(밥상)	食床
259	牀(id)	상(소반)	牀
260	火炬(燭)	화거(촛불)	vāku(빛, Dr-Ta)
261	箔(簾)	발:(id)	bali(발, Dr-kur, Malt)
262	活黃(燈)	호롱(등불)	beḷagu(램프, Dr-Ta)
263 264	箔耻巨囉(下簾)	발: 디거라(id)	baḹi(발:, Dr-kur) -*tül- (>tüš-, 내리다, O.Turk)
265	枯孛(匱)	고불(궤)	köbke(궤, W.Mo)
266	聚笠(傘)	슈룹(우산)	sūluk(비옷→*우산, Turk)
267	孛采(扇)	부채(id)	puṭai(부치다 '扇', Dr-Ta)
268	蓋/渴(笠)	갓~간(id)	갓: kāš(사물의 테, O.Turk)
269	芘(梳)	빌~빗(id)	bir(빗, O.Turk-G)
270	頻希(篦)	빈혀(비녀)	pinn(작은막대기,Dr-kur) /ubbana(빗장, Dr-ka)
271	養支(齒刷)	양지(치솔)	楊枝: tikku(비비다, Dr-Ta) -ci(솔질하다.Dr-Ta)

항목 번호	고려어표기	재구고려어	비교어휘 기타
272	合(合子)	합(합 '盒')	盒
273	盤(盤子)	소반(id)	sofra(식탁, Turk)
274	瓶(id)	병(id)	瓶
275	蘇乳(銀瓶←瓶)	소슈(작은병)	*sürāgi(>sürāhi, 식탁용 작은 포도주병, Turk)
276	瓶砣(酒注)	병다: -(병을 따다)	瓶-tah-(따다, Dr-Go)
277	盞盤(id)	잔반(잔대)	盞盤. cf.臺盤
278	吃(釜)	걸(가마→*화덕)	kulume(화덕, Dr-ka)
279	雅歌耶(盆)	아가야(동이)	akal(작은 항아리, Dr-Ta)
280	窣(鬲)	솥(id)	seh(솥, Turk) -toğuğa(남비, W.Mo) : suu(가마솥, Ainu)
281	巳頗(碗)	사발(id)	saba(그릇, W.Mo)
282	楪至(楪)	접시(id)	tebsī(접시, P.Altai)
283	大耶(盂)	대야~다야(id)	*dağdan (>yağdan. 큰통, Turk)
284	戌(匙)	술(숟가락)	sūri(숟가락, Dr-Tu)
285	茶戌(茶匙)	차술(차 숟가락)	茶-sūri(숟가락, Dr-Tu)
286	折(箸)	절(잣가락)	čelik)(젓가락, Turk)
287	戌羅(沙羅)	소라(대야)	cōra(질그릇 대야, P.Dr)
	敖耶(沙羅)	오야(대야)	ugiyağur(대야, W.Mo)
288	皮盧(硯)	비로(벼루)	bilegū(숫돌, P.Altai)
289	皮盧(筆)	필~비:르(붓)	筆: pīle (공작의 깃털, Dr-Ta, ka)
290	才垂(紙)	재수~자수(종이)	čağasu(종이, W.Mo)
291	墨(id)	먹~믁(먹)	墨: mekke(먹, O.Turk)
292	割(刀子)	갈(칼)	karb(칼, P.Altai-Ural)
293	割子蓋(翦刀)	가지개(가위)	käs-(자르다, O.turk) -kä(기구명사화접사)

항목 번호	고려어표기	재구고려어	비교어휘 기타
294	節(骰子)	잘(주사위)	zar(주사위, Turk)
295	鞭(id)	cf. 매(id)	milaǧa(매, W.Mo)
296	末鞍(鞍)	멀(말) -기러머(길마)	mori(말, W.Mo) -emegel(안장, W.Mo)
297	古轡(轡)	고삐(id)	kaṭivāḷam(고삐, Dr-Ta)
298	濮(鼓)	붊(북)	*buṛavu (>muṛavu. 북, Dr-Ta)
299	旗(id)	긔(기 '旗')	旗
300	活(弓)	활(id)	*kavlï(>kavšï. 활, O.Turk)
301	薩(箭)	살(矢)	cār(화살을 만드는 갈대, Dr-kur)
302	長刀(劍)	cf. 겸(劍)	長刀?
303	割刀(火刀)	가도(부시)	kett(부시, W.Mo)
304	鳥子蓋(斧)	됴지게(도끼)	*tüke(>süke. 도끼, W.Mo) -ajige(축소사, Ma)
305	蘇成(炭)	수숙(숯)	*čiʼuska pas (>čiʼuska. 숯, Ainu)
306	孛南木(柴)	불나모(섬나무)	fuči(불, Ainu)-maram (>namo, 나무, Dr-Ta)
307	古寸(香)	고선(향기로운)	küji(향기, P.Altai)/košbū (>hošbū, 향기로운, Turk)
308	那/朴(索)	노/바(id)	nōṇu(노끈, Dr-Ta) /pā(큰새끼, Dr-Ta)
309	那沒(木)居(索 縛)	노 묶어(id)	nōṇu(노끈, Dr-Ta) -musk-(묶다, W.Mo-유)
310	活素(射)	활소:-(id)	kavšï(<*kavlï. 활, O.Turk) -joǧu-(쏘다, W.Mo)
311	乞鋪(讀書)	글보-(id)	kiṛu(글쓰다→*글, Dr-Ta) -par-(보다, Dr-Ta)
312	乞核薩(寫字)	글 긋을(글쓸)	kiṛu(글쓰다→*글, Dr-Ta) -kiṛu(쓰다, Dr-Ta)

항목 번호	고려어표기	재구고려어	비교어휘 기타
313	乞林(畵)	그림(id)	kuri(그리다, Dr-Ta) -m(명사화접사)
314	栢子(榜)	밧지(널빤지) / 잣나모	paṭṭi(널빤지, P.Dr)/栢子
315	作之(寢)	자지(자게나)	cē(자다, Dr-Te)-지(어미)
316	你之(興)	니지(일어나게나)	nil(서다, Dr-Ta) /niguru (일어나다, Dr-ka) -지(어미)
317	阿則家囉(坐)	아즈가라(앉거라)	alčai(앉다, W.Mo) -kara(명령형어미)
318	立(id)	cf. 셔-(id)	seküi-(서다, W.Mo) /ash-(<ali, 서다, Ainu)
319	乞寢(臥)	걸침(누움)	kebte-(눕다, W.Mo) ~kūl(u)cu(눕히다, Dr-ka) -m(명사형)
320	欺臨(行)	걸음(id)	kez-(걷다, O.Turk) -ïm(명사화접사)
321	打連音(走)	덜욤(달림)	del-(>yel-. 달다 '走', Turk)-i(타동사화접사) -om(명사형)
322	烏囉(來)	올타(와) / 오라(오너라)	oru-(오다, W.Mo) -ra(명령형)/-a(부사형)
323	匿家囉(去)	니거라(가거라)	nigu(가버리다, Dr-ka) -ra(명령형)
324	胡臨(笑)	구름(웃음)	kül-(웃다, O.Turk) -ïm(명사형)
325	部住(哭)	부:짓-(부르짖다)	fetyādet-(부르짖다, Turk)
326	孫烏囉(客至)	손올아 (손님이 와)	son(친구, Turk)-oru (오다, W.Mo)-a(부사형)
327	孫集移室(有客)	손집이실 (손님이 집에 있을)	son(친구, Turk)-cāppa(집, Dr-Ma)-iru(있다,P.Dr)

항목 번호	고려어표기	재구고려어	비교어휘 기타
328	屋裏坐少時 (延客入)	오르습쇼셔 (오르소서)	ŏr-(오르다, O.Turk) -습(대상어존대) -쇼셔(소망형)
329	葛里受勢(語話)	걸르슈셔 (말씀하소서)	kele-(말하다, W.Mo) /kūṛu(말하다, Dr-Ta) -슈셔(소망형)
330	屠打里(擊考)	두드리-(id)	tutuš-<*tutul-. 부싯돌을 치다, O.Turk)
331	漼知衣底(決罪)	죄 디이디 (죄를 매기기)	罪-tül-(>tüš-. 떨어지다, O.Turk)-i(사동접사) -ti(명사형)
332	皮離受勢(借物)	빌이슈셔 (빌리소서)	*piğre-(>iğre-. 빌리다, Turk)-슈셔(소망형)
333	畝審(問此何物)	므슴~무슴(무엇)	musuğu(숨기다,　Turk)-m (명사화접사)
334	念企受勢(乞物)	넘기슈셔(주소서)	넘기-/iccu(주다, Dr-Te) -슈셔(소망형)
335	密翅易成(問物 多少)	몇이이셔 (몇이 있어)	müta(몇, Turk) -i(주격토)-iru(있다)-P.Dr
336	都囉(呼取物)	도:라(다오)	tor(내게 주다, Dr-To) -라(명령형)
337	預戲少時(相別)	여희쇼셔 (여의소서)	ika(떠나다, Dr-Ta) -쇼셔(소망형)
338	得(事之畢)	득:-(끝내다)	tükē-(끝내다, O.turk)
339	雅蓋(勞問)	앗개(위문)	ajï-(동정하다, Turk) -개(명사화접사)
340	生(id)	cf. 살-(생존하다)	生 : sal- (심장이 뛰다, O.Turk)
341	死(id)	cf. 죽-(사막하다)	死 : tegu(죽다, Dr-Te)
342	尼斤~呐(老)	늙은(id)	noğurxai(늙은, W.Mo) -은(관형형)
343	亞退(少)	아츠-(적다)	ācu(적은, Dr-Ta)
344	薩囉(存)	살아(거주하다)	sağuri-(거주하다, W.Mo)

항목 번호	고려어표기	재구고려어	비교어휘 기타
345	朱幾(亡)	죽이-(id)	tegu(죽다, Dr-Te) -i(사동접사)
346	移實(有)	이실-(있을)	iru(있다, P.Dr)-ㄹ(관형형)
347	不烏實~烏不實 (無)	불오실~없을(id)	bulun(보이다, Turk) -siz(부정사, Turk):absore (없애다, Ainu)
348	異根(大)	이근(큰)	iken/yeken(크다, W.Mo)
349	胡根(小)	효근(작은)	hasku-(작다, Gily)
350	覺合乃~縣何支 (多)	갑하내~흔하지	gaph′nai(많아지다, Dr-kuwi):hon(흔하다, Ma)
351	阿捺(少)	아놀(젊은)	*anug(젊은, Dr-Ka)
352	那奔(高)	높은(id)	dobu-(높다, W.Mo) -은(관형형)
353	捺則(低)	나즉(나직)	natuǧar(낮은, W.Mo) -윽(부사화접사)
354	及欣(深)	깊은(id)	küb(깊이, W.Mo-유) -ïn(관형형)
355	呢底(淺)	녈이(얕게)	nēr(얕아지다, Dr-Ta) -이(부사화접사)

參考文獻

Burrow and Emeneau : A Dravidian Etymological Dictionary. Oxford. 1960.

G.Clauson : An Etymological Dictionary of pre-Thirteenth Century Turkish. Oxford.1972.

A von Gabin : Alttürkische Grammatik. Wiesbaden. 1950. [略號 O. Turk-G]

H.C.Hony : Turkish- English Dictionary. Oxford. 1947.

F.D.Lessing : Mongolian- English Dictionary. California University. 1960. [略號 MED]

D.A.Troxel : Mongolian Vocabulary. Washinton. 1953.

M.S.Andronov : The Tamil language. Moscow. 1969.

M.s.Andronov : The Kannada language. Moscow. 1969

H.B.Hulbet : A Comparatuve Grammar of the Korean Langugage and the Dravidian Dialect in India. Seoul. 1905

Muneo Tokunage : Tamil. Asian and African Grammatica Manual No.13. 東京 外國語大學. 1981.

G.L.Lewis : Turkish Grammar. Oxford. 1967.

N.Poppe : Grammar of Written Mongolian. Wiesbaden. 1954.

J. Batchelor : Ainu-English-Japanese. 1889.

W. Grube : Giljkishe Wörterverzeichnis. Petersburg. 1892. [略號 Gily-G]

В.Н.САВЕЛЬЕВА И Ч.М.ТАКСАМИ РУССКО-НИВХСКИЙ СЛОВАРЬ [略號 Gily-S.T]

G.J.Ramstedt : studies in Korea Etymology. Helsinki. 1949.

B.Karlgren : Analytic Dictionary of Chinese and Sino-Japanese. 1966.

羽田亭編：滿和辭典. 京都大學. 1937.

服部四郎：アイヌ語方言辭典. 岩波書店. 1964.

高橋盛孝：樺太ギリヤク語. 朝日新聞社. 1942.

藤堂明保 : 中國語音韻論. 江南書院. 1975.

金田一京助 : 「虎杖丸の曲」－アイヌユーカラ語法摘要. 靑磁社. 1944.

金澤庄三郎 : 日朝同祖論. 汎東洋社. 1943.

大野晋 : 日本語以前. 岩波書店. 1987.

大野晋 등編 : 古語辭典. 岩波書店. 1974.

礒部精一 : アイヌ語辭典. 東京實業社. 1935.

市河三喜등 : 世界言語槪說. 下卷 硏究社. 1955. ギリヤーク語篇 [略號 Gily_服]

諸橋轍次 : 大漢和辭典. 大修館書店. 1956.

竹內·出村 : 蒙古語四週間. 大學書林. 東京. 1939.

竹內和夫 : トルユ語文法入門. 大學書林. 東京. 1977.

山本謙吾 : 滿洲語口語基礎語彙集. 同庚外國語大學. 1969.

金炯秀 : 蒙學三書硏究Ⅰ. 螢雪出版社. 1974. (그 속의 蒙古類解[略號-유]가 있음)

朴恩用 : 滿洲語文語硏究(文法篇), 螢雪出版社. 1973.

影印本 : (韓)漢淸文鑑. 延世大學. 1960.

影印本 : 三國史記. 民族文化推進會. 1977.

影印本 : 三國遺事. 民族文化推進會. 1973.

影印本 : 新增東國輿地勝覽. 古書刊行會. 1958.

金敏洙編 : 우리말 語源辭典. 太學社. 1997.

徐廷範 : 國語語源辭典. 보고사. 2000.

劉昌惇 : 李朝語辭典. 延世大學. 1964.

陣壽 撰 : 三國志－魏西東夷傳(魏志). 3世紀末.

姜吉云 : 通時文法精設(上·下). 한국문화사. 2002.

姜吉云 : 韓國語系統론－槪說·文法比較篇. 螢雪出版社. 1988.

姜吉云 : 韓國語系統론－語源·語彙比較篇. 螢雪出版社. 1992.

<이하 생략>

「鷄林類事」의 新解讀研究

찾아보기

 저자소개

강길운(姜吉云)

• 著者略曆
문학박사
경성대학교 예과부 문과 수료
서울대학교 문리과대학 국어국문학과 졸업
육군사관학교 교수
경기고등학교 국어교사
서울대학교어학연구소 · 성균관대학교 · 숙명여자대학교 · 중앙대학교 강사
공주사범대학 전임강사
덕성여자대학교 교수
충남대학교 문과대학 교수
수원대학교 교수(정년퇴임) 역임
현 수원대학교 명예교수

• 著書
韓國語系統論(槪說 · 文法比較篇)
韓國語系統論(語源 · 語彙比較篇)
古代史의 比較言語學的硏究
訓民正音과 音韻體系
國語史精說
萬葉集の發生と再生(日本版)
鄕歌新解讀硏究
通時國文法精說(上 · 下권)
韓日古代關係史의 爭點
倭の正體(2010.3간,三五館.日本東京)
고대사의 비교언어학적 연구
비교언어학적 어원사전 등 다수

『鷄林類事』의　新解讀研究

초판 인쇄 | 2011년 8월 4일
초판 발행 | 2011년 8월 11일

저　　자　강길운

책임편집　윤예미

발 행 처　도서출판 지식과교양
등록번호　제 2010-19호
주　　소　서울시 도봉구 창5동 320번지 행정지원센터 B104
전　　화　(02) 900-4520 (대표)/ 편집부 (02) 900-4521
팩　　스　(02) 900-1541
전자우편　kncbook@hanmail.net

ⓒ 강길운 2011 All rights reserved. Printed in KOREA

ISBN 978-89-94955-32-2 93710　　　　　　　　**정가** 22,000원

이 도서의 국립중앙도서관 출판도서목록(CIP)은 e-CIP홈페이지(http://www.nl.go.kr/ecip)에서
이용하실 수 있습니다. (CIP제어번호: CIP2011003287)